本书出版获得北京市教育委员会科技创新平台

——北京知识管理研究基地建设项目资助

信息科技大学跨文化研究所 主办

2010

KUAWENHUA
CHUANBO YANJIU

跨文化传播研究

第一辑

主 编 ◎ 梁冬梅　副主编 ◎ 韩剑英

中国社会科学出版社

图书在版编目（CIP）数据

跨文化传播研究（第一辑）/梁冬梅主编、韩剑英副主编.
—北京：中国社会科学出版社，2010.12
ISBN 978 - 7 - 5161 - 0497 - 2

Ⅰ.①跨…　Ⅱ.①梁…②韩…　Ⅲ.①文化交流—研究
Ⅳ.①G115

中国版本图书馆 CIP 数据核字（2012）第 007964 号

责任编辑　张　林（mslxx123@ sina. com）
　　　　　孙晓晗
责任校对　王兰馨
封面设计　李尘工作室
技术编辑　戴　宽

出版发行　中国社会科学出版社　　出版人　赵剑英
社　　址　北京鼓楼西大街甲 158 号　邮　编　100720
电　　话　010 - 64059527（编辑）　64058741（宣传）　64070619（网站）
　　　　　010 - 64030272（批发）　64046282（团购）　84029450（零售）
网　　址　http://www. csspw. cn（中文域名:中国社科网）
经　　销　新华书店
印　　刷　北京市大兴区新魏印刷厂　　装　订　廊坊市广阳区广增装订厂
版　　次　2010 年 12 月第 1 版　　　　印　次　2010 年 12 月第 1 次印刷
开　　本　710×1000　1/16
印　　张　19.5
字　　数　310 千字
定　　价　58.00 元

写在前面

全球视域　他者视角

——关注　交流　理解　尊重

　　随着人类社会科学技术的进步，特别是信息、计算机科学技术的飞速发展，人类的生产方式、生活方式和思维方式等在不断地发生着变化，经济全球化的步伐也不断向前推进，"地球村"在一定意义上也已成为现实。来自不同文化背景的个体、群体、组织或国家之间所进行的传播交流活动日渐广泛并深刻影响着人类社会的文明进程。文化差异永远存在，误读和失语在所难免。当不同的文化模式、不同的习俗与禁忌、不同的礼仪与道德、不同的宗教与信仰在一定的文化时空交汇，不同地区、不同国家、不同宗教、不同民族、不同团体之间文化的碰撞、交流甚或冲突时有发生。倾听、对话、理解，以全球视阈，"他者"视角审视"他文化"，步履维艰，但势在必行。任何国家、地区、民族、宗教皆有其自身文化产生的时空、背景，有其自身文化的视角和立场。文化的传播特别是其传播效果在一定意义上成为十分重要的国家势力，成为影响人类社会进步的力量。以美国为代表的发达国家十分重视跨文化的传播，在理论和实践方面皆卓有成效。

　　1955年，美国人类学家爱德华·霍尔的大作《无声的语言》问世，成为跨文化传播学的奠基之作。1972年，萨姆瓦和波特编辑了首部跨文化传播论文集《跨文化传播研究读本》，展示了跨文化传播研究的实绩。文化人类学构成了跨文化传播学的理论渊源。但由于跨文化传播实践的复杂性和研究者的多维视角，跨文化传播研究概念庞杂，理论纷繁，方法众多，包括面子—磋商理论、文化趋同理论、跨文化适应理论、会话规则理论、预期违反理论、焦虑感/不确定性处理理论、关系网与濡化理论等。

已故国学大师张岱年先生认为，中国几千年来文化传统的基本精神的主要内涵有四项基本观念，即天人合一、以人为本、刚健自强、以和为贵。中国传统既提倡人类应该效法天的刚健自强、积极进取，又应效法大地的宽厚包容、和生万物。在跨文化交流中，中国文化倡导世界文化生态的多样性，努力推动不同文明在良性竞争中取长补短，在求同存异中共同发展，在发展中共同进步。

中国历史悠久，文化源远流长，跨文化传播的实践伴随着社会的变迁而不断发展，但理论研究、应用研究和实践分析仍是当今的重要课题。跨文化传播与交流不仅是我们工作的重要内容，更是实现上述目标的有效途径和手段。

为此，我们编辑出版此跨文化传播研究论文集，特邀专家学者就跨文化传播研究重大问题进行理论探讨，注重不同宗教信仰的比较研究，并从多种视角对跨文化传播理论和实践中的各种问题进行多角度探索分析。我们期望从点点滴滴做起，做一点实实在在的事情，期望跨文化传播研究论文集能够一辑比一辑更加完善，更期望不同地区、不同团体、不同宗教、不同民族、不同国家之间能够平等交往、对话，理解、尊重，共谋发展，共致世界和平与繁荣。

北京信息科技大学跨文化研究所

2010 年 12 月 28 日

目　录

大家论坛

媒体与跨文化

宗教与跨文化

文化创意及其他

大家论坛

创新型国家:科学技术创新与文化艺术创意

金元浦

摘　要： 全球互联网已经从根本上对各种文化形式（包括视听产品）分销和消费产生了革命性影响。谁拥有创意资本，谁就在竞争中获得上风。积极参与国际文化制作商和分销商的竞争，努力进入正在形成的国际文化产业发展的多样性格局，并努力使本国的创意产业在全球化背景中实现全球传播，是历史赋予我们的重任。

关键词： 创新型国家　国际文化产业　文化艺术创意　传播

当前在我国蓬勃兴起的文化创意产业是建设创新型国家的重要组成部分。国家创新体系，不仅包括科技创新，也包括文化内容创新。文化与科技好比车之两轮，鸟之双翼，是当下中国飞速发展的动力源泉，而文化的科技化和科技的文化化，则是新世纪文化科技融合无间的新形态，新表征。

创新是社会发展的不竭动力

当代文化创意产业是一种在全球化的消费社会的背景下发展起来的，其推崇创新、个人创造力，强调文化艺术对经济的支持与推动的新兴的理念、思潮和经济实践。

创意经济的先驱是德国著名经济史学家及经济思想家熊彼得（Joseph Alois Schumpeter，1883—1950）。早在 1911 年，他就明确指出，现代经济发展的根本动力不是资本和劳动力而是创新，而创新的关键就是知识和信息的生产、传播、使用。在 1911 年出版的经典著作《经济发展理论》中，他摈弃了传统经济学理论，提出：正是由创新引发的动力失衡，而不是通常所认为经济发展中的均衡与最优化，才是经济发达的标准以及经济理论和实践的中心实体。在他逝世 40 多年后，他当年率先创用的"创造性破坏"、"创新"以及"企业家精神"等三个关键词，已成为美国甚至全球主流经济论述中的重要核心概念，被麦肯锡顾问公司的两位经济学家发扬光大，写成著作《创造性破坏——市场攻击者与长青企业的竞争》，这对观察当代企业流变具有十分重要的帮助。

熊彼得创始的创造性破坏或创意破坏性技术是指那些能够让更多的人享受到这种技术所带来的好处，而破坏了既有技术根基的技术。例如，电话的产生就是一个创意破坏性的技术，它破坏了原有的电报技术。现在，许多的大公司常常是基于理性的经营方式来决定自己的产品政策，这样那些在短期之内经不起考验的产品就不会得到推广，创意破坏性技术就难以产生。但是实践表明，创意破坏性技术能够为公司赢得市场，而对创意破坏性技术的搁置往往造成既有市场的丧失。

美国著名管理学家彼得·F. 德鲁克极力推崇创新精神，他认为"创新"是一个相关经济和社会的术语。在经济与社会领域，变革是永恒的。在他的著作《创新与创业精神》里，他指出："每一种实践都是以理论为基础，即使实践者自己从未意识到这一点。……在社会中，特别在经济活动中，主要任务是做一些与众不同的事情，而不能按部就班，仅仅对已经做过的事做得更好些。"① 实际上，在社会发展的常规时期，尤其是在传统社会中，创新的需求似乎不是十分强烈，但在当今剧烈变化的新世纪，特别是在中国社会发展的转型期，创新的意义就强烈地凸显出来了。观念创新，制度创新，机制创新，文化创新，成为社会发展的迫切需求。

德鲁克举出两种关于创新的定义，一种是借鉴经典理论家 J. B. 赛定

---

① 彼得·F. 德鲁克：《创新与创业精神》，张炜译，上海人民出版社 2002 年版，第 31 页。

义创业精神的方法来定义:"创新是改变资源的产出。"另一种是按照现代经济学的方式用需求术语而不是供应术语来对之定义:"创新就是改变来自于资源而且被消费者所获取的价值与满足。"① 德鲁克认为,两种定义可以适用于不同的对象。但在我们看来,可以明确的是,当代世界正是创新开发了一系列过去时代从未有过的"资源",像数字网络技术给世界创造了巨大资源,它赋予资源一种能力,使之成为当代社会财富增殖的源泉;同时,创新也正是在满足消费者日益增长的、被不断开发出来的需求——新需求——的过程中实现的。比如以数字网络技术开发的数字电影、数字电视、数字摄影、动漫、网络游戏、数字音乐乃至 QQ、手机短信、视频,都是在满足消费需求的过程中高速发展的。

1986 年,著名经济学家罗默(P. Romer)也曾撰文指出,新创意会衍生出无穷的新产品、新市场和财富创造的新机会,所以新创意才是推动一国经济成长的原动力。

但作为一种国家产业政策和战略的创意产业理念的明确提出者是英国创意产业特别工作小组。1997 年 5 月,英国首相布莱尔为振兴英国经济,提议并推动成立了创意产业特别工作小组。这个小组于 1998 年和 2001 年分别两次发布研究报告,分析英国创意产业的现状并提出发展战略;1998 年,英国创意产业特别工作组首次对创意产业进行了定义,将创意产业界定为"源自个人创意、技巧及才华,通过知识产权的开发和运用,具有创造财富和就业潜力的行业"。根据这个定义,英国将广告、建筑、艺术和文物交易、工艺品、设计、时装设计、电影、互动休闲软件、音乐、表演艺术、出版、软件、电视广播等行业确认为创意产业。

与创新、创意关系最为密切的就是创意者的知识产权。知识产权和知识产权保护是创意产业得以发展的必要前提和充分条件。发达国家版权经济的发展着力于知识产权保护,这种保护首先保证了创意者的利益,推动了创意者阶层(群体)的形成,维护了产业发展的市场环境,同时保证了对外文化贸易的国家利益,包括直接的经济利益和长远的文化利益。我国发展文化创意产业也只能建立在创新创意的知识产权基础之上。文化创意产业发展的关键是创意群体,特别是最富创造性的高端创意人才。创意

———————

① 彼得·F. 德鲁克:《创新与创业精神》,张炜译,上海人民出版社 2002 年版,第 40 页。

者的基本权益得到尊重和保障，就会形成创新创意的市场环境和普遍的社会氛围，以吸引和推动创意人才源源不断地成长，并且通过在全社会推动创造性发展，来促进社会机制的改革创新。

作为高科技时代的现代服务业，文化创意产业与艺术、文化、信息、休闲、娱乐等精神心理性服务活动相关，是满足小康形态下人们精神文化娱乐需求的所谓"第五产业"，是城市精神消费与娱乐经济融合发展的新载体，是现代服务业的高端组成部分。在总体服务业的业态中，文化创意产业开拓艺术型、精神型、知识型、心理型、休闲型、体验型、娱乐型的新的产业增长模态，培育新的文化消费市场，涵养新一代创意消费群体，以适应全球化消费时代的新的需求，推动新形态的文化经济的发展。

经济全球化时代文化的重新定位

过去时代的经济学家在分析工业化国家的经济发展时，很少考虑文化的重要作用。主要的经济学分析所建构的生长模式，只考虑经济上的要素，只有经济上的参数。近年来，国际上许多专家学者如泰勒（2000）论证了经济学今后应当研究战后时期经济学理论的一些缺陷，特别是过于依赖那种把社会、心理因素排除在外的理性数学模型的现象，泰勒提出必须关注文化对经济的充分影响。马克·卡森指出："经济学在探讨文化方面已有相当进展。就在几年前，经济学家基本上主张文化对经济表现没什么影响；价格才是主要影响者——在看到的市场中是实质价格，在看不见的市场中是影子价格。直至今天，经济学家才承认文化的重要性，但主张说，有些东西是经济学不能或不应去解释的。"他认为这种失败主义的论调是没有根据的。他坚持经济学是可以分析文化对经济表现的影响的，并可将此影响加以量化。

那么文化究竟怎样影响经济呢？有的从社会整体的宏观视野着眼，有的则从企业文化等具体实践出发。著名文化经济学家大卫·索罗斯比认为，文化影响经济结果的方式主要有三类：

其一，文化会影响经济效率。借由增进群体共有价值的方式，使群体成员得以进行经济的生产程序。举例来说,如果这些文化价值有助于更有效的决策、更快速及多样化的创新,以及使行为更能因应变迁,那么群体的经济生产力最后将会导致更好的财务结果(以公司为例),或更高的成长率(以整体经济为例)。

其二,文化会影响公平。例如,透过不断灌输像关怀他人这样的共有道德原则之方式,并由此建立使关怀得以表达的机制。如果为了后代着想的道德责任能被大家接受为一种文化价值的话,那么在社会为一整体的情况下,我们从跨代平等里即可看到文化在这方面的重要性。一般而言,文化对公平的影响会呈现在群体的资源配置决策上,如此,其成员可达到公平的结果。

其三,文化会影响甚至决定群体欲追求的经济或社会目标。在小群体的层次上,以个别厂商为例,照顾员工即关心其工作环境或许是该公司的文化之一,而这些价值可能会对公司获利或达到其他经济目标造成不利影响。在整体社会的层次上,文化价值有可能与追求物质进步完全一致,并借此来判定一个社会的总体经济成果为成功或失败。而另一方面,有些社会的文化并非只追求物质成长,而是追求非物质目标,例如生活品质,如此将会影响经济成长的步调与方向;在此情况下,界定"成功"与"失败"的准则就会与前面的例子不同。[①]

索罗斯比从宏观与微观、不同文化观念对经济的"正"、"反"影响来探讨文化对经济的影响。马克·卡森则主要从比较具体的文化对企业的影响来进行探索。他试图找出影响公司之间关系——如合作或者竞争关系的文化因素,以及公司内部关系——企业文化、企业的组织行为对经济的效益——长期的和短期的影响。

其实,不同的文化理念、不同的企业文化的设定,对文化要素、经济效应的影响的评定起着重要作用。同一个影响,有的可能做正面评价,有的则可能做负面评价。有的一心追求当下效益,有的则考虑长远的可持续发展和远期效益。

人们对创造性的日益关注,是对在信息经济时代创新步伐日益加快的

---

① 大卫·索罗斯比:《文化经济学》,台北典藏艺术家庭股份有限公司 2003 年版,第77 页。

回应。文化作为一种资本已经在新经济中创造财富并在急剧变化的时期满足着人们的各种需要。面对信息经济的全球化与网络空间的国际化，各国都从国家发展战略的角度对文化这个概念进行全新的定位和评价。信息经济正面对文化的种种挑战。

实际上，今天的文化产品与其他物质性产品在性质上和形态上是全然不同的。文化（文学、艺术、设计等）创意产品具有使用的多次性，尤其是精神产品的享用具有无穷性，而且越是使用，其价值就越高，越是使用得多，其增值速度也就越快；而物质性产品则会因使用和消费而消耗，其价值是递减的，其最典型的例证便是那些一次性消费的产品。一栋房产，作为物质产品在使用中会逐渐破损直至废弃，其价值会随使用性减弱渐趋于零；而作为艺术性精神产品（如某些艺术建筑）则具有精神享用的无穷性，其价值反而随着时间的延续而递增。

过去，工业革命以来甚至是战后的经济学一直坚持认为，关于创意理念和文化产品形式的经济学现象与用于矿业、冶金、矿产、农产品或大众消费产品的经济学现象是大致相似的，一般都用相同的理论来加以解释。实际上，与汽车、牙膏、家用电器或纺织品不同，信息产品的消费并不会使产品耗尽和使其价值逐一递减。相反，每一个产品都能为很多人重复使用，并且会随着使用的增多而变得更加具有价值。一件诸如轿车、冰箱或计算机之类的工业产品会因使用中的损耗而贬值，而某种信息或文化艺术产品恰恰会有完全相反的结果。一部电影、一本书、一个电视节目、一款游戏或一种软件产品的使用者人数越多，越受欢迎，其价值就会越不成比例地增加。这就是自商业出版开始兴起，电影和电视节目、当代流行音乐艺术等视听产品大量面市以来的实际情况。但这种对文化产品独特性质的相关评价过去在公共政策的制定和研究中基本得不到肯定。

信息时代文化的价值重估

当然，不仅是对经济学，在新世纪这个由媒介革命造就的信息时代，原有的种种文化观念需要重新进行价值评估。大量的信息革命和全球互联网已经对我们所处时代的经济方式、制度架构、意识形态乃至生活方式产生了重大影响。过去我们对它的理解只停留在论述信息的用途和功能的层次上，新的现实发展变化要求我们对它所介入的经济、社会、政治，特别是文化等因素以及可能产生的巨大变革进行分析、思考、整合，从而看到它面临的现实问题、困境与未来发展的趋势。

首先，我们必须对我们过去时代认识文化的角度进行重新审视。从世界范围来看，现代科技的发展尤其是数字技术与互联网、信息技术、传播技术、自动化技术和激光技术等高科技广泛运用于各类文化艺术活动之中，给当代文化经济与文化产业的存在方式带来了革命性的影响，在文化领域掀起了新科技革命的高潮，已经导致新兴文化形态的崛起和传统文化形态的更新。文化领域内部发生了行业内的大调整、大改组，新的艺术传播媒介如电视、卫星电视及网络文化的发展，使得一些昔日文化艺术界的"龙头老大"，如电影风光不再，转而成为电视业、音像业和网游业的补充，而网络文化则为人类创造了新的数字化生存的新方式。

文化产品的可重复使用性所带来的增值服务在全球互联网技术环境推动下掀起了迅猛的浪潮。近年，工业经济学与信息经济学的分歧由于引入了能够促进理念传播的基层网络，已经变得十分严重。信息经济学在使用中调节创意理念的价值这种固有倾向随着像剧院网、连锁书店和有线电视之类网络的普及而一直在稳步提升。但有了互联网之后，就有可能用视听、文本或数据等在网络空间上以数码方式来传播设计优美的知识与创意理念的形式来发展全世界数以百万千万计的受众。一种创意传播形式的经济价值若以指数来表示，现在可以上升到一个各国经济史上前所未有的高度。这主要是因为，当一个联网的信息系统使理念和文化产品形式的价值上浮时，它甚至会造成对某一种表现形式的需求进一步增加并由此推动某种特定形式的传播呈爆炸性扩散的现象。

网络空间信息的多重杠杆功能对文化的经济含义做出一种与传统经济学全然不同的解释。传统的"文化事业"视角将文化的范畴限制在一种既定的、继承的、累积的艺术实体、美学形式、符号意义体系、文化活动上。然而，对于任何一种文化来说，保护遗产固然重要，更重要的是，这种文化在今天是否还具有发展和创意的能力。在当今信息社会，通过经济和社会来营造一种创意性发展的气候已经成为各国政要的重要任务。今天，一种富有生命力的文化必须鼓动全社会各阶层和团体积极参与理念创新，必须不断发明、创造，实现动态发展，才能够使自己民族的文化在历史中得以延续和生存。只有在这种动态发展的语境中，遗产和传统才具有真正的意义。

曼纽尔·卡斯特在《网络社会的崛起》中指出："信息化经济的独特之处，是由于它转变为以信息科技为基础的技术范式，使得成熟工业经济所潜藏的生产力得以彻底发挥。新技术范式首先改变了工业经济的范围与动态创造了全球经济。"① 曼纽尔·卡斯特认为，信息技术的新范式有五个重要特点，这些特点全面影响了我们所处的社会形态：

新范式的第一个特性乃是信息便是其原料。过去，信息是用来处理技术的，今天，技术主要是用来处理信息的，信息才是我们的资源、材料和待运用的内容。新范式的第二个特性是新技术的效果无处不在。信息是所有人类活动的一部分，我们个人与集体存在的所有过程都直接受到新技术媒介的"塑造"。新范式的第三个特性指涉全部使用这些新技术的系统或关系的"网络化逻辑"。网络的形态适应了当代交流中日趋复杂的互动，以及源自这种互动的创造性力量的未来发展。新范式的第四个特性是信息技术范式富于弹性，具有重要的重新构造的能力：信息技术经过重新排列其组成方式，其过程可以逆转，其组织与制度也可以修正，甚至彻底改变。这在一个以不断变化与组织流动为特征的社会里是一种决定性的特性。新范式的第五个特性是特定的技术逐渐聚合为高度整合的系统。原先各自区别的旧技术的轨迹，在新系统中已经相互融合了。② 信息技术的这些特点形构和塑造了一个日新月异的网络社会，也确定和影响了我们时代文化的运行、传播和生产。

当然创意产业并非仅仅指互联网、信息科技、生物基因等高科技基础，更重要的是运用高科技展开的文化内容产业。比如韩国和日本运用发达的网络技术，发展出在消费者身边提供各类下载软件、音乐游戏等内容的提供商，有几百家之多，他们的财富是"脑力风暴"的成果。并且，他们运用高科技知识带动了经营模式与管理方式的创新，进一步发挥了人

---

① 曼纽尔·卡斯特：《网络社会的崛起》，社会科学文献出版社 2006 年版，第 92 页。

② 同上书，第 83—85 页。

力资源的潜能，进而满足、适应并发展了市场需求。从新的理念出发，以创意作为卖点，加之以新的行销模式，创造新的消费方式，就是成功的创意产业。瑞典的宜家家居企业将桌椅橱柜做得风生水起，绝对不是依靠那些木头的气息，有关"改变生活的创意"才是他们的味道。美国人发现了星巴克的味道，其实不过是他们在满足客户需求方面依照创新理念做了新的实验。欧洲早已做了更加细致而深入的实践，并且悄悄地取得了丰厚的商业利益。

国家的文化财富:信息经济时代
进一步发展的关键

在信息经济的基础上，文化日益被看做是全球竞争中各国得以成功的关键。进入现代时期以来，创造新的理念和文化产品新形式的能力越来越成为当今社会的重要价值资源，而过去这种关键的价值资源则只能由农业、矿产和制造业等第一产业和第二产业的资产构成。对于文化财富，我们不应再按过去的观念把它看做某种固定不变的、传承的东西，而应把它视为一种衡量某个特定领域在全面开展创意活动的活力、知识、精神和发展机制的指针。在各国加入全球信息社会后，对于文化的关注更加聚焦于营造一个包括相关文化的政策、法律、制度、教育、基础和流通等各个方面的良好的环境，以便改革它的机制，使之在动态的发展中创造新的体制；而不仅仅像过去计划经济时代单纯地将文化视为事业，而由国家实行三包一产或产业基础。每个国家所面临的挑战不是怎样为了保护某个已被接受的艺术实体和传统而去规定一种环境，而是怎样去开创一种在所有的文艺和科学领域中都掀起创意和革新浪潮的局面（温彻利，2000，1999，1998b）。那些无法赢得这种挑战的国家，只能消极被动地跟在真正具有活跃的创意能力、并能够对新的创意形式进行商业开发的社会后面拾人牙慧，亦步亦趋。

在这场关于文化的辩论中，有几个方面的因素是至关重要的。无论在欧洲还是其他地方，那些反对保护文化产业的民族和国家终将发现（倘若它们尚未发现的话），那些反映在媒介和视听内容上的文化冲突并不是美国与法国之间的表面化的、高层外交的高压攻势。与此相反，它与那些形成了信息经济之核心的一整套（即所谓的"金牌"）产业的命运有关。在封建农业的和商业的经济中，土地、农产品和茶、香料和黄金之类的自然资源构成了财富的基础。特别是黄金，自古以来就是使财富得以跨越文化和国家界限的天然货币。在工业时代，财富的基础转变为其他的矿产资源，例如石油，还转变为创建工厂的资本、设备以及用诸如铁、石油和木材等天然原料加工制造的大众产品。对这些资源的控制和为了扩大市场而将其转化为大众产品的手段自从工业革命以来就一直是经济力量的基础。如今，信息社会正在改变这个公式。财富和力量的来源，即信息经济的"金牌"，是一种不同类型的资本：在各种信息网络上以不同形式进行组合和分销的知识与创意理念。获利的多寡取决于一个国家连续创造文化产品内容或广为传播的文化产品新形式的能力，为此各国需要对整个经济体系进行创意人力资本的投资，而不仅仅是对配套设施和硬件进行投资。

有鉴于此，每一个想要"发展"新媒体制品和文化产品的国家，都需要拥有生机勃勃的和多样化的视听产业、出版产业、知识产业，以及一个非常活跃的艺术创作者群体。谁拥有创意资本，谁就在竞争中获得上风。那些着手有效地避免文化产业出现衰退的国家与那些轻易地放弃努力的国家相比，就会占据优势地位。它们参与国际上文化制作商和分销商的竞争，努力进入正在形成的国际文化产业发展的多样化格局，并努力使本国的创意产业在全球化背景中实现全球传播。

无疑，全球互联网已经从根本上对各种文化形式（包括视听产品）的分销和消费产生了革命性影响。文化和信息产业已经达成了共识，否则它们就不会在这场变革中积极地为自己定位。与此同时，新兴的信息产业正在重新发现传统文化产业部门的重要性，例如印刷出版业和电影业，因为它们构成了各种在线文化产品形式的创意基础和生命线。简言之，一个国家如果没有一支由艺术家、作家、设计家、影视编剧、剧作家、画家、音乐家、电影制作人、导演、演员、舞蹈家等和网络工程师、科学家、技术人员和广大的媒介知识分子组成的生机勃勃的创意产业人力大军，就不会拥有打赢这场信息经济战争的知识库，因此也就只能听凭他人来左右自己的命运了。

文化走向国家发展政策的中心

文化创意的理念已经日益作为资本出现于当代社会现实中，这种认识改变了传统的资本理念，将文化引向了国家发展政策的中心。在全球化的网络时代，经济和社会的中心问题将越来越关注怎样激励革新，怎样将一个文化创意理念的独创性转变为文化生产力，转变为可持续发展的经济实践。这就对各国各级政府提出了理念认识、政策制定、总体策划和具体部署等不同层面的要求。政府需要对文化、科技、网络等进行高层次的全面改革和整合。

第一，文化创意的经济价值提高了文化的资产评估价值，增加了创意理念与创意形式的广泛社会影响力，也对文化创意的传播方式与传播途径提出了迫切的要求。

这是公共政策面临的一个新的挑战，它要求人们建立一个能够周密地进行平衡的信息与革新的产权体系，以便创作者和开发者能够因创意理念（因版权）的制作及其产业化、商品化而得到回报。这一切依赖于公共领域的进一步扩大、展开和升级。如果没有广阔而拓展的公共领域，新知识就无法生成更多的新知识，因此就会限制人们参与创意理念的制作和分销，而且会无情地阻碍整个经济的革新步伐（温彻利，2000a，1998b）。这充分说明，一个善于正确地将文化产品产权的"公平使用"加以平衡的国家在创意理念的发展过程中往往会出现一些意想不到，也无法预料的高潮，这能使它在信息社会中占据竞争的优势地位。

第二，创意企业的财政基础，例如资本市场，也必须通过政策而转移到支持多样化和非制度化的轨道上来。

在创意经济体制中，比如说企业家为创意理念进行投资而申请的小额贷款，对于贷方和借方来说都意味着较低的风险，而且可以考虑进行实验及广泛的参与。银行贷款、在公共股票市场上筹集的资金，以及支持创意发展的风险资本基金，一般只能惠顾一小部分企业，而小额贷款却可以给大多数企业提供一个股本，用资金来支持它们在创意经济体制中创造新的理念和表现形式。

第三，创造性劳动者对于城市和地区的活力以及国家经济的健康发展至关重要。

一个鼓励人们参与创意的知识社会所面临的首当其冲的挑战是它需要围绕着知识的传播而重新调整国家对待创意的总体政策。由于文化和创意资源在经济活动中日趋重要，每个国家都会将注意力转移到教育体系的知识结构上来。现代社会之所以需要教育，不是为了像过去工业经济时代那样来培养一支标准化的劳动大军，而是为了给创意经济培养一支高度知识化的人才队伍。过去只要具备了基本的读写能力，再加上模仿地学习，就足以应付流水装配线、车间或桌面办公系统终端的指令，但今天如果仍然这样，就根本无法达到当今创意社会的要求。只有基础教育是远远不够的，所以我们需要在教育过程的早期阶段就开始培养跨学科的、独立思考的高智商和创意能力，并且要从学前教育一直延续到研究生院。在各国都开始将教育质量的重要性与基于创意资本的经济体制联系在一起时，就会出现一场旨在增加课堂知识含金量以及重塑艺术、人文和理科之间知识衔接关系的国际性竞赛。"这些高级技能将会推动和提高独立的判断力、创意能力与想象能力的结合、科学知识、技术培训、学术和批判思想、艺术与理科之间的跨学科知识，以及为创建从个人简历、文化创意到商业头脑的新知识而从事研究活动的经验。"

信息技术革命已经改变了各种社会关系，并使文化政策成为确保社会坚持创意和革新的前提。这导致了下一个政策问题的出现：为了策划具体的积极行动，怎样才能重新阐明我们获得创造力的方法。这需要从政策的立场来详细说明"文化"的意义，以及我们会怎样定义国际和多边体系的文化"问题"的界限。应当将信息社会的文化和创意问题与文化产品的制作、分销及开发的管理政策联系起来，这是一种具有重要国内和国际意义的方法。

Innovation-oriented country: Scientific & Technological Innovation and Cultural & Arts Creativity

Abstract: The global internet has revolutionarily affected the distribution and consumption of different cultural forms (including audio & video products) by the roots. Creative capital becomes the key factor in the compaction. China should participate in the international competition of cultural manufacturer and distributor, try to enter the forming diversity structure of the international cultural industry, and then realize the global communication of the Chinese creative industries on the background of globalization.

Key Words: innovation-oriented country, international cultural industry, cultural & arts creativity, communication

(金元浦　中国人民大学　北京　100872)

寻找不同文化中的共享价值观[*]

——跨文化交流学从"求异疏同"转向"求同存异"

关世杰

摘　要： 美国跨文化交流学著述中关于价值观的论述，受二元对立思维方式的影响，强调的是不同文化间价值观的差异（different values），对寻求不同文化间的共享价值观（shared values）重视不够，呈现"求异疏同"的倾向。以辩证思维方式，通过"文化平行比较"模式，寻找两种文化中的共享价值观，对人际间和国际间的跨文化交流具有重要意义。"求同存异"应是跨文化交流学价值观研究的新方向。

关键词： 共享价值观　普世价值观　跨文化交流

一　共享价值观的概念被美国跨文化传播学界忽视

在美国学者创立的跨文化交流学结构中，价值观是影响跨文化交流的一个重要维度。所谓价值观，是指一个人对周围的客观事物（包括人、事、物）的意义、重要性的总评价和总看法，所谓价值观体系是指对诸事物的看法和评价在心目中的主次、轻重的排列次序。价值观和价值观体

---

　* 本文为 2008 年国家社会科学基金重大项目"提高我国对外传播文化软实力"（08&ZD057）的研究成果。

系是决定人的行为的心理基础。毫无疑问，它是跨文化交流中一个极为重要的维度。但是，美国学者从跨文化交流学诞生初期就十分侧重文化差异对跨文化交流的影响，爱德华·C. 斯图尔特（Edward C. Stewart）在《美国文化模式》（*American Cultural Patterns：Across-Cultural Perspective*）中强调说，"没有文化差异和评论，跨文化交流学就没有存在的基础。"① 这种状况一直延续至今。当今美国跨文化传播学著作中呈现出"求异疏同"的倾向。在美国的跨文化交流学的教科书中强调的是不同文化间价值观的差异（different values），很少提及史瓦茨（Shalom H. Schwartz）提出的普遍性的价值观（Universals in the Content and Structure of Values）或人类基本价值观（basic human values）②。虽然有的著作中提到共享文化（shared culture）但是没有细化到共享文化价值观。在美国跨文化交流学的著述中，尚未见到不同文化间的共享价值观（shared values）的概念。例如，1998 年米尔顿·贝内特所编辑的《跨文化传播学基本概念》（*Basic Concept of Intercultural Communication*）一书中没有"普世价值观"和"共享价值观"的词条。③ 美国学者古迪孔斯特（William Gudykunst）和莫迪（Bella Mody）编辑的《国际传播与跨文化交流指南》（*Handbook of International and Intercultural Communication*）④ 也是如此。2001 年萨默瓦和波特出版的跨文化交流教科书《跨文化交流》（第 4 版）提到"我们在本书中已经花费了大量时间来谈跨文化情况下重要的差异，而我们即将要讨论的是，真正为成功的交流做出贡献的，往往是我们的相似性而不是差别。"⑤ 但遗憾的是该观点并没有得到重视。2010 年出版的美国《跨文化

① Edward C. Stewart, *American Cultural Patterns：Across-Cultural Perspective*, Intercultural Press, INC, 1972.

② Shalom H. Schwartz, "Universals in the Content and Structure of Values：Theoretical Advances and Empirical Tests in 20 Countries." *Advances in Experimental Social Psychology* 25：1 – 65. "；Basic human values：their content and Sturcture across Contries.

③ Milton Bennett, ed. , *Basic Concept of Intercultural Communication*, Intercultural Press. INC. 1998.

④ William Gudykunst and Bella Mody, eds. , *Handbook of Internationa and Intercultural Communication*, Sage Publications, 2001.

⑤ Larry A. Samovar, Richard E. Porter and Edwin R. McDaniel, *Communication between cultures*, 4ᵗʰ edition, Wadsworth, 2001, pp. 298 – 299.

交流》（第 7 版）在这方面基本没有进展，其主题索引中没有出现"普世价值观"和"共享价值观"一类的词汇。①

本文作者对共享价值观（shared values）的定义是：在当今两种或多种文化中都追求或接受的价值观。共享价值观不同于目前有争论的普世价值观（universal values），普世价值观常指世世代代、在世界各个民族各种文化都追求或接受的价值观。寻找共享价值观的难度远远小于寻求普世价值观。

受美欧学者影响，很多中国跨文化交流的教科书也有类似的忽略不同文化中共享价值观的情况。例如，2010 年出版了美国华裔学者和中国学者共同编撰的《跨文化传播学关键术语解读》，书中收录有 120 多条关键词，这些词条是编者"在美国罗得岛大学传播学系教了二十余年跨文化传播学这门课的过程中陆陆续续整理出来的"。但其中没有词条"普世价值观"和"共享价值观"。②

美国和西欧学者对跨文化交流中价值观分类打上了美国思维方式的印记，即受到了习惯性的二元对立思维方式的影响。在思维过程中，对一对概念的关系判断上，中国人注重对立面的统一（辩证法），美国人注重对立面的对立。美国人更相信亚里士多德的形式逻辑思维，它强调的是世界的统一性、非矛盾性和排中性。相信一个命题不可能同时对或错，要么对，要么错，无中间性。具体来讲，现在在跨文化交流学界被广泛运用的霍夫斯泰德提出的价值观维度：个人主义—集体主义、权力差距、回避不确定性、男性化—女性化、长期观—短期观，就反映了两极化思维方式的影响。

中国的辩证思维方式或许会对两国价值观问题提供一种新的视角。依据中国人辩证思维方式（太极图 ☯ 是这种思维方式的直观表述），在比较两种不同文化中的价值观时，我们既要注意两者的差异，也应注意两者间的相同部分。

---

① Larry A. Samovar, Richard E. Porter and Edwin R. McDaniel, *Communication between cultures*, 7th edition, Wadsworth, 2010.

② 陈国明、安然编著：《跨文化传播学关键术语解读》，中国社会科学出版社 2010 年版，目录及后记。该书在介绍史瓦兹模式时提到了普遍性价值，但是没有将普遍性价值列为条目，参见第 45 页。

二 "平等"与"自由"是中美
两国宪法中的共享价值观

当前中国接受的价值观与美国的价值观有无相同或相似的成分呢？这需要寻找。如何寻找？可以借鉴寻求普世伦理的方法。S. 弗雷斯恰克尔（Samuel Fleischacher）在《从文化多样性到普世伦理：三种模式》一文中指出，探究普世伦理有三种方法："人权"模式（Human right model）"先验条件"模式（priori conditions model）和"文化平行比较"模式（cultural parallels model），"文化平行比较"模式较"人权"模式"先验条件"模式更有优势。[①] 鉴于此，我们可以通过"文化平行比较"模式寻找中美两国共有的价值观。

在众多的可比文本中，中美两国的宪法是优选可比文本。因为宪法是一国的根本大法，法律的背后是文化，宪法里集中体现了本国主流文化的核心价值观。

美国的宪法文件为 1776 年 7 月 4 日原十三个北美英属殖民地一致通过的《独立宣言》、1789 年通过的《美国宪法》，以及之后陆续通过的 27 条宪法修正案。[②]

中国的宪法文件为 1982 年 12 月 4 日第五届全国人民代表大会第五次会议通过的《中华人民共和国宪法》（简称《中国宪法》）及以后的四次修正案。[③]

将中国宪法文件与美国宪法文件进行文本对比分析后，发现"平等"和"自由"是两国基本大法中相同或相似的价值观。

---

① 转引自万俊人《寻求普世伦理》，商务印书馆 2001 年版，第 275—277 页。

② 美国《独立宣言》中英文见：http://wenku.baidu.com/view/884d6da1b0717fd5360 cdcb1.html；《美国宪法》见：http://www.dffy.com/faxuejieti/jd/200502/20050203215123.htm；《美国宪法修正案》中英文见 http://wenku.baidu.com/view/4257d3d376eeaeaad1f330af.html。

③ 全国人民代表大会常务委员会法制工作委员会编译：《中华人民共和国宪法》（中英文），人民出版社 2004 年版。

1. 平等

在《中国宪法》中文版中平等出现 7 次。其中，关于民族平等的有 4 次（序言、第四条、第八十九条），第四条两次提到民族平等："中华人民共和国各民族一律平等。国家保障各少数民族的合法的权利和利益，维护和发展各民族的平等、团结、互助关系。"关于国家之间平等 1 次：在序言中说，"中国坚持独立自主的对外政策，坚持互相尊重主权和领土完整、互不侵犯、互不干涉内政、平等互利、和平共处的五项原则，发展同各国的外交关系和经济、文化的交流。"关于公民平等 1 次：第三十三条规定，"中华人民共和国公民在法律面前一律平等"。关于男女平等 1 次：第四十八条中说，"中华人民共和国妇女在政治的、经济的、文化的、社会的和家庭的生活等各方面享有同男子平等的权利……"

平等在《中国宪法》的英译本中译为 equal（形容词）和 equally（副词）。在《中国宪法》的英文版中，equal 出现 6 次，equally 出现 3 次。除了与上述各条对应之外，有两次在四十八条中出现，"国家保护妇女的权利和利益，实行男女同工同酬"，其中的"同工同酬"翻译为"the principle of equal pay for equal work"。

平等在美国的《独立宣言》中出现 2 次。其中，"We hold that these truths to be self-evident, that all men are created equal,"（"我们认为下面这些真理是不言而喻的：人人生而平等"）

在《美国宪法》中，平等出现 6 次。其中，以副词形式出现两次，都为具体的操作性的平等。例如，Article1, Section 3. …and each Sanator shall have one vote. Immediately after they shall be assembled in consequence of the first election, they shall be divided as equally as may be into three classes. （"参议员于第一次选举后举行会议之时，应当即尽时均等地分成三组。"）平等以形容词 equal 出现 4 次，皆使用在选举程序上。例如，Article II, Section 1. … Each state shall appoint, in such manner as the Legislature thereof may direct, a number of electors, equal to the whole number of Senators and Representatives to which the State may be entitled in the Congress. （每州应依照该州州议会规定之手续，指定选举人若干名，其人数应与该州在国会之参议员及众议员之总数相等）在《美国宪法》中出现的 6 次平等，在由英文翻译成中文版时，只出现一次，只是把第五条中的 equal 翻译成

平等，其余的翻译成"均等"、"相等"等。

在现实世界，价值观存在着"应然"的价值观和"实然"的价值观。简言之，"应然"的价值观是人们理想中和追求中的价值观，"实然"的价值观是人们在待人处世的实践中所显现的价值观，这两者有时是不一致的。例如《独立宣言》树立了"人人生而平等"的原则，这是应然价值观；历史事实其实远非如此，从开国总统华盛顿，到《独立宣言》的作者杰斐逊，都拥有"生而不平等"的众多黑人奴隶。这是实然价值观。《美国宪法》第一条明文规定，在统计国会席位和赋税时，每个奴隶（"其他人等"）只相当于"自由民"的五分之三。这些奴隶既不是美国公民，更不享有公民的各种权利。换言之，从开国起，美国实行的是按照种族出身的不平等世袭"户口"制度。真正在法律上树立"人人平等"原则的，是南北战争结束后通过的美国宪法第十四条修正案，明文规定了所有人等（并非是公民）享有美国法律的"同等保护"（equal protection）宪法第十四条修正案，是今天美国社会平等的最重要基础。

对比"平等"在"中国宪法文件"的中文原文和英文译文与"美国宪法文件"中的英文原文和中文译文的含义，可以发现其相同的地方是："平等"都被认为是一个正面的核心价值观；不同的是中国的平等不仅是公民个体之间的平等（包括男女平等），而且强调了民族之间的平等和国家之间的平等方面的集体之间的平等。而美国宪法比较笼统，强调的是"人人平等"（all men are created equal），可以理解为更注意个人之间的平等。总之，从对比中可见"平等"在中美宪法中是大同小异的，基本上是共享的价值观。

2. 自由

在《中国宪法》中，自由是一个核心价值观。自由成为中国人民奋斗的目标，宪法的序言中说，"一八四○年以后，封建的中国逐渐变成半殖民地、半封建的国家。中国人民为国家独立、民族解放和民主自由进行了前仆后继的英勇奋斗"。自由不仅体现在国家层次，而且体现在民族层次。在第一章总纲的第四条中，宪法强调了民族自由：各民族都有使用和发展自己的语言文字的自由，都有保持或者改革自己的风俗习惯的自由。在第二章公民的基本权利和义务中，宪法具体地列举了人民享受的自由，其中包括：公民有言论、出版、集会、结社、游行、示威的自由（第三

十五条）；公民有宗教信仰的自由（第三十六条）；公民的人身自由不受
侵犯；禁止非法拘禁和以其他方式非法剥夺或者限制公民的人身自由
（第三十七条）；中华人民共和国公民的通信自由和通信秘密受法律的保
护，除因国家安全或者追查刑事犯罪的需要，由公安机关或者检察机关依
照法律规定的程序对通信进行检查外，任何组织或者个人不得以任何理由
侵犯公民的通信自由和通信秘密（第四十条）；公民有进行科学研究、文
学艺术创作和其他文化活动的自由（第四十七条）；禁止破坏婚姻自由
（第四十九条）。《中国宪法》对上述自由的行使提出了限制，在第五十一
条中规定，"公民在行使自由和权利的时候，不得损害国家的、社会的、
集体的利益和其他公民的合法的自由和权利"。《中国宪法》中的"自由"
翻译成英文的时候，使用的是 freedom。

在美国《独立宣言》和《美国宪法》中，自由是核心价值观。《独立
宣言》开宗明义地说，"我们认为下面这些真理是不言而喻的：……造物
者赋予他们若干不可剥夺的权利，其中包括生命权、自由权和追求幸福的
权利。"（We hold these truths to be self-evident, … that they are endowed by
their Creator with certain unalienable rights, that among these are life, liberty,
and the pursuit of Happiness）。自由是所有人不可剥夺的权利，英文中自由
用的是 "liberty"。《独立宣言》中还在其他 4 个地方出现过形容词 "自
由"，英文是 free（中文译文由于翻译技术需要出现 5 处自由）。把独立的
美国称为自由的国家："因此，我们，在大陆会议下集会的美利坚联盟代
表……说明我们的严正意向，同时郑重宣布：这些联合一致的殖民地从此
是自由和独立的国家，并且按其权利也必须是自由和独立的国家……作为
自由独立的国家，它们完全有权宣战、缔和、结盟、通商和采取独立国家
有权采取的一切行动。"（We, therefore, the Representatives of the united
States of America, … solemnly publish and declare, That these United Colonies
are, and of Right ought to be Free and Independent States; … and that as Free
and Independent States, they have full Power to levy War, conclude Peace,
contract Alliances, establish Commerce, and to do all other Acts and Things
which Independent States may of right do.）

《美国宪法》中，在序言和第一条第二款中两次提到自由。特别是在
序言中说，"我们美利坚合众国的人民，为了组织一个更完善的联邦，树

立正义，保障国内的安宁，建立共同的国防，增进全民福利和确保我们自己及我们后代能安享自由带来的幸福，乃为美利坚合众国制定和确立这一部宪法。"（We the people of the United States, in order to form a more perfect union, establish justice, insure domestic tranquility, provide for the common defense, promote the general welfare, and secure the blessings of liberty to ourselves and our posterity, do ordain and establish this Constitution for the United States of America.）自由被作为一种美国人民的终极价值观。

在《美国宪法修正案》中的 27 条修正案中，第一、第二、第五、第十四条修正案中都提及自由，对公民享有的自由进行了具体的论述：1791 年通过的第一修正案规定了公民的信仰自由、言论自由、出版自由："国会不得制定关于下列事项的法律：确立国教或禁止信教自由：剥夺言论自由或出版自由；或剥夺人民和平集会和向政府请愿申冤的权利。"（Congress shall make no law respecting an establishment of religion, or prohibiting the free exercise thereof; or abridging the freedom of speech, or of the press; or the right of the people peaceably to assemble, and to petition the Government for a redress of grievances.）自由在英文原文中为 free 和 freedom。

1791 年通过的第五条和 1868 年通过的第十四条修正案均规定："未经正当法律程序，不得剥夺任何人的生命、自由或财产。"自由在英文原文中为 liberty。第十四条修正案中的英文原文为："nor shall any State deprive any person of life, liberty, or property, without due process of law."

从美国"宪法文件"中可以看出，"自由"是其核心价值观。

在汉语中，尽管"自由"一词最早在《后汉书》中出现，但现代汉语的"自由"是源于日语"jiyu"的外来语，日语的自由意译英语的 freedom，liberty。① 中美两国宪法文件中关于自由这一价值观异同情况如何呢？在《中国宪法》中自由译成英文为 freedom 和 free。在美国宪法文件中自由的英文原文为 liberty，free，freedom。free 是形容词，freedom 是名词，liberty 也是名词，freedom 和 liberty 在词义上有区别吗？根据《柯林斯最新英语词典》的界定，② "freedom: 1. the state of being free, esp. to en-

---

① 刘正琰等编：《汉语外来词词典》，上海辞书出版社 1984 年版，第 410 页。

② 《柯林斯最新英语词典》，北京大学出版社 2000 年版，第 300、434 页。

joy political and civil liberty…"（一种自由的状态，特别是享有政治和公民自由状态）；"liberty：1. the freedom to choose, think and act for oneself…"（自己选择、思考和行为的自由）从中看到，freedom 和 liberty 意义大同小异。金岳霖先生认为，西方学者在表达自由概念时，freedom 和 liberty 经常是混合使用的，不管是个人的还是国家的等等，都是可以混合使用的。如果一定要说出区别来，就是 freedom 在伦理意义上比 liberty 更恰当。①

对比"自由"在"中国宪法文件"的中文原文和英文译文与"美国宪法文件"中的英文原文和中文译文的含义，可以发现其相同点是：自由在中美两国的宪法中，都被认为是一个正面的核心价值观。不同点是：中国宪法不仅保障对公民的自由，同时也强调了公民在享有自由的同时，还需要履行的义务："公民在行使自由和权利的时候，不得损害国家的、社会的、集体的利益和其他公民的合法的自由和权利。"

从以上对比中可见"自由"在中美宪法中是大同小异的，基本上是共享价值观。

三　共享价值观在跨文化交流中的重要性

在跨文化交流中注意双方价值观相同部分有着不亚于了解其差异部分的意义。中国文化讲究在人际交流中求同存异，在跨文化交流中也是如此，不仅要存异，而且要求同。了解彼此差异，对话中可以避开暗礁；找到共享的价值观，对话中有利于产生共鸣，提高交流质量。人们主张文化间对话，而不是文化冲突时，本身就意味着人们已经有了"存异求同"的愿望、信念和希望。

探讨共享价值观不仅对人际跨文化交流有重要意义，而且对国际关系有重要意义。周恩来总理在 1955 年万隆会议上的实践就是跨国和跨文化交流中"求同存异"思想的成功范例。参加万隆会议是新中国成立后第一次重大的外交活动。在这次会议上，面对纷繁复杂的国与国之间的各类

---

① 《金岳霖学术论文选》，中国社会科学出版社 1990 年版，第 88 页。

矛盾，周恩来总理提出了"求同存异"的外交思想。当某些国家的代表，或因受帝国主义歪曲宣传的影响，或因对新中国抱有偏见，或因不明真相而在会议发言中对我国做了一些诋毁性指责时，周恩来总理做了一个扣人心弦的精彩发言。他首先声明："中国代表团是来求团结而不是来吵架的。""中国代表团是来求同而不是来立异的。"他指出，应该从解除殖民主义痛苦和灾难中找共同基础，我们就很容易互相了解和尊重、互相同情和支持，而不是互相疑虑和恐惧、互相排斥和对立。他还说，中国政府本来可以在会上提出台湾问题和联合国对中国合法席位的不公正待遇问题，但是为了不挑起争论，我们不打算这样做。他还就不同的思想意识和社会制度问题以及宗教信仰自由等问题谈了看法，强调都不应该妨碍我们求同和团结。他以心平气和的态度，诚挚的感情，显示了巨大的魅力。话音一落，全场立即爆发出雷鸣般的掌声、欢呼声，许多代表离开座位和总理握手、拥抱，甚至有些在会议上攻击过我国的代表也前来握手，有的还深表懊悔和歉意。周总理在万隆会议期间为实现和平共处的国际关系所付出的心血，赢得了国际公正舆论和进步人士的盛赞。① 周恩来求同存异的思想在万隆会议上取得了巨大的成功。万隆会议增进了亚非各国的团结，达成了十项原则，这些原则成为处理国与国之间关系的准则。

新中国老一辈从事对外跨文化交流的专家都很强调各国人民中存在着很多共同点。沈苏儒认为，"在谈论差异之前，应该先明确一条，就是各国人民存在着许多共同点。例如，爱祖国、爱家乡、爱和平、主张正义、反对压迫是共同的，为人类追求更美好的明天是共同的，爱好文化艺术体育运动是共同的，注意健康、关心环境是共同的，赞同各国人民友好相处、互助共进是共同的，等等。正因为有着如此广泛的、众多的共同点，各国人民之间的交流和对话才成为可能。"②

当今，著名的中外国际关系学者也在强调国际关系中共同价值的重要性。北京大学国际关系学院袁明教授认为，"讨论'共同价值'，具有极大的知识魅力。同时，也是当今多少走入困境的'全球化'的一种迫切

① 姚仲明、杨清华：《回忆周总理对建立和平共处国际关系的卓越贡献》，见张彦主编《万隆精神普照大地——纪念亚非会议 50 周年》，世界知识出版社 2005 年版。

② 沈苏儒：《对外报道业务基础》，今日中国出版社 1989 年版，第 35 页。

需要……跨文化的对话、关于共享价值观的讨论，走到了一个新的历史节点上。"① 美国哈佛大学肯尼迪政府学院的亨廷顿教授认为，"至少在基本的'浅显'道德层面上，亚洲和西方之间存在着某些共性。此外，正如很多人已经指出的，不论世界上的几大宗教——西方的基督教、东正教、印度教、佛教、伊斯兰教、儒教、道教和犹太教——在何种程度上把人类区分开来，它们都共有一些重要的价值观。如果人类有朝一日会发展一种世界文明，它将通过开拓和发展这些共性而逐渐形成。因而，除了'避免原则'和'共同调解原则'外，在多文明的世界里维护和平还需要第三个原则，即'共同性原则'：各文明的人民应寻求和扩大与其他文明共有的价值观、制度和实践。"②

对于跨文化交流学研究者来说，注意不同文化中的共同点十分重要，可以就其共同之处开辟跨文化交流研究新领域。这些年对普世价值观有争论，这些问题可以继续探讨和争论。但是，随着当今世界绝大多数国家都签署的国际公约的增多，如《联合国宪章》、《人权宪章》、《保护和促进文化表现形式多样性公约》等所体现的世界各国共同价值或共同点肯定是存在的。例如和平共处五项原则中所体现的价值观应该是各国共同承认的价值。一般来说，两国之间价值观的共同点要多于全世界各国家间的共同点。因而，要进行通畅的跨文化交流，既找到全世界人民共享的价值观或共同点，同时也找出中外两国间的共享价值观或共同点，这无疑会促进我们的交流效果。

总之，在跨文化传播学中，"求异疏同"的倾向不足以完美地解决彼此之间的有效交流，与之相比，"求同存异"更有益于彼此之间的有效交流。"求同存异"应是跨文化交流学价值观研究的新方向。

Pursuing the shared values between different cultures

Abstract：Influenced by the thinking pattern of binary opposition, West-

---

① 袁明：《经济全球化中的"文化失重"与价值重建》，《编辑学刊》2010 年第 2 期。
② 亨廷顿：《文明的冲突与世界秩序的重建》，新华出版社 1998 年版，第 370 页。

ern intercultural communication studies emphasize the differences between different cultural values while underestimating the shared values. The "Cultural Parallels Model" enables us to pursue the shared cultural values with the dialectical thinking pattern. This is significant for intercultural communication across countries and between people.

Key Words: shared values, universal values, intercultural communication

（关世杰　北京大学新闻与传播学院　北京　100871）

跨文化传播研究的全球场域与本土追问[①]

孙英春　孙春霞

摘　要：面对全球场域的整体性变动，中国的跨文化传播研究亟待加强本土化探索，寻求全球视阈与本土场景的"视阈融合"，努力建构与本地和时代特征相适应的学科体系，逐步以科学形态形成对话能力，提升自身在国际学术共同体中的学术话语权，以此为基础，参与调整、解释、建构和传播中国的国际话语。这一努力具有三个侧重：立足中国社会、文化和历史的语境；建立跨学科的整体性视野；坚持以本土议题为研究对象。

关键词：跨文化传播　全球化　话语权　本土化

跨文化传播研究者在观察世界、分析问题时，始终脱离不了全球场域和本地语境，需要用一种综合性的视阈来理解自身和所处的世界。尤其是，全球化浪潮在近一个时期的曲折发展，带来了一系列错综复杂的文化、社会影响和全球性问题，作为呈现人类传播活动的一个重要的知识系统，跨文化传播研究需要在学术理念、研究方法、理论范式等诸多方面做出积极调整，努力做到时代与学术、现实与理论的交织互动，凝结和表征人们在时代探索与实践活动中的思考和期望。

———————

① 本文系孙英春主持的教育部人文社会科学规划项目《跨文化传播前沿理论的本土化研究》中期成果，项目编号：09YJA860023。

一

　　跨文化传播研究兴起于 20 世纪 40 年代后期，在半个多世纪以来全球化日益深入的趋势下不断深入发展。60 多年来，这一领域致力于不同文化之间传播的理论与实践，关注不同文化、国家和族群之间传播系统的差异比较，并与国际传播的许多方面，以及传播与国家发展的研究密切相关。跨文化传播研究也是一个阐释全球社会中不同文化之间社会关系与社会交往活动的知识系统，其学科构建和研究范式的基础，以及研究主题、概念、话语等，都离不开对人类社会关系与社会交往活动的考察。这是因为，跨文化传播作为一种沟通和建立不同文化中人与人之间共存关系的文化交往活动，体现了人类社会关系和社会交往的跨文化、跨区域的"延伸"过程，亦呈现了全球社会中社会关系与社会交往的丰富性和复杂性。基于社会关系与社会交往的视角去研究跨文化传播的过程与影响，不仅可以对人类跨文化交往活动进行相对准确的解读，还可以依据不同的社会结构与社会秩序的变动去更好地解释人类文化的发展与流变。就人类历史的发展线索来看，正是凭借人类社会关系与社会交往的不断延伸，把不同文化、地区、族群、国家的人群"联结"在一起，促进了人类文化的发展和社会变迁。不同文化的习俗、道德、价值观和生活方式等，也无不通过这种延伸而掺入其他文化，确立着不同文化群体的规范、观念和认知体系，维持着人类社会系统的动态平衡、稳定和发展。

　　不同视角下的全球化有着不同的含义。作为一个漫长历史过程的全球化，意味着人类从不同地域、民族和国家之间彼此分隔的状态走向全球性社会的整体性变迁过程，其源头可以追溯到 15 世纪美洲新大陆的发现。作为一种客观趋势和经验事实的全球化，意味着世界上各种社会、文化、机构以及个人之间交往关系快速发展的过程，涉及时间与空间的压缩，也关联人类各种社会关系的扩展——不同文化中固有的各种社会关系持续不断地发生剧烈拓展，制约和影响人们日常生活的各种关系已经从本土扩展到全球社会。在这个意义上，全球化就是全球场域下人类社会关系与社会交往的"延伸",为跨文化的传播与融汇提供了条件,同时也不断改变着当今世界的"文化地图"。

全球化是人的社会关系的世界化,是人的社会交往的世界化,并与一系列的文化影响相关联,这些文化影响大致可以归结为三个命题:"同质化"(homogenization)、"分极化"(polarization)和"混杂化"(hybridization)。其中,"同质化"命题关注的,是全球文化正在依据西方和美国文化的模式经历的一种标准化的过程。"分极化"命题则提供了关于全球文化发展的另一种图景——全球社会中不断增强的相互关联与相互依赖并不必然地意味着文化的一致性,相比经济组织和技术而言,文化更难于标准化。"混杂化"命题关注的是近年出现的一种新趋势:不同文化之间互相借用、合并彼此的要素,从而创造混杂的、融合的各种文化模式。① 无论是"同质化"、"分极化"还是"混杂化",都呈现了一种无可辩驳的文化全球化的趋势——与经济全球化一样,是作为整体的全球化进程的组成部分,意味着全球社会中的不同文化持续不断地突破文化地域和文化模式的局限,作为一种"浮动的符号"融入巨大的全球文化网络之中,预示了一种相互依赖、相互沟通的世界文化格局。

全球场域下社会关系和交往方式所发生的诸多革命性变化,不可避免地赋予全球社会一种全新的、共有的全球意识(global awareness),使人类生活乃至跨文化传播研究具有了前所未有的意义,不同社会、文化以及不同地区的人们产生了前所未有的交往欲望,推动了不同文化之间的民族和国家的文化大传播。与此同时,全球范围内经济和文化资源的流动、扩散、重组和整合加快,文化发展呈现出既高度融合又高度分化的趋势,大容量、高密度文化信息的相互碰撞、冲突、融汇,也在重新建构各个文化复杂的内在构造,关联不同文化传统的传承与发展,以及各个社会的稳定乃至社会制度的演变。

在全球化的场景下,跨文化传播已经成为全球文化生态的表征,呈现的是不同文化主体在交往中的视野、姿态和未来。全球场域的整体性变动,不仅使跨文化传播研究的议题在社会实践活动的各个领域延伸,也为

---

① Robert Holton, "Globalization's Cultural Consequence", *Annals of the American Academy of Political and Social Science*, Vol. 570, Jul. , 2000, p. 140.

跨文化传播研究提供了新的视角、平台和价值取向。如何呈现全球社会中社会关系和社会交往的变迁实质？如何应对和解决由此而导致的诸多问题、困局和危机？如何建立公正合理的人类文化乃至社会秩序？需要这一领域的研究者潜心探索、深度回应，努力在学术理念、理论范式、研究方法等方面做出调整，提升学术研究的科学性和实践价值，唯如此，才可能在全球社会演变的过程中准确把握时代的特征，以及文化传承、冲突和交融的本质特征和流变趋向。

二

社会科学面对现实问题的思路与能力，必定是与特定的社会和时代环境相联系的。社会交往的全球化积累的变迁压力，不可避免地要求一种全新的认识框架，去重新理解不同文化的认知系统、观念体系和其他复杂的内在构造。这也为跨文化传播研究提出了新的要求：立足时代和现实关怀，努力呈现全球社会和文化的变迁实质。

历史地看，跨文化传播研究的学术旨趣一直是基于时代和现实关怀的。这一研究领域的兴起与发展被全球化趋势直接推动，并与世界大战及战后改制、现代化等人类历史极其深刻和广泛的变迁相联系，经过半个多世纪的发展，其研究旨趣并不满足于探讨不同文化背景中的个人、群体、组织、国家之间交往的特点和规律，不同文化之间的意义阐释和理解，人类文化的创造、变迁和分野的进程，还涉及文化与民族心理的差异、跨文化语用研究、文化冲突与解决途径、技术发展对文化的影响、文化的延续和变迁、传播的控制和管理、民族文化自立与发展等诸多方面。这些现实议题的存在和延伸，不仅凸显了跨文化传播研究的科学性、创造性和实践性追求，还将其应用空间推进到社会生活的更多领域。

面向全球场域持续变动的事实，跨文化传播研究还须考虑到技术、人口和经济意义上的知识和范畴。跨文化传播学者拉里·萨摩瓦（Larry Samovar）就提醒研究者，要注意三个方面的使跨文化传播愈加广泛和频繁的因素：新技术与信息系统；世界人口的变化；向全球经济的迅速发展趋势。① 因为这些变化正在迅速地改变着世界的面貌，必然也会对跨文化传播的理论思考和研究方法产生影响。就新技术与信息系统而言，这一方面的持续革新不仅影响了全球范围内信息流动的方向、数量和结构，也在改变着每一个个体的信息接受环境，塑造着人们传统的生活方式、思想观念及价值取向，由此而深度影响着跨文化传播的基本语境。依托全球范围内日渐完善的信息技术体系而得以深入的文化全球化也作为动力和媒介，推动着全球社会中的社会关系与社会交往现实的结构性转变。特别是进入21世纪之后，技术要素、资本要素、人力要素等在市场法则的驱动下出现了更为猛烈的全球性流动和组合，促进了不同文化区域互补性、关联性和依赖性的增强。正如乔治·米德（George Mead）描述的：随着人类社会进化的过程，人与人之间彼此连锁的相互依存关系变得越来越复杂，紧密交织、高度组织化，而人类社会进化的方向，则是"构成人类社会的、存在于有关个体间的一切相互依存的社会联系变得越来越统一，越来越复杂，越来越紧密地交织在一起，以致达到完全的统一"。②

面对文化变迁和社会现实的复杂性，跨文化传播研究需要发挥理论开放和思想灵活的学术传统，特别是在与现实问题的对话中达到全球视阈与本土场景的"视域融合"——在视域的遭遇与交融中发现并揭示新的意义，建构与本地和时代特征相适应的学科体系。如前所述，置身于全球社会的语境，跨文化传播研究的"问题视域"必然涉及文化之间和文化内部的各种相互关系与交往的复杂现实，以及不同文化的社会结构、生活方式、思维方式、价值观念以及社会规范等方面的调适与变迁。这一"视域"也意味着，研究者要从文化、社会、心理、观念、技术等多个视角，筛选和探讨在跨文化传播过程中涉及的有关社会关系与社会交往事实的变量，对其进行确认、分析和分类，从现实的变动中追踪传播的主要方式与普遍本质。显然，这些变量是相互关联、相互依存甚至是相互重叠的，同时也预示了跨文化传播研究"路线图"的多元、多维和复杂性，跨文化传播学的学科范式、基本概念、理论、方法，乃至研究意义和理解现实的

---

① Larry Samovar and Richard Porter, *Communication between Cultures*, Belmont, CA: Wadsworth, 2004, p. 5.

② 张国良：《20 世纪传播学经典文本》，复旦大学出版社 2003 年版，第 196 页。

努力，恰恰寄寓其中。

为这一"视域"构成启发的，还有哈贝马斯（Jurgen Habermas）用以阐释交往行为理论的"主体间性"（intersubjectivity）和"生活世界"（life world）的概念。社会学意义上的"主体间性"，是指作为社会主体的人与人之间的关系。根据哈贝马斯的解释，现实社会中的人际关系分为工具行为和交往行为，工具行为是主客体关系，交往行为则是"主体间性"行为。哈贝马斯的交往行为理论就主要运用了"主体间性"的概念，提倡交往行为，以建立互相理解、沟通的交往理性，最终实现社会的和谐。"生活世界"的概念最早由胡塞尔（Edmund Husserl）提出，指的是某一生活主体从自身角度所体验的世界，如神话世界、巫术世界等等。根据哈贝马斯的交往行为理论，"生活世界"作为一种由"文化传播和语言组织起来的解释性范式的贮存",① 是交往行为得以落实的基础，也是交往行为得以继续的"界面"，而社会科学的条件和对象就是"生活世界"。交往行为合理化的最终目标，就是要实现"生活世界"的正常再生产，具体表现为构成"生活世界"的文化层面的有效沟通、社会层面的有效整合，以及人格方面的健康自我观的建构，也就是"生活世界"的结构上的合理化。总之，"生活世界"构成了交往与理解的结构、背景和前提。② 重要的是，通过交往理性达成的理解具备了协调互动并实现社会整合和社会合理化的功能，同时也具备了重要的传播、保存和重构文化的功能，而对"主体间性"的研究能够对人类的"生活世界"提供本质的说明。

这两个概念对于当前跨文化传播研究的启示在于：第一，要回归到"生活世界"，即回归到日常生活、意识生活或语言世界之中，换言之，就是从现实生活出发进行思考，解构旧有观念，建立一种奠基于现实生活的认识论；第二，要关注不同文化、共同体之间的交往变迁以及"主体间性"的复杂趋向，特别是不能简单忽视社会体系设置的语境。总之，跨文化传播学的"问题视域"必须充分关注人类不同文化之间，以及文化内部不同阶层、不同地区的全体成员的关系与交往，充分重视各种形态

---

① 乔纳森·特纳：《现代西方社会学理论》，天津人民出版社1988年版，第283页。

② 尤尔根·哈贝马斯：《交往行为理论》第2卷，重庆出版社1996年版，第165—168页。

迥异的文化的现实、特质和选择。进一步说，不仅应当抱持关于人类文化共同体的理想，寻求对于普世伦理、交往理性、跨文化理解和对话、回归生活世界等重大命题的解释，同时也应透过多方面思考与实际行动，探讨全球化与本土化的矛盾、文化多元与文化霸权的冲突，以及现代性、文化认同和民族主义等问题，以追求差异、多元为学术旨趣，推动人类跨越文化边界的沟通和自我拯救，维护人类文化的价值和精神的尊严。

三

全球场域的深刻变动拓展了跨文化传播研究的"问题视域"，也开辟了这一领域的本土空间。

20 世纪 90 年代初期，跨文化传播研究逐步进入中国知识界的视野，教学与研究工作也在新闻传播、国际关系、公共管理、外语教学等领域开展起来。但总的看来，中国跨文化传播研究仍处于起步阶段，主要表现就是：缺乏科学的、富有成效的本土化研究，照搬西方跨文化传播理论而忽视其本土适用性的现象大量存在，理论范式模糊且缺乏实践指向，既无法建立有影响力的学术自治地位，也无法为中国日益丰富的对外传播与交往实践提供有价值的支撑。面对方兴未艾的全球化浪潮和深刻变动的世界，中国跨文化传播研究将何以作为？这是摆在当代中国跨文化传播研究工作者面前的重大课题，需要在研究方法、理论范式、学术理念等诸多方面做出深刻思考。

中国已经走上了伟大的和平发展道路，与外部世界的跨文化传播实践日益广泛和深入，中国经济快速起飞和社会加速转型的现实更是对跨文化传播研究形成强烈的刺激，并为跨文化传播学在中国本土的拓展提供了理论诉求和现实出路。可以确定的是，由中国学者展开的跨文化传播研究，不仅要为植根于中国本土经验的研究范式作出贡献，同时也必须致力于提高研究的实践效用，特别是在处理对外交往和对外传播议题方面——相比其他学科而言，跨文化传播研究对人类交往的多方面关注，对当下中国的诸多文化实践都具有积极的、不可替代的现实意义，这是毋庸置疑的，同时也构成了跨文化传播研究在中国得以深入的主要动力。

争取与中国的大国地位相适应的、更为主动的国际话语权，是中国应对西方国家主导的国际体系的长期诉求，攸关中国的国家形象和国家利益，也是当前中国跨文化传播研究的重要实践指向。我们知道，国际话语权是软实力的重要组成部分，虽然其内容往往是由国际行为体的实力及其在国际事务中的地位和影响所决定，但其大小总体上是与软实力的权力分配状况高度一致，既是世界各个国家和民族的文化在国际文化与传播格局下流动与分配的复杂结果，同时也受到政治、经济、意识形态等因素的制约。在当前国际格局和权力结构深刻变化的背景下，国际话语权日益重要，特别是伴随着中国的和平崛起，旧有的国际话语秩序正在改变之中，西方国家为了维护其既得地位，正在加紧对国际话语权的争夺。面对国际话语权的失衡局面，中国如何处理与国际社会的关系、应对外在世界的各种质疑和挑战、向国际社会说明自身发展道路的正当性、保障自身的合理权益等等，不仅依赖自身在国际话语秩序变迁过程中的具体努力，也寄托于人文社科各个领域的知识贡献。

支撑国际话语权的要素有很多，关系政治、经济、文化和社会的方方面面，与之相关的研究领域也很多，跨文化传播研究就是这样一个领域。这是因为，跨文化传播与全球社会这个巨大话语场的各个层次都有着千丝万缕的关联，特别是在人类社会逐步走向全球化的过程中，跨文化传播一直挑战着传统的国家、社会、政治和地理范畴，涉及不同国家、民族和文化之间发生的信息传播与人际交往，以及人类各个文化要素的扩散、渗透和迁移，容纳并呈现出政治、经济、科学、宗教、道德、文学、艺术以及日常生活等各种话语形式。20 世纪 40 年代后期，正是基于海外扩张和争夺国际话语权的需要，美国学者首先开始展开了大规模、多层次的跨文化传播研究，为美国在 20 世纪的全球扩张提供了重要的知识基础和人力资源。到了 20 世纪 70 年代，跨文化传播研究在欧美国家逐步发展成为一门致力于不同文化之间传播的理论与实践的独立学科，跨文化话语分析学、跨文化语用学、跨文化心理学等分支学科也应运而生，研究视域日益宽广，服务领域也在不断拓展，不仅凸显了跨文化传播研究的科学性、创造性和实践性，还将其应用空间推进到话语生产、话语控制和话语能力等更多领域。

探究话语和话语权的关系实质，就是"说什么"和"怎样说"的问题，通过跨文化传播及相关领域的研究，可以从话语的生产、控制和能力方面更好地把握这些问题。话语生产是一种意义的生产过程，隐含着复杂的社会关系和权力关系，决定于政治、经济、文化层面的资源与权力格局。话语能力是对各种话语文本的解读和阐释，其解读和阐释方式在很大程度上决定了话语权的大小。话语控制来自福柯（Michel Foucault）的话语理论：话语是受内在控制、外在控制以及主体控制的，而文化因素是左右话语生产与控制的重要因素，并映射出各种话语或文化形态之间的影响、渗透、控制与反控制的复杂局面。让中国的现代化进程有一个良好的国际环境，让中国的声音成为世界和平与发展的重要力量，这是争取国际话语权的根本原因。不过，近年来中国在国际话语权的权力份额和权力运用上存在着多种困局，综合实力的崛起并没有使中国的国际话语权得到相应程度的提升，西方国际话语权的强势和霸权地位，仍使中国在国际话语权的现实处境和权力运用方面面临着多重困局。[①] 如何摆脱这些困局并提升中国的国际话语权，是中国走向世界过程中的一大重要课题，也是中国跨文化传播研究的实践指向。根据美国等西方国家的经验，中国跨文化传播研究的努力方向，就是要从话语的生产、控制和能力层面做出积极探索，构建有国际影响力的学术话语体系，积极服务于中国对外传播和对外交往的实践，寻求中国国际话语的自主性和影响力，同时，培养高素质的跨文化传播队伍，加强对外传播平台和传播内容的建设，做好跨文化传播的议程设置，通过恰当的跨文化传播话语方式，积极展示和提升中国话语。

学术自主性的诉求有一个必要的前提，那就是自身的科学化，而科学化的学术话语具有获取话语权的天然优势。根据福柯的权力理论，要把握现代社会权力运作的特点，必须从全新的角度来理解权力，权力是多形态的，渗透到社会的不同领域，重要的是，知识是获取权力的一种手段，而"所有门类的知识的发展都与权力的实施密不可分"。[②] 福柯还有一个重要观点：话语不仅是思维符号、交往工具，更是人们斗争的手段和目的，能够直接体现为"权力"——社会权力结构中的强者往往具有话语权，决

---

① 张志洲：《中国国际话语权的困局》，《人民论坛》2009 年第 18 期。
② 米歇尔·福柯：《权力的眼睛》，上海人民出版社 1997 年版，第 158 页。

定着话语的内容和影响。进一步说，知识和权力之间是密不可分的共生关系：权力产生知识；权力和知识正好是互相蕴涵的；如果没有相关联的知识领域的建立，就没有权力关系。由此而言，以提升中国国际话语权为目标，中国跨文化传播研究首先应当提升自身在国际学术共同体中的学术话语权，帮助国际学界增进有关中国社会、文化的理性认识，以此为基础，参与调整、解释、建构和传播中国的国际话语。

学术研究的本土化，通常是指以西方社会科学体系为参照对象，既要从本土视角来修正这一体系的局限性，也必须能够科学解释和解决本土问题。这一工作的重心，就是在理论与实践的双重探索过程中，结合本土经验，察其理据、明其路向，界定一系列清晰的范畴、方法、分析框架，使之成为经验观察的有用工具，进一步地，运用可通约的学术话语来表达本土的立场和观点。面向这一目标，中国的跨文化传播研究应当立足于扎实的工作，认真探讨西方跨文化传播理论、方法在中国社会、文化环境中的局限性和适用性，进行细致的、体现本土文化差异的研究，既要接近中国人的文化和心理世界，也要契合中国社会发展的现实和需要，既要准确评析相关理论与方法的本质特征、特定假设、遵循的特定逻辑、能够回答的问题类型，更要从本土应用的视角来确定其内涵、价值、功能和意义。进一步地，以科学形态形成对话能力，从容接受国际学术共同体的检验。只有这样，才可能搭建一座连接国际学术话语与中国话语的"桥梁"，真正提高中国跨文化传播研究的学术话语权。概括说来，这一努力包含了以下三个方面的侧重。

第一，立足中国社会、文化和历史的语境，努力对20世纪40年代以来西方学者在对跨文化传播现象进行专门研究基础上发展的理论进行阐述和评析，同时，尝试从本土文化体系中寻求相应的理论和思想，弥补这些理论源自单一文化背景的不足。事实上，作为一门面向社会实践的研究领域，在不同文化中建构和检验理论本身就是跨文化传播学在全球社会的发展过程中必不可少的环节。为实现这一目标，本土化研究的第一项任务，就是对这些理论的性质、功能和意义做出科学、系统的阐述，进一步地，充分考虑本土社会文化的特质、现实和选择，尝试对这些理论进行适当的调整和补充，同时，通过系统性的理论梳理，积累有关文化冲突、文化认同、跨文化传播能力、文化对话与文化合作、跨文化传播战略等实践议题的理性知识，为开拓应用研究的广度和深度提供新鲜的理论资源。

第二，建立综合学科的整体视野，努力对相关学科的知识做出有价值的"知识整合"，包括对已有理论预设的追问以及新成果的运用和重构。这既是本土化的重点，也是主要难点所在。跨文化传播研究具有先天的多学科对话气质和开放性思维，是由文化人类学、传播学、社会学、心理学、哲学等不同学科的学者共同开拓的，这些学科不仅构成了跨文化传播学最直接的理论来源，也对跨文化传播研究的研究方法和研究取向都具有独特的贡献，其前沿进展也为这一领域与其他知识系统的交汇提供了更多的可能性。为建构与时代特征相适应的中国跨文化传播学科体系，使之完成从传统学术形态到现代学术形态的过渡，这一本土化努力必须充分结合国际学界共同的"知识整合"，做到系统了解、批判吸收、兼收并蓄。可以预见，中国跨文化传播理论范式的最终形成，就是要把相关学科领域的不同观念、知识和理论综合起来，把一个个零散的"飞地"会聚成一个相对连贯的、交融的"科学共同体"。显然，这是一个意义重大的重塑和形构的"知识整合"活动，需要以多元、多维的学术话语会聚诸多学科的知识，归纳、阐释相关社会学科及各个学派有关跨文化传播研究的成果，在呼应和表达人文社会学科趋于综合的时代潮流的同时，为本土化研究提供基础性的支撑。

第三，坚持以本土议题为研究对象，在对相关理论进行阐释、评估时，充分考虑这些议题的文化限定性，以及中国社会、文化和历史的语境。问题意识是学术进展的内在动力，推进中国跨文化传播研究的发展创新，必须凸显问题意识，以问题为中心推进学术进步，并通过这一努力体现出该学科自身的优势。这就意味着，中国跨文化传播研究必须站在时代的前沿，跳出学术冷落现实的误区。必须明确的是，传播全球化正在迅速扩展中外文化广泛的交流与分享，跨文化传播研究的传统议题已在中国文化和社会内部的各个实践领域延伸，对外传播和对外交往的外部实践也为学术研究提供了绝好的场景，并使本土经验的科学总结具有前所未有的意义。尤其是，近年来围绕中国对外传播和对外交往的实践，已经发生了许多需要由这一领域直接做出回答的重大议题，比如西藏问题、新疆问题、国际人权争论等，在这些问题上发出的学术话语，既与寻求国际话语权的努力直接相关，也关系中国社会和文化的现代化进程。

四

与其他人文社科领域一样，在 21 世纪的今天，西方话语仍在跨文化传播研究的国际话语结构中拥有难以逾越的"霸权"地位，中国知识界则面对着一个如何应对这种"霸权"的选择。

面向未来，中国与外部世界的跨文化传播无疑将日益广泛和深入下去，中国作为一个负有历史使命的文化大国，无疑应在跨文化传播研究的国际学术舞台上据有相应的重要位置，中国与外部世界的文化交往、文明对话以及寻求国际话语权的现实需要，更突出了建设具有本土特色、本土适用性的中国跨文化传播学科体系的重要性。

立足学术研究的本质和传统，中国跨文化传播研究仍当坚守建设"人类文化共同体"的学术追求，怀着文化对话、理解与合作的真实期盼，致力于帮助人类不同文化的成员跨越各自的文化屏障，共同面对全球社会的生存困境，共同重建人类社会的文化秩序，共同实现人类的道义理想。同时，针对新的时代条件下的中国实践，应当努力借鉴西方知识界通用的表述方式和语意语境，提出既符合国际学术通约性、亦能符合本土场景的学术话语，并与相关领域的研究进行"知识整合"，共同探索和改进有利于中国对外交往和对外传播的途径。

马克思指出："一门科学提出的每一种新见解，都包含着这门科学的术语的革命。"① 这个术语的革命可以理解为学术原创性的深刻表达，也可以理解为学术自主性的自觉意识。面对全球场域，中国的跨文化传播研究亟待学术自主性的觉醒，把中国的社会、文化的语境和现实需要反映在研究活动中，立足全球视域，研究本土问题，提升学术研究的科学性和实践价值。笔者确信，只有通过这样一种基于与社会现实和文化实践同步的学术努力，这一领域才能在攸关中国文化现在和未来的探寻中作出有价值的贡献。

最后有必要强调的是，无论是反对还是欢呼全球化的到来，我们都无

---

① 卡尔·马克思：《资本论》，人民出版社 1975 年版，第 34 页。

法否认一个事实：全球化实质上是创造了不同文化发展与并存的"增量空间"，在这个空间中，"不同文化的影响力和生存空间得到了空前的扩张机遇，跨文化的交往亦在时时激发各文化内部的独创性表达，人们的本土意识也会进一步放大而不是削弱"。① 跨文化传播研究的本土追问，必须呼应这一事实，积极面对文化和社会的复杂变迁，通过对本土问题的关注和思考，逐步完成全球视域与本土场景的融合，逐步建构与中国国情和时代特征相适应的理论和学科体系。

Global Context and Indigenization Pursuit of Intercultural Communication Research

Abstract：Facing the holistic changes in global context, China's research field of intercultural communication desiderates to enhance indigenization pursuit, seeking *integration of perspective* between global and local contexts, constructing a knowledge system seasoned with local characteristics. Moreover, this field should accumulate power of discourse in the international research community, and participate in adjusting, explaining and communicating the international discourse of China. This indigenization include 3 pivots：standing in Chinese social, cultural and historical context; exploiting a holistic perspective of cross-disciplinary; insisting on research of indigenized objects.

Key Words：intercultural Communication, Globalization, Power of Discourse, Indigenization

（孙英春　中国传媒大学国际关系研究所暨国际传播研究中心　北京 100024

孙春霞　华中科技大学　湖北武汉　430074）

---

① 孙英春：《跨文化传播学导论》，北京大学出版社 1998 年版，第 249 页。

媒体与跨文化

美国媒体的中国形象:变化与影响因素

乔 木

摘 要:媒体所具有的文化属性,使得一国媒体对另一个国家的报道,具有跨文化传播的特征。美国媒体由于高覆盖率和广泛影响力,对中国形象的塑造影响很大。美国媒体的中国形象不光在历史上不断变化,在一定的时段内因时因事也经常变化。其影响因素既有冷战后美国对中国的矛盾心理和美国国内政治的斗争,也有美国的新闻观念和媒体的经济属性、运作方式、信息属性,另外报道对象中国的情况也应考虑。长远来看,中国形象的确立取决于中国自身的发展。

关键词:中国形象 美国媒体 跨文化传播

媒体所具有的文化属性,使得一国媒体对另一个国家的报道,具有跨文化传播的特征。美国媒体对中国的报道,就是一种跨文化传播现象,它影响了美国对中国形象的认识。所谓"中国的国家形象"(China image),对于世界上大多数没有到过中国、没有亲身感受过的人来说,实际上是通过国际传媒对中国的报道,来认识中国的国家形象的,这涉及新闻传播中的"形象塑造"(Image making)问题。美国新闻学界的泰斗李普曼(Walter Lippmann)1922年在其经典著作《舆论学》中提出一个著名的观点,即:新闻媒介影响"我们头脑中的图像"。该书第一章的标题就是"身外世界与脑中图像"。具体而言,就是大众传播媒体创造了我们对于世界的印象。尽管他指出,新闻界提供的形象常常是不完整和扭曲的,然而这些反映却是我们认识世界的基础。① 德国学者盖尔唐（Johan Galtung）和拉格（Marie Ruge）认为，"世界是由个体或集合的角色构成的，这些角色的形象是由我们的认识来决定的。虽然传媒不是塑造这种形象的唯一因素，但它的普遍性和持久性使它最有资格成为首要的国际形象塑造者"。② 可见传播媒体在国家形象的塑造中起着非常重要的作用，而形象优劣无疑直接关系一个国家在国际社会的影响好坏以及与其他国家的关系亲疏。

由于美国媒体在国内外的高覆盖率和广泛影响力，使得国际新闻流动带上了一种明显的"美国化"色彩。美国一学者指出，"美国大众媒体对发展中国家的报道不仅数量少，而且大多带有偏见和政治倾向"。③ 许多发展中国家也认为西方媒体对他们国家的报道往往不客观、不全面，太多揭露性和耸人听闻的消息，影响人们对发展中国家的准确认识，进而导致模式化的国家形象。

在分析中国的媒体形象时，"美国媒体妖魔化中国"的观点尽管颇多争议，但它也折射出在一定时期内中国形象的一个或几个方面。随着中美两国情况的变化和国际格局的变化，中国的形象在怎样变化？有什么新的因素在影响美国媒体对中国形象的塑造？这是本文将要探讨的主要问题。

中国形象的变化

关于中国形象的研究，美国已有很多经典的著述。如 20 世纪 40 年代曾任美国《新闻周刊》驻华记者的伊罗生（Harold Isaacs），在其 1958 年出版的《浮光掠影——美国对中国和印度的印象》一书中，对中国的形

---

① Walter Lippmann, "The world outside and the pictures in our heads", in *Public Opinion*, New-York.: MacMillan, 2007, pp. 1 – 28.

② Michael Kunczik, *Image of Nations and International Relations*, Bonn: Media and Communication of Fredrich-Ebert-Stiftung, 2006, p. 27.

③ Patrick O' Heffernan, *Mass Media and American Foreign Policy*, Norwood: Ablex Publishing Co., 2005, pp. 87 – 88.

象就有专门的论述。① 著名历史学家孔华润（Warren Cohen）在其 1978 年发表的论文中，认为"美国对中国的认识"经历了由迁就、鄙视、恩宠、敌视到尊重的 5 个时期。② 纵观历史，随着美国对中国认识的变化，其媒体上的中国形象也在不断变化。那么最近一些年来，中国的形象又是怎样变化的呢？

为了研究的方便，本文选取一个具象的符号——龙（Dragon），通过美国媒体近年来对中国龙的不同解读，来考察中国形象的变化。中国一直自认为是龙的国度，③ 国外也经常用龙指代中国，如谈及中美关系时用龙与鹰来指代。曾推动中美建交的美国著名中国问题专家奥克森伯格（Michel Oksenberg）主编过的一本重要文献就叫《龙与鹰——中美关系的过去与未来》。前面提到的伊罗生，也明确指出，"多少年来，不管中国的形象是落后、软弱、顽强、野心勃勃还是腐败动荡，美国的新闻观察家们总是在不断地预测这条东方古老巨龙的苏醒和怒吼"。④ 美国还曾出版过一本关于中国的书，书名就叫《巨龙》。⑤

中国龙在美国经常被冠以"红色中国"、"共产中国"、"红色巨龙"等意识形态的称谓，但红色并不是中国龙唯一的颜色，美国哥伦比亚广播公司前负责人斯奈德把中国比喻为"变色龙"。他说媒体只要有利益需要，既可以把中国涂成红色，也可以涂成黑色或任何其他颜色。⑥ 中国龙

---

① Harold Isaacs, *Scratches on Our Minds: American Image of China and India*, Westport, Connecticut: Greenwood Press, 1958. 作者将美国人对中国的认识分为 6 个时期，分别是：崇敬时期（18 世纪）、蔑视时期（1840—1905 年）、仁慈时期（1905—1937 年）、钦佩时期（1937—1944 年）、幻灭时期（1944—1949 年）和敌视时期（1949—　）。

② Warren Cohen, "American Perceptions of China", in Michel Oksenberg and Robert Oxnam (eds.): *Dragon and Eagle: United States-China Relations, Past and Future*, New York: Basic Books, 1978, p. 55.

③ 有意思的是，龙尽管被认为是中国的象征，但中国人作为"龙的传人"的提法，却是在 20 世纪七八十年代改革开放伊始，随着一首同名台湾歌曲的传入而流行起来的。在历史上，龙的传人专指天子皇帝。

④ Harold Isaacs, *Scratches on Our Minds: American Image of China and India*, Westport, Connecticut: Greenwood Press, 1958, p. 71.

⑤ Daniel Burstein and Arne J. De Keijzer, *Big Dragon: China's Future: What It Means for Business, the Economy, and the Global Order*, New York: Simon & Schuster Inc., 1998.

⑥ ［美］斯奈德：《制造虚假消息的武士们》，转引自《国际新闻界》2006 年第 1 期。

颜色的变化，也就是媒体塑造的中国形象的变化。反映在关于中国的报道上，或者把中国描绘为一条"冷酷的龙"，对内压制人权，禁锢言论，实行一党专制，限制民主与自由；或者是一条"凶狠的龙"，威胁台湾、镇压西藏、扩军备战，不守规则；或者是一条"祥和的龙"，改革开放，经济发展，社会进步，不断融入国际社会。因此，中国在美国媒体上就是一条"变色龙"，有时是红色，有时是黑色，有时是杂色。只要观察的角度不同，或者透过有色镜片来看中国，这条巨龙就会呈现出不同的颜色。

具体到报道的内容，主要集中在 4T 问题（Taiwan—台湾、Tibet—西藏、Tiananmen—天安门即人权问题、Trade—贸易）及其他社会问题上。由于美国社会的多样性和中美之间复杂的利益纠葛，美国媒体的中国形象既有时间上的先后变化，也有同一时段内因事而异的变化。如曾经在1989 年后相当长的一个时期内，大肆报道中国的所谓人权问题，完全是负面的形象。后来随着中国国力的提升，针对中国反分裂和在国际上维护自己合理利益的举措，又比较多的报道所谓"中国威胁论"，塑造了崇尚武力的中国的形象。而对中国改革开放和社会进步的报道，始终存在，近几年来比较突出，集中反映在中国举办奥运、维护金融和经济稳定等报道上，在这方面会有一些正面的形象。对此变化，中国主管外宣的官员也指出，美国媒体对华报道"过去的重点是政治，范围比较狭隘，往往局限于持不同政见者。这几年范围大了，开始关注中国的经济和社会变化。态度上更加客观了"。①

尽管美国媒体的中国形象会因时因事而变化，但总的来说对中国有一种强烈的政治批判的含义，中国的形象多数时候都是负面的。在美多年的华人学者承认，"客观地说，在美国，中国、中国的改革和中国人的形象不如实际的好"。② 即使在报道中国的改革开放、社会进步、国际贡献时，也会不断扯上政治斗争、人权民主、腐败、灾难、环境破坏、贫富分化等问题，干扰着对中国形象的全面认知。那么，

① 《世纪末的一场对话》，引自国务院新闻办国际局局长顾耀铭的发言，《国际新闻界》2006 年第 1 期。

② 郝雨凡、张燕冬等：《限制性接触——布什政府对华政策走向》，新华出版社 2001年版，第 277 页。

又是什么因素影响着美媒体对中国的报道呢？

影响中国形象的因素

对美国新闻观的研究表明，在传播技术不发达的过去，编辑记者给公众的印象是"没有消息就是好消息"（No news is good news）；而在媒体竞争激烈的现在，则是"好消息不是新闻"（Good news is no news），坏消息才是新闻（Bad news is good news）。[①] 受此影响，对华报道经常是坏消息。一些旅美华人的研究也表明，美国人对有关中国的负面报道更容易接受和相信。[②] 美国媒体对华以负面报道为主是显然的，由此形成的中国形象总体上也不太好。出现这种情况的原因是什么呢？

对这一问题，现有的研究多从中美在意识形态、国家利益、新闻观念、外交政策等方面的差异进行静态分析，[③] 基本上是属于不分时代和国别的宏观分析。本文对美国媒体对华报道的不友好倾向，将从冷战后美国对中国的矛盾心理和美国国内政治的角度进行考察；对于以负面报道为主的具体原因，则重点分析美国的新闻观念和媒体的经济属性、运作方式、信息属性，以及报道对象中国的情况。

1. 美国对中国的矛盾认识和对华政策中的遏制因素

研究表明，在苏联解体后，美国社会和政界对华认识存有四方面的矛盾心理，即：苏东剧变的多米诺骨牌效应在中国失灵引发的报复心理；政治反感与经济诱惑的矛盾心理；国内政治角逐与国际战略运筹互动中的矛

① Yanmin Yu, "Projecting the China Image: News Making and News Reporting in the United States", in Hongshan Li and Zhaohui Hong (eds.), *Image, Perception, and the Making of U. S. -China Relations*, New York: University Press of America, 2008, p. 49.

② 邓鹏、李小兵、刘国力：《剪不断、理还乱——美国外交与美中关系》，中国社会科学出版社 2000 年版，第 309 页。

③ 参见俞燕敏、鄢利群《无冕之王与金钱：美国媒体与美国社会》，中国社会科学出版社 2000 年版，第 89—93 页；范士明《美国媒体敌视中国的原因》，《国际政治研究》1997 年第 3 期。

盾心理；全球战略中的现实需要与未来挑战的矛盾心理。① 这些矛盾心理对美国媒体的影响是，有时候会报道中国的改革开放等对美国有利的方面；但更多的时候，和美国媒体"报忧不报喜"、"坏消息才是好消息"的观念结合到一起，对华报道更多的是攻击中国的人权、指责中国的威胁。这种认识中国的矛盾心理，在美国冷战后几任总统的身上，都有明显的体现，并作用于同期媒体对华的报道。

比如，老布什总统在 1989 年前后，一方面通过媒体发布了一系列对华谴责和制裁的讲话，另一方面又在 1989 年里两次秘密遣使来华，寻求改善关系，酿成后来被美媒体大肆炒作的"特使事件"和对华政策的争论。克林顿竞选时在媒体上发表强硬的讲话，"决不姑息从巴格达到北京的暴君"；上台后在对华政策上几经摇摆：最惠国待遇和人权的挂钩与脱钩、从批准李登辉访美和台海危机时的派出舰队，到对"两国论""制造麻烦者"的批评和"三不"的重申，每一次矛盾和政策摇摆都成为媒体热衷讨论的话题，而这些又和媒体固有的监督政府、批评政策的传统结合起来，即使是在克林顿访华时，媒体也会批判他对华软弱，重"利"轻"义"。

美国标榜媒体独立、新闻自由，媒体作为公众的"看家狗"和政府的监督者，在国内事务上经常站在政府的对立面，批评政策，监督官员。但是，媒体在很多情况下只有依靠政府部门才能获得有关外交和国际事务的信息，这就使得一些政要们能够利用媒体服务自己的政治目的。政府官员经常利用自身的新闻价值、信息来源的可信度、对热门消息的掌握和与媒体所有者的密切关系来传输自己的思想，影响媒体的报道。其主要方法包括举行记者招待会和新闻发布会，接见某些媒体巨头或资深记者，提供新闻公报等。美国传播学者米莫指出，"总统的记者招待会与其说是一个自由集会，不如说是一场排练好的，制造新闻的演出"。②

我们不能说美国政府在故意唆使媒体对华的负面报道和攻击倾向，但政府有时是在放任和利用这种做法。因为媒体对中国人权和内政的批评，

① 刘学成、李继东编：《中国和美国——对手还是伙伴》，经济科学出版社 2007 年版，第 208—214 页。

② 杨柏华、明轩：《资本主义国家政治制度》，世界知识出版社 2004 年版，第 397 页。

有利于美国的"人权外交"和对华"以压促变"的战略。何况美国政府每年公布的《中国人权报告》、在日内瓦人权会议上对中国的经常攻击,更需要媒体的推波助澜、扩大影响。而媒体散布的"中国威胁论",很多言论都来自政界要人的讲话和文章,是美国对华"遏制"和"防范"战略的一部分。通过媒体制造和夸大中国的"威胁",也有利于美国的全球战略,符合美国的安全利益。

2. 美国的新闻观念和媒体特点

对比一些国家的"喜鹊新闻",美国媒体的报道可称为"乌鸦新闻",即注重调查性、揭露性报道,好从负面选材,敢于暴露阴暗面和社会丑恶现象,重在揭示"为什么"而不仅仅告诉"是什么"消息。

社会学研究表明,负面消息比正面消息更容易引起人们的注意;心理学分析表明,负面事件在人们记忆中保留的时间比正面事件更长。美国的新闻观念就是迎合了人们的这种社会和心理需要。而20世纪初在美国新闻界兴起的"掏粪运动",更是影响深远。西奥多·罗斯福总统借用的指代媒体专爱挖掘社会阴暗面的"掏粪运动",历史上在呼唤人们的良知和监督政府方面,起到了重要的作用,也涌现出一批如揭露越战真相等的客观报道,在"水门事件"上更是让人们感受到媒体的巨大力量。

受这种观念的影响,如果说在国内报道上,美国记者由于熟悉语言、环境,能够挖掘选题,进行深入报道,并监督政府的话,那么在对华报道上,他们由于情况不熟,只凭主观喜好,或道听途说,或走马观花,一知半解地搜罗负面消息,发出耸人听闻的报道。美国媒体对华大量的负面报道,监督作用很小,目的在于制造轰动效应,引起公众注意。由于当代美国媒体的报道与收视率、发行量、广告、市场、金钱和个人的名利完全搅在一起,受观念和利益的驱动,美国媒体对华侧重负面报道是毫不奇怪的。

3. 美国媒体的经济属性和运作方式

美国媒体不是政府的"喉舌",媒体从业者不认为自己是"道德教化者"。市场竞争和以受众为中心的新闻报道,常常会导致过分追求轰动效应的大量负面报道和极端批判现实的倾向。为了吸引受众,媒体重视新闻的冲突性、刺激性和戏剧性，对华报道刚好符合美国的新闻需求，它有紧张气氛，有利益冲突，有刺激事件，有戏剧结局。军事威胁、武器扩散、间谍窃密、宗教压迫、丑闻曝光，等等，最具卖点。信息时代的公众仍爱分清善恶好坏，喜欢"正义"与"邪恶"斗争并最终获胜，但容易兴奋和满足的人们却不知这些大都是媒体的炒作，真实的世界与之相差甚远，真正满足的只是利用收视率和发行量获利的媒体。只要能赚钱，媒体什么文章和广告都可以登。

例如，达赖喇嘛经常以宗教领袖和反抗迫害的英雄形象出现在西方世界。一直从事分裂活动的他，由于政治原因获得"诺贝尔和平奖"后，在西方颇有知名度。美国媒体经常有介绍他的文章，著名的苹果电脑公司还用他的形象做广告，目的就是为了扩大影响好赚钱。后来苹果电脑不再用达赖喇嘛在媒体上做广告，目的还是为了钱，因为它的许多产品要销往中国。

具体到媒体的运作方式，美国的报刊，除了记者和编辑，往往还有一个不署名的"写家"（writer）。驻华记者发回的报道和素材，编辑如觉不满意，往往再让"写家"重写报道（但仍署驻外记者的名字）。然而这些"写家"并不外派，他们只是擅长煽情的文字高手，对中国具体的情况，不是不了解，就是充满了偏见。美国媒体中，编辑的喜好，对驻华记者的影响很大。奥克森伯格的研究表明，发送回的消息如果不符合国内的情绪，就面临着三种情况："拒发"、"大量修改"或"加上一个不合原意的标题"；"在国内的美国人一再制造出与自己头脑中的世界或美国合拍的中国，然后把它强加于实地记者"[1] 编辑一再强化记者的职业意识，"不是在观察所访问的国家，而是要寻找自己想看的与美国相反的东西"。[2] 美联社北京分社社长韩村乐（Charles Hutzler）一语道破了实质，他说尽管他必须忠实地报道新闻，但媒体是商业行为，编辑们要把新闻编辑成读者爱看的报纸，发行商要把报纸卖出去。[3] 这表明，媒体运作的最终目的是为了迎合市场，产生利润。编辑记者对华

---

① C. C. Lee (ed.), *China's Media*, *Media's China*, New York: Westview, 1994, p. 213.

② Edward Farmer, "Shifting Truth from Facts: the Reporter as Interpreter of China", in C. C. Lee C C (ed.), *Voice of China*, p. 249.

③ 《世纪末的一场对话》，第 7 页。

的负面、消极报道,都是为这一目的服务的。不光美国对中国如此,美国使馆新闻文化处的材料承认,"西方报道第三世界的消息大多不尽不实、有偏见和耸人听闻"。①

4. 信息传播中的"距离"问题

这既包括中美之间的地理距离,也包括美国编辑记者与中国在文化、心理上的距离。和日常所说的"距离产生美感"不同,《华尔街日报》的发行人彼得·凯恩指出,美国媒体的"报道水平随距离的增加而下降"。②现代传播理论也认为,信息在传播过程中,会随着距离或时间的增加而夸大或散失。中美之间地理的遥远,虽然由于技术的进步得以缩短,但冷战后在文化和心理上的距离似乎在扩大。

华人学者李金铨先生指出,美国记者关于中国的报道"毫无疑问是有事实根据的,但当这些破碎的事实被比喻成美国式的故事传回国内的时候,却面临着脱离中国语境的危险"。③有时驻华记者发回了正负兼顾的中国报道,但由于版面紧张而使消息有所散失。有时只是发回了一条简短的消息,但传回国内后由于公众的兴趣而被放大。

5. 中国方面的原因

新闻的妙处在于选择和评论,选择正负或评论好坏是美国媒体的自由,而中国社会中的大量负面现象却是客观现实。如果我们承认中国是发展中国家,处于社会主义初级阶段的话,我们就不能否认中国和发达国家相比在许多方面还差距很大。特别是在改革深化、社会转型的时期,中国存在的许多问题让人担忧:各种腐败、恶性事故、暴力犯罪、走私、盗版、偷渡、黄毒、环境污染、公共卫生、贫富差距、失业、辍学、农村问题,等等。中国的媒体可以发展地看问题,但美国媒体则习惯于批判和揭露。

---

① 美国驻华大使馆新闻文化处:《传播媒介之职能》,1984年印制,第70页。

② [美]彼得·凯恩:《美国新闻界10个令人不安的倾向》,《国际新闻界》2006年第3期。

③ C. C. Lee (ed.), *Voices of China: the Interplay of Politics and Journalism*, New York: The Guilford Press, 1990, p. 23.

对华的许多负面报道是有事实根据的，但由于中国社会透明度不够，公众缺乏知晓权（right to know），加之中国媒体一般只做正面的报道，因此当我们看到美国媒体的负面报道后，要么怀疑其真实性，要么根据不充分的信息，随意猜测。有时"出口转内销"的消息比国内报道的还多还准。许多恶性事故，由于地方保护主义和部门利益，一些官员欺上瞒下，掩盖真相。由于国情的不同，一般人对于中国政治、外交、军事的内幕了解的并不多，而美国媒体偏好这方面的负面报道。我们媒体自身存在的问题，如传播的方式和内容，以及在对待西方媒体、对国际传播规则的理解和运用方面的严重滞后，尤其是我们对西方记者的态度和限制也在一定程度上影响了他们对中国的负面报道。

美国著名的汉学家史敬思（Jonathan D. Spence）指出，中国政治生活的变化，它的文化精神的转变，它的经济的转轨，以及它经常带着友好微笑的对外来影响的敌视态度，这一切都使外界对中国的真正性质迷惑不解。美国学者法尔姆（Edward Farmer）认为，美国媒体在报道中国时，面对着三大难题：难以理解中国、难以报道中国、中国太大变化又快难以把握。[①] 应该说作为报道对象中国的情况，对美国记者的限制很大。

在华的美国记者很难深入中国社会，像中国记者一样进行相对自由的采访。中国政府总是试图控制或限制美国记者的旅行和活动。中国对外的信息控制和中美之间的文化差异，使美国记者很难贴近报道对象，他们与中国人之间始终有一堵无形的墙。在中国各部门特意安排的许多涉外新闻活动中，从程序到提问回答大都没有什么新闻价值。中国的官员不经批准不敢接受采访，而社会上对政府不满的人却非常希望被采访。中国政府希望美国记者能引用官方的消息，但提供的新闻文稿中总是千篇一律的"在亲切友好的气氛中交换了看法，达成了共识"。这类新闻八股根本引不起美国媒体和海外受众的兴趣。美国记者自作主张的一些采访经常引起中国官方的不快，并为他们以后的采访活动带来麻烦。一些记者进而会产生挫折感和愤懑的心理，并在报道中显露出来。

当然，中国的原因不应被夸大，中国社会的进步也是客观存在的。但

---

① Edward Farmer, "Shifting Truth from Facts: the Reporter as Interpreter of China", in C. C. Lee (ed.), *Voice of China*, pp. 246 – 251.

新闻报道很大程度上是一种主观的活动，在报道中国时，美国媒体从业者的缺乏了解、误解、偏见和别有用心，是更为主要的原因。在这里之所以提起中国的情况，就是希望我们能知己知彼，更好地应对美国媒体的不利报道。如果说美国媒体我们很难改变的话，那么我们可以更快更好地发展自己，并找准原因，有针对性地开展对外宣传，让国际社会看到中国全面真实的情况。

结 论

实际上，媒体不光在塑造国家形象，还通过议题设置（Agenda setting）和讨论框架（Issue framing）等方式来对舆论和政策施加影响。美国著名的中国问题专家李侃如（Kenneth Lieberthal）指出，由于媒体的消极报道，使"中国作为一种政治象征"存在于美国国内并影响中美关系。[①] 另一学者泰勒斯（Steven M. Teles）也认为，"美国报纸和舆论的倡导者常常对某个时髦的话题大肆炒作，有关中国的问题，比其他情况更难预料，因为公众缺乏清晰连贯的、真实的信息作为判断的标准，而媒体却依此为美国对华政策设置了框架"。[②] 在报道时往往是"议题设计"影响"讨论什么"、"讨论框架"影响"如何讨论"、"形象塑造"影响"讨论成什么"。

在美国，一旦大众传播媒介就某一事件进行报道，并形成议题，就会使公众在一些议题上达成共识，形成舆论压力，制约政府的决策，进而影响到对外关系。由于美国媒体的对华报道经常集中于"人权"、"中国威胁"等几个议题，中国经常处在被批判的位置，其客观效果是在部分美国公众心目中，形成了一个专制的非民主的、好战的非和平的、敌对的非友好的中国国家形象。

---

① 李侃如：《国内力量与中美关系》，见［美］傅高义（沃格尔）编《与中国共处：21 世纪的美中关系》，新华出版社 1998 年版，第 228 页。

② Steven M. Teles 为美国布兰代斯大学高登公共政策中心高级研究员，语出《公共舆论和利益集团对美国对华政策的影响》，见赵宝煦主编《跨世纪的中美关系》，东方出版社 2006 年版，第 447 页。

当然，中国的形象也不是固定不变的。除了本文提到的美国对中国的认识在历史上的变化外，美国媒体提起中国有时是"共产政权"、有时是"改革开放"、有时是"天安门"，好像新中国的历史不是1949、就是1979或1989。随着中国的发展，类似2008年北京奥运会、2010年上海世博会等正面事件更多一些，美国媒体对中国形象的塑造会有新的变化，改革开放和社会进步的话题会被提起的更多。

因此，从唯物主义的认识论出发，中国形象的变化从根本上取决于中国自身的发展。国际传播媒体塑造中国形象的素材主要还是来自中国的现实（如果我们不考虑那些虚假编造的报道素材），中国本身的发展是确立其真实或客观形象的基础。如果我们希望国际社会直接或间接看到一个改革开放、社会进步的形象，而不是问题重重的形象，就应该从发展的速度、质量、结构和对未来的预期等方面，尽可能为媒体报道提供更多的正面素材，同时不回避存在的问题。简言之，不管有没有国际传媒的塑造，中国的形象取决于自身的可持续性发展、社会的成功转型、全球化时代的国际传播，以及更好地保持自己的民族特色、文化传统，等等。

国家形象的改变是一个相当长的过程。中国人用了100多年的时间，才甩掉了"东亚病夫"的帽子。新中国成立后我们又走了许多弯路。改革开放30多年来，中国的面貌虽有了很大的改变，但由于历史、意识形态和未来发展等方面的原因，美国媒体和公众不光对中国有历史偏见，还有新的猜疑。因此中国人需要时间和耐心来实现自身的发展，并最终确立我国民主政治与和平发展的国家形象。

（乔木　北京外国语大学国际传播研究中心　北京　100089）

China Image in American Media：
Change and Contributing Factor

Abstract：American media play a significant role in making China image which always changes due to time and media events. The contributing facts for China's negative image in American media are conflicting perceptions of China in American society and its domestic politics, American news values, media commercial running, operating system and information transfer. China as reporting target should be taken into account as well. In a long run, China's image is subject to its own development.

Key Words: China Image, American Media, Cross – cultural Communication

试析《纽约时报》和《光明日报》的报道个性及其国家利益观差异

黄卫星

摘　要： 以美国和中国代表性的主流媒体——《纽约时报》和《光明日报》在哥本哈根气候峰会召开期间的报道为案例，研究两者面对重大国际共同事务的报道个性，通过整理综合和分类分析，对两者的报道个性差异在主题、内容、角度、情感、结构、语言、风格、编辑等诸方面表现进行量化的数表统计，解析报道差异的国家利益观主要表现为：对利益"他者"的关注度，对利益"他者"的情感和评价，对自我利益代言人的形象建构，利益言说的立场和身份，对利益预测的倾向性。寻找中西方媒介差异性个性背后的新闻价值观和文化价值观根源，从而加深我们对国际媒体间分化与渗透、国际传播策略的理解，同时对跨文化传播、国家形象传播、国家软实力建设具有一定参考意义。

关键词： 国家利益观　哥本哈根气候峰会　《纽约时报》《光明日报》

国家利益是国家间冲突与联合的根源，是各国行动的指南针、国际关系的晴雨表，它本质地决定着国际关系的形态。古希腊学者修昔底德说：

"无论国家之间还是个人之间，利益的一致是最可靠的结合。"① 英国政治家帕麦斯顿更是直言不讳："国家没有永久的朋友，也没有永久的敌人，只有永久的利益"，② 一针见血地道出了国家利益的决定性作用。国家利益是一个政治实体存在的底线，若放弃了国家利益这个核心，政治实体的存在就成为泡沫。"只要世界在政治上还是由国家所构成的，那么国际政治中实际上最后的语言就只能是国家利益。"③ 同样，新闻价值和国家利益的关系，报道个性和国家利益观的关系是紧密关联无法回避的根本问题。无须讳言，各国主流媒体是维护国家利益的重要渠道，也是国家利益观凸显的重要窗口。在全球化语境中，各国之间的合作和分歧、协同与矛盾涌现在日益频繁的政治、经济、文化、外交等各个领域中，国家利益的立场和意图支配着各国的行为准则和个性，因此，在对外交往、对外传播等事务中，国家利益观则是本国主流意识形态和社会核心价值观的固化诉求。《纽约时报》和《光明日报》是美中两国主流媒体的代表，本文尝试以两报在哥本哈根气候峰会召开期间的相关报道为案例，研究面对重大国际共同事务时两者的报道个性，并解析报道差异的国家利益观的主要表现，探究中美主流媒体的国家利益观差异性，以寻找中西方媒介差异性个性背后的新闻价值观和文化价值观根源，从而加深我们对国际媒体间分化与渗透、国际传播策略的理解，同时对跨文化传播、国家形象传播、国家软实力建设有一点参考意义。

一　报道个性差异量化统计

我们从《纽约时报》官方网站和《光明日报》网络电子版，收集了哥本哈根气候峰会开始前一天到会议结束后两天共 15 天，出现在《纽约

---

① 转引自汉斯·摩根索《国家间政治》，徐昕等译，中国人民公安大学出版社 1990 年版，第 63 页。

② 参见 Hans. Morgenthau, *Politics Among Nations*: the Struggle for Power and Peace, 5th edition, New York, Knopf, 1978。

③ 俞可平：《权利政治与公益政治——当代西方政治哲学评析》，社会科学文献出版社 2000 年版，第 152 页。

时报》和《光明日报》上的关于哥本哈根气候峰会的各类报道，通过整理综合和分类分析，对两者的报道个性差异在主题、内容、角度、情感、结构、语言、风格、编辑等诸方面特征，进行了量化的数表统计，以便下文做具体的解读和分析。

中美媒体 比较要素	《纽约时报》	《光明日报》
报道主题	会议进程、各方行动、实质性进展	会议的重要性、领导人的重视和出席、会议的深远影响和意义
信息特点	主干基础上添加会议细节	会议重大性
报道出发点	美国本土	中国和广大发展中国家
情感色彩	人情味较浓，叙事艺术感强	客观陈述
报道结构	倒金字塔	顺叙居多
语言特征	简洁明了、要点突出、短小精悍；措辞生动，明确有力，多用动词，少用形容词	朴实凝练，通俗易懂；准确严谨，凸显时代精神和民族精神
文本风格	事实风格	宣传风格
表达方式	多叙述和描写 形象化，故事性，幽默风趣，注重对会议"动作"的描述	多叙述、评论和引用 平铺直叙，多有权威人士的评论，喜摘领导人的会议讲话
句法结构	多用直接引语	几乎没有直接引语，通篇做客观呈现和报道，主要句型为陈述句
会议中心人物报道	奥巴马总统	温家宝总理、联合国主要领导人、丹麦领导人
处理会议报道与本国政治关系的方法	美国的利益消融在对会议责任的他国归咎上	直接正面地呼吁国际社会共同努力节能减排，直言不讳地维护中国和发展中国家利益
对改善环境新技术的报道角度	经济、技术方面	突出中国的主观努力方面

中美媒体 比较要素	《纽约时报》	《光明日报》
对方国家领导人的报道	偶尔出现	几乎不涉及美国领导人，着重中国领导人的报道
领导人报道的比例	20% 左右	75% 以上
涉及本国利益维护和本国行动的报道比例	50%	95%
发展中国家报道比例及倾向	30% 左右，谴责倾向	70%—80%，团结同情倾向
与本国有关的会议进展报道比例	80% 以上	90% 以上
对全球环境现状和后果的报道比例	50%	5%
消息来源	官方来源 50% 专家 20% 社会各界 30%	官方来源 90% 专家 5% 社会各界 5%
文章体裁	消息 29% 特写 42% 社论 6% 调查报告 0	消息 77% 特写 22% 调查报告 1%
报道口气	积极 15% 消极 85%	积极 98% 消极 2%
位置（版面）	适量的头版投放或导读中提示会议所在版面	安排在第 9—10 版的国际新闻报道中，很少放在头版
篇幅	30 篇以上	30 篇左右

　　总体来说，我们发现，《纽约时报》在内容安排上，始终坚持美国的领导地位，维护自身的经济发展利益，力争超级大国的世界霸权，其新闻报道多关注美国自身，消息用词客观中性，态度隐藏在事实行动的背后，该报 12 月 18 日的专题报道哥本哈根气候谈判就系统地体现了这些特点。《光明日报》报道覆盖面较《纽约时报》窄小，然而却充满对发展中国家

的同情心理和团结协作精神，明确表达对国际社会协同合作节能减排的愿望，用词富有感情色彩，呼吁的语气明显强烈，评价的内容多于陈述的内容。

二 解析报道个性差异在国家
利益观上的主要表现

哥本哈根气候峰会的主要议题是：面对全球气候变暖的严峻生存环境，全世界不同国家未来将对此应共担国际责任。由于发达国家和发展中国家在气候恶化的实质性破坏的责任追究中，有着不等量和不同程度的区别，对未来的责任承担上也应有着有区别的分配。因此，美国和中国这两大经济实体，分别作为发达国家和发展中国家的两大代表及其代言人之间，存在着利益上的共享和对抗。对12月6日至12月20日《纽约时报》和《光明日报》"铺天盖地"的报道进行"文本细读"，我们发现，"英雄的奥巴马"和"永不妥协的美利坚"始终是《纽约时报》的两大叙事主题，强烈表达着本国的利益诉求和利益维护；然而，与《纽约时报》不同，《光明日报》用另一种视角呈现出哥本哈根气候峰会的面貌，表现出温和的利益让步、他者的利益兼顾和乐观的利益期望。《纽约时报》是大国的舞台，它对大国利益的坚守和对贫困国家的关注相对"黯淡"是其显著的特点；《光明日报》是发展中国家与和谐世界的舞台，正在建构着中国是人类"光明"未来的倡导者身份。下面，就两报的报道个性差异做具体详细的分析和阐述，探析在不同国家利益观的驱动下，对同一个重大国际会议报道的个性差异，主要表现在哪些方面。

（一）对利益"他者"的关注度

哥本哈根气候峰会上，美国和中国是利益共享和利益争夺的共同体，互相把对方看做利益互惠和利益损害的"他者"，在"自我"和他者的关系对话中，有着纠结不清的复杂关系。在对"他者"的关注和言说中，体现了对自身的身份认同和主体性确认，对"他者"的关注度越高，对

"他者"的追问和期望越高，越体现了对自身利益的执著。

《纽约时报》同时关注中美两国，把两国并置，提到同样的高度，给予相当的关注度。如标题：The U. S. and China：Major Polluters（美中：主要污染者）① 直接把中美两国作为标题的主语并置，充分显示《纽约时报》对中国的要求和期望，显示了将主要的义务和责任转嫁到中国身上的利益意图。有一段导语更是这一立场的极佳体现："The United States and China are considered crucial to progress in Copenhagen：together they are responsible for about 40 percent of the world's greenhouse gas emissions. "（中美被视为哥本哈根会议进展中的至关重要的国家：两国共同为 40% 的世界温室气体排放量负责。）② 美国这样极力强化中国与美国平等重要的大国地位，是美国政府鼓吹"G2"模式的翻版，其实质有着耐人寻味的"用心"：一则可以限制中国的现代化工业发展，二则要求中国和已经完成了工业化进程的发达国家一起来为气候变暖的恶果"埋单"。美国主流媒体"国家利益"至上的实用主义思想在报道中淋漓尽致地展现了出来。

《光明日报》更具有全球视野，有意避开和淡化对中美两国的瞩目，日本、印度等亚洲国家及非洲国家更能成为关注的焦点，只有当美国做出与发展中国家有益的举动时美国才受到关注，具体可见《美国宣布新计划帮助发展中国家提高清洁能源技术》③、《日本促新兴国家承担减排义务》④、《印度低碳经济发展应有不同路径》⑤、《菲律宾：气候变化的受害者》⑥ 等报道。

（二）对利益"他者"的情感和评价

对利益"他者"的情感以及受此影响做出的评价，正体现了不同国家的国家利益观的心胸、视野和理性。

---

① *Copenhagen Climate Talks*, New York Times. Dec. 18, 2009.

② Ibid.

③ 《光明日报》2009 年 12 月 16 日第 8 版。

④ 《光明日报》2009 年 12 月 11 日。

⑤ 《光明日报》2009 年 12 月 17 日。

⑥ 《光明日报》2009 年 12 月 20 日。

《纽约时报》常将排斥情感和偏见评价浸润和隐射在对中国的叙事中，把中国看做温室气体排放的主要责任承担国，并用一种带有归咎意味的口吻对中国的种种政策方向表示怀疑与否定，例如，"Chinese continue to resist mandatory ceilings on their emissions. They argue that the developed countries have churned out greenhouse gases for decades and should bear a greater burden in reducing them. Developing nations, they add, should not be restrained in using economic development to raise their standards of living, even if greater emissions result."（中国持续反对排放量强制性控制。他们认为几十年来，是发达国家排放了温室气体且应该承担更多的责任进行减排。他们强调，发展中国家在通过经济发展以提高生活水平上不应受到控制，即使这导致了更多的排放量）[1] 以责难的语气批评中国只知道问责发达国家排放责任忽略自身责任并一贯拒绝接受温室气体排放量上限，再如，"China, by far the largest economic power in the group, dragged its feet throughout the week by raising one technical objection after another to the basic negotiating text."（中国，作为拒绝接受温室气体排放量上限的最大的经济发展国家，在这一周中拖累会议的后腿。他们对基本的谈判文件提出一个接一个的技术目标要求）[2] 把中国塑造成"拖后腿"的"顽固派"，有意提出种种借口，阻挠会议取得实质性成果。在其他多处报道中，都出现了诸如 "Chinese resistance on the monitoring issue"（中国在监控问题上的反抗）[3] 等一类的字眼。当然，报道也涉及了对美国自身的过失和责任的追讨，但显得宽容和理解得多，除了鲜明表示其领导者立场外，往往把不能达成协议和阻滞会议进程的原因归到客观程序上和国会上。如："President Obama has declared that he wants the United States to be a leader on environmental issues like climate change. Still, his chief climate negotiator, Todd Stern, has said the nation cannot make any concrete commitments beyond what Congress is willing to endorse."（奥巴马总统宣布，他希望美国能成为环境问题如气候变化问题中的领导者。同时，他的主要气候谈判员托德·斯登

---

① *Copenhagen Climate Talks*, New York Times. Dec. 18, 2009.

② Ibid.

③ Ibid.

也说，美国不可能做出任何国会未能通过的实质性决定。)① 将关系人类社会发展的一个重大命题淡化为一个国家内部的政治议程机制。

《光明日报》本着新闻专业主义的客观、真实、公正原则，不带主观情感，不做偏激评价，直面提出主要责任承担国应为西方发达国家。《英美主导起草"西方气候密约"曝光》有一段这样写道："发展中国家对该案本十分愤怒，认为该案本反映的主要是发达国家的利益，其最大问题是放弃共同但有区别的责任。它要求发展中国家承担减排义务，但这应该是发达国家的历史责任与现实义务。代表发展中国家的77国集团轮值主席、苏丹常驻联合国副代表迪—阿平宣布反对这份提案涉及的内容。他说，我们不能接受一个占世界人口大多数的发展中国家不答应的协议。"② 呈现发展中国家的整体反映，表达了对以美国为首的西方发达国家回避历史责任推脱现实责任的忧虑和不安。不过，对"他者"的情感和评价，在系列报道中并不是主旋律，更多的是对自身的总结和检视，肯定了本国在"碳排放"、"节能"、"开发新能源"、"环境治理"、"可持续性发展"等方面所做出的种种努力，并且对政府在本次峰会中所做的努力，给予了高度赞扬。在自身的责任和努力的叙事中，中国的大国地位、主体意识、对世界气候改善作出的贡献得到大篇幅专题性报道。《中国：用行动告诉哥本哈根》③，是一篇关于我国低碳经济发展状况的调查报告，它从纵向和横向等角度，用数据说明中国的所作所为确系履行应尽责任的表现，而调查中所承诺的行动方案和减少温室气体排放的措施，则更具体地表明了中国的决心和意志。

（三）对自我利益代言人的形象建构

哥本哈根气候峰会实质上牵涉了不同国家的实质性利益，出席本次会议的各国领导人成为了本国自我利益代言人。对本国领导人在国际事务中的形象传播中进行形象建构，体现了各国媒体对本国利益的集体有意认同

---

① *Copenhagen Climate Talks*, New York Times. Dec. 18, 2009.
② 《光明日报》2009年12月10日。
③ 《光明日报》2009年12月10日，第11版。

和集体无意识维护，因为从某种意义上说，在国际公共事务的处理中，本国领导人形象是国家利益观彰显的一种注脚和隐喻。

《纽约时报》或隐或显地突出了奥巴马的地位和作用，体现在措辞上就是常用"appeared to be"（表现为）等形象展现性的词汇，寄予了对奥巴马的厚望和满意。在力求做到平民报道的同时，以一种更巧妙的方式凸显着奥巴马的中心地位，奥巴马的身影出现在 Politics、Energy & Environment 等板块中。如同时谈及奥巴马和温家宝，但两者主动与被动的相互关系在措辞和篇幅上显而易见："President Obama, speaking to world leader gathered at the frenzied end of two weeks of climate talks, urged them to come to an agreement-no matter how imperfect-to address global warming and monitor whether countries are in compliance with promised emissions cuts."（奥巴马总统对两周以来几近疯狂的世界领导人说，他敦促他们达成一个协议。不论多么有缺陷，来解决全球变暖和监测各国是否履行了减排的承诺）① 奥巴马是敦促协议达成的正面领导人形象。再如这样的暗示："President Obama and other world leaders predicted that…"（奥巴马和其他世界领导人预测……）显示了奥巴马具有预测未来和趋势的领导人地位。而嵌入在对奥巴马报道中的对中国领导人温家宝的形象建构，缺乏对人物本身的人格魅力的评价，对他者利益代言人的描述蕴涵了这样一种"味道"："His remarks appeared to be a pointed reference to China's resistance on the issue of monitoring. Mr. Obama met privately with China's prime minister, Wen Jiabao, in an hour long session that a White House official described as 'constructive'."（他的言论似乎直指中国在监测问题上的反抗。奥巴马先生私下会见了中国国务院总理温家宝。这一个小时之久的会见被一个白宫官员称为是"建设性的"）② "constructive"（建设性的）则难免有点儿让读者质疑：什么是建设性的呢？只是建设性的吗？表示中国领导人的行为具有推动性而非决定性，难免让读者失望或怀疑中国在会议中的真正作用。强化建构自我利益代言人的形象，同时弱化模糊他者利益代言人的形象，体现了《纽约时报》在诉求国家利益的巧妙和迂回，同时显示了对本国利益不折

---

① *Copenhagen Climate Talks*, New York Times. Dec. 18, 2009.

② Ibid.

不扣的捍卫。

与此对照同时值得改进的是，《光明日报》对本国领导人的形象建构，则过于简单化和平面化，如《联合国气候变化大会开始最后"冲刺"》① 中这样报道温家宝："16 日，包括中国国务院总理温家宝在内的各国领导人开始陆续抵达哥本哈根，准备出席大会最后的领导人会议，而各国谈判代表也在加紧部长级磋商，争取为在领导人会议上达成协议铺平道路"。② "铺平道路"四个字，给受众一种进展顺利、快速的印象，也充分显现温家宝在会议中的作用，但是这类褒义的抽象词汇频繁地出现于温家宝的形象言说中，性质多于行动，评价多于事实，主观多于客观，使国家利益代言人的形象建构成为了空洞的能指，在模糊和宽泛之间滑动。《人民日报》中的国家利益代言人的形象建构，虽然展现了谦虚、温和的大国领导风范，显示了含蓄、宽容的利益观，但是容易被他国受众误读为一个只求目标不重行动的利益主体。

（四）利益言说的立场和身份

国家利益观的一个重要体现还表现为：在言说自身利益的时候，是从什么立场出发，代表谁在言说，以一种怎样的身份来诉求利益。常见的主要有两种利益观：一种是从一国之私立的立场出发，以分配利益和惠普利益的身份出现；另一种是从本国兼及他国利益的共赢立场出发，以利益协商和利益让步的身份出现。而这两种利益观在中美主流媒体的报道个性中也有着鲜明的体现。

《纽约时报》表现出发达国家的立场，同时也兼顾发展中国家的立场，但是看似多元文化形态的背后，实则显示出以美国为中心的二元对立思维，表现在既体恤发展中国家的困境突出贫困国家亟须支援，又有意强化美国对发展中国家的支援美国的强势领导地位。例如，"Representatives of the poorest countries say they will need vast amounts of aid in coping with the conse-

---

① 《光明日报》2009 年 12 月 18 日。

② 转引自汉斯·摩根索《国家间政治》，徐昕等译，中国人民公安大学出版社 1990 年版，第 63 页。

quences of climate change, like droughts, famine and rising seas that displace populations. Many of them have made it clear that they will not sign a treaty unless they receive money to help them adapt. "（贫困国家的代表说，他们需要大量的援助以应对气候变化的后果，像水灾、饥荒和海平面上升。他们中的许多人都明确表示，除非得到帮助他们的资金，不然他们是不会签署条约的。）① 美国站在自身经济利益的制高点，难免"有意"对发展中国家的呼吁采取忽视的态度，同时，作为"number one"的美国，一直承担着国际舆论敦促其加大对发展中国家援助的"压力"，所以，这种两难的悖论式的国家利益观，表现为《纽约时报》的"矛盾"心理和两面报道。仔细解读，《纽约时报》对 poor countries（贫困国家）的支援要求关注，主要目的并非是呼吁全球的行动起来共同帮助，而是体现如下初衷："The United States would contribute its share to ＄100 billion a year in long-term financing to help poor nations adapt to climate change. "（美国每年将捐献 1000 亿美元，长期在资金上援助贫困国家适应气候变化）② 即展现出"救世主"的身份，以一种援助贫困国家的倡导者、先行者的身份自居。同样可以发现，几乎所有对各方利益团体的分述，都是围绕美国的利益中心地位来谈的。

而中国更多从广大发展中国家的立场出发，而不仅仅是谋求本国一己之私利，在会议期间扮演着发展中国家利益的呼吁者和维护者的身份，公开公正地表达着占世界人口大多数国家普通民众的共同利益诉求。《光明日报》对此有大篇幅的关注和报道，如《索罗斯呼吁发达国家为应对气候变化做出更大贡献》③、《印度低碳经济发展应有不同路径》④、《菲律宾：气候变化的受害者》⑤、《温家宝：迅速凝聚共识推进谈判进程》⑥、《发展中国家官员赞赏中国应对气候变化承诺》⑦ 等报道，受众可以明显感觉到中国的发展中国家的立场和身份，感受到中国超越国界的人道主义

---

① *Copenhagen Climate Talks*, New York Times. Dec. 18, 2009.

② Ibid.

③ 《光明日报》2009 年 12 月 11 日。

④ 《光明日报》2009 年 12 月 17 日。

⑤ 《光明日报》2009 年 12 月 20 日。

⑥ 《光明日报》2009 年 12 月 19 日。

⑦ 《光明日报》2009 年 12 月 20 日。

和国际主义的立场和大国风范及身份诉求。

（五） 对利益预测的倾向性

对利益获得的结果预测；从主观上的倾向性讲，有积极和消极之分，有现实和理想之分，有乐观和悲观之分，有物质和精神之分，有实用和非实用之分等等。对国家利益谈判协商中的利益预测的倾向性，也是媒体的国家利益观的重要维度。实用主义思想更注重实实在在实际得到的利益，而理想主义思想往往很在意利益获得的过程和未来以及利益让步背后的精神获得。

"likely 、uncertain、perhaps、unclear"（可能、不确定、也许、不清楚）等表示不确定性的词汇常出现在《纽约时报》对会议进程、对协议的接受态度、执行结果、贯彻效果的描述上，既体现了该报独立客观的新闻风格，也表明对这次会议成效的深层怀疑态度。如，"The global climate negotiations in Copenhagen produced neither a grand success nor the complete meltdown that seemed almost certain as late as Friday afternoon. "（晚至周五下午，哥本哈根气候谈判似乎既没有取得巨大的成功，也没有完全陷入崩溃中。）① 甚至同时出现诸如此类的用词现象："which leaves the implementation of its provisions uncertain. It is likely to undergo many months, perhaps years, and while an eventual treaty would be likely to include a cap-and-trade system it is unclear how-or even if-it would work. "（这使得条约的实施变得很不确定。也许会进展许多个月，也许要几年，同时，最终的条约有可能会包括一个限额与交易系统。至于这个系统如何甚至能否起效，则是不清楚的。）② 运用这些不确定词汇，媒体向读者暗示：一切还说不定，一切要看以后的发展。只有当真正具有实质性动作发生后，确定性词汇才会在该报上出现。

定性的形容词、表示会议重要性的主观情感判断的词汇、积极的动词时常出现在《光明日报》的报道中，如"高度重视"、"积极有效的政策

---

① *Copenhagen Climate Talks*, New York Times. Dec. 18, 2009.

② Ibid.

措施"、"赢得"、"取得积极成果"、"提供新的动力"、"最好的结果"
等，体现了媒体对中国政府在本次会议作用的高度评价和对未来的信心。

三 中美主流媒体国家利益观的差异性

《纽约时报》和《光明日报》就哥本哈根气候峰会的报道个性差异，
受到自身国家利益观的深层次决定，并且，这些个性差异，正如上一章所
解析的，还在国家利益观的叙事言说中显示出来。下文将总结概括出以
《纽约时报》和《光明日报》为代表的中美主流媒体国家利益观的差异
性，当然这种差异性的根源来自中美两国各自不同的传统利益观、意识形
态、社会核心价值观等文化价值观。

(一) 排他性和兼容性

国家利益涉及自身属性问题，它可以隶属政治、经济、军事、文化、
环境等各个领域，它也涉及单个国家利益和其他国家间的利益关系，对现
代国家利益进行系统研究的研究学派有不同侧重点。跨国主义学派认为，
国家利益有共享的方面，它的实现需要国际社会的共同努力和协作；现实
主义学派认为，国家利益也有排斥的方面，它涉及单个国家的单独利益，
他国不可侵犯，本国必须维护。我们认为，国家利益既有排他性，又有兼
容性，即既要坚定地维护本国的核心利益，又要能够在同他国的利益协商
中获得共赢。不同的国家及其主流媒体的国家利益观对此各有侧重，在此
次气候峰会中，我们从《纽约时报》看到了美国国家利益观的排他性，
从《光明日报》看到了中国国家利益观的兼容性。

美国的文化价值观中有以下几个关键词：实用主义、个人主义、自由
主义，美国的主流国家利益观深受此影响。阿姆斯特茨说："国家利益的概
念通常指国家相对其他国家而言的基本的需求（need）和欲求（want）。"①

---

① Mark R. Amstutz, International Conflict and Cooperation, Boston: Mc2G raw-Hill, 1999, p. 179.

可以看出，这个定义是从国家利益的排他性角度给出的定义，排他性的国家利益观是美国内政外交的基石，美国极力维护其经济发展利益和超级大国的地位，宣称不会接受一个对中国和发展中国家排气没有遏制的条约。与此同时，美国又不放弃其在国际事务中的领导者地位，奥巴马在会上的任何一点举动在《纽约时报》上都得到大标题的凸显和大篇幅的报道，确保美国的国家利益和强化其领导地位一直是《纽约时报》该会报道的两大主题。在看似冷静客观的报道背后，依旧隐藏着不甘对国际舆论妥协、对发展中国家妥协的强硬态度和丝毫不甘损害自身利益的决心，而在对会议进程缓慢而艰难的报道中，则隐隐露出转嫁责任的目的。

在中国，对"利"的定位和理解，在春秋战国时期基本定型，并影响了后世的传统价值观。虽然先哲们都知道"天下熙熙，皆为利来；天下攘攘，皆为利往"①，但是以孔孟为代表的儒家强调兼容性的利益观，正所谓正己正人，成己成物，推己及人，追求物质和精神统一，甚至精神上的享受超过物质利益的获得；道家鄙弃情欲，与万物合一，一切顺其自然，这也远远超出了低层次的物质需要；墨家强调兼爱、非攻。中国的传统利益观，追求道德的完美、社会的统一、互惠的利益，尽管其中的内容随着时代的变迁而不尽相同，但它们已成为中国传统文化思想的中坚。《光明日报》报道了中国在促成会议成功的道路上的每一步努力，有对众多发展中国家的同情和支援，有对中国大国形象的维护，有对中国在应对气候变化上所作出努力的充分肯定，更有对发达国家不愿承担应尽责任的义正词严，《光明日报》给世界呈现出一个愿意共担责任的大国形象。

（二）利己主义和中和主义

无论个人还是国家，都以自身利益最大化为目的，利益观先天性具有利己因子，但不同国家的利益观表现为两种不同的倾向：以自我为中心的利己主义和中和各方利益的中和主义。《纽约时报》和《光明日报》在本次会议报道中也显示出了国家利益观的差异性。

学者奥斯古德一针见血地指出了西方现代国家利益观："国家利益被

① 司马迁：《史记》卷一百二十九，第10册，中华书局1982年版，第3256页。

理解为一种只对国家有利的事态。导致人们追求这一目标的国家利己主义
动机,是只关心一国自己的福利为标志的,它是国家集团自私的表现。"①
《纽约时报》一直坚持对美国减排要求的忽视和纵容,而把减排的任务和
全球变暖的责任更多地归咎到发展中国家身上,这是美国在建立并维护一
个对自身利益有益的国际能源体系上的努力。也正是因为防止全球竞争对
手或联盟的出现是其关键利益的一部分,才会在《纽约时报》上淡化了
欧盟的实力和俄国、中国等强有力的推动作用。同样,在更深层次的美国
国家利益中,强调美国的人权利益和意识形态方面的利益,企图在全球范
围内推销美国的价值观,我们才有幸看到题为 *Poor Countries Encouraged
but Wary of U. S. Funding Pledge at Copenhagen Talks*(《贫困国家哥本哈根
会议受鼓励,美国资金援助承诺需警觉》)②的报道。在这次会议的报道
中,每一次美国对贫困国家的同情和关注,每一次美国对中非等国的援助
行动,都是一次自身意识形态推广的利益维护过程。

中国的国家利益观受到中华民族传统文化中的"己所不欲,勿施于
人"、"天人合一"的社会伦理道德观和生态哲学观的影响,饱含中和
主义的特色。首先孔子说:"君子喻于义,小人喻于利。"③孟子则更强
调了义利之别,他说:"王何必曰利?亦有仁义而已矣。"④荀子亦持同
样的看法,"先义而后利者荣,先利而后义者辱"⑤。墨家则坚持义与利
是统一的。《墨经上》云:"义,利也。"《经说上》云:"义,志以天
下为芬,而能能利之,不必用。"义即是利。当然,这里的"利"是公
共之"利",即"国家百姓人民之利"⑥。《中国:用行动告诉哥本哈
根——我国碳减排及低碳经济发展状况调查》⑦、《走低碳道路不可盲目
跟风》⑧等报道中,浸润着和谐发展的思想,不论是中国的和谐还是世

---

① 罗伯特·奥斯古德:《美国外交关系中的理想和自我利益》,芝加哥大学出版社 1953 年
版,第 10 页。

② *Copenhagen Climate Talks*, New York Times. Dec. 17, 2009.

③ 杨伯峻:《论语译注》,中华书局 1958 年版,第 42 页。

④ 杨伯峻:《孟子译注》,中华书局 1960 年版,第 1 页。

⑤ 梁启雄:《荀子简释》,中华书局 1983 年版,第 36 页。

⑥ 张纯一:《墨子集释》,世界书局 1937 年版,第 231 页。

⑦ 《光明日报》2009 年 12 月 10 日。

⑧ 《光明日报》2009 年 12 月 14 日。

界的和谐进步，都成为中国新闻报道的主要内容。诸如《日本促新兴国家承担减排义务》①、《发展中国家官员赞赏中国应对气候变化承诺》②、《中国在气候问题上的表现值得称道——访菲律宾雅典耀大学林智聪教授》③ 等报道，表达了加强与周边国家和同一阵营国家的良好关系的真诚需要和美好愿望。

参考文献：

1. 施建：《〈纽约时报〉的风格》，《新闻传播》2002 年第 2 期。

2. 徐华西：《办好"知识分子的精神家园"——关于〈光明日报〉定位研究》，新闻记者。

3. 周粟、宿可、陶馨宇、周淞铖、郑学军、王红艳：《中、美、英三国报纸新闻框架比较——以〈人民日报〉、〈纽约时报〉和〈泰晤士报〉头版报道为例》，《新闻与写作》2008 年第 2 期。

4. 孙彦殊：《论国家利益在国际新闻构架中的重要作用》，《科技风》2009 年 8 月上。

5. 陆丕昭：《国家利益浅析》，《青海社会科学》2002 年第 5 期。

6. 石光荣：《略论"国家利益"的基本内涵和本质特征》，《华中理工大学学报》（社会科学版）1997 年第 3 期。

7. 房广顺：《美国国家利益与美国文化》，《党政干部学刊》2007 年第 1 期。

8. http：//qkzz. net/article/c40f56a5 – 1ad7 – 4241 – 9436 – 3621754f81b6. htm.

9. 范建中、周海生：《中美国家利益之比较》，《唯实》2004 年第 1 期。

10. http：//sci. sdx. js. cn/Article_ Show. asp？ArticleID = 175，2004 年 10 月 18 日。

---

① 《光明日报》2009 年 12 月 11 日。
② 《光明日报》2009 年 12 月 20 日。
③ 《光明日报》2009 年 12 月 25 日。

Abstract：We take the news coverage during the period of Copenhagen Climate Summit on New York Times and GuangMing Daily, the representatives of each nation's mainstream media as examples to do a case study on the reporting characteristics of each newspaper. By finishing a comprehensive classification and analysis, we summarize the main differences between the U. S and China's mainstream media coverage on the same international conference in theme, content, perspective, emotion, structure, language, style, and editing etc. in the way of quantification, table and statistics. Then we bring the national interests differences in media to light as follows: the concerning degree to the other side of interests, the emotion, attitude and evaluation to the opposite, the image creation of the spokesmen on behalf of self-interest, the standpoint and identity of interests statements, the tendency of interests forecast. Furthermore, we explore the divergence in the notion of national interests between America and China's mainstream media, with New York Times and GuangMing Daily as cases. The divergence is mainly reflected in its exclusion and compatibility in attribute, egoism and integration in doctrine. It is clear that the root of the above differences come from cultural values such as the traditionally different notion of interest, ideology, and core values in a society. This essay is to study the divergence in the notion of national interests of America and China's mainstream media. From this perspective, we can find the underlying reasons for the varied characteristics of media both in Western world and China from the angle of news values and cultural values, and thus deepening our understanding of the differentiation and penetration among international media as well as the international communication strategy. At the same time, it may have the value of reference to cross-cultural communication, national image promotion and national soft power construction.

Key Words：Notion of National Interests, Copenhagen Climate Summit, New York Times, GuangMing Daily

（黄卫星　江西师范大学传播学院　江西南昌　330022

清华大学新闻与传播学院博士后流动站　北京　100086）

由"谷歌退出"事件的报道分析西方主流报纸对中国国家形象的建构

——以《纽约时报》、《华盛顿邮报》、《泰晤士报》为例

夏新宏　彭　博

摘　要： 作为全球化信息时代的一个重要的新媒介技术公司，Google公司因其经营的业务具有政治、商业、文化的复合状态的特殊性使得"谷歌退出"事件引起了广泛的报道，牵涉政治、经济、军事、文化、外交等多方面的复杂议题。笔者抽取了西方有代表性的《纽约时报》、《华盛顿邮报》和《泰晤士报》三家报纸上长达4个月的关于此事件的报道，采用内容分析和文本分析的方法，对"谷歌退出"事件报道的篇幅、字数、时间分布、体裁、版面位置、引用的信源和议题进行了全面考察和了解，分析描述了西方主流报纸对中国国家形象究竟是如何进行建构的。

关键词： "谷歌退出中国"　国家形象　国家形象建构　二元对立　内容分析

关于国家形象的概念，"由于研究角度不同，学者界定层面也不同"。形象中实际传达的是形象制作者和形象构成者双重的文化样式及其内在心态。虽然某一国家的社会本身发展的速度、质量、结构以及对未来发展的预期是构建国家形象的基本素材，但是国家形象主要

是由对国际社会中的"他者"观照来完成构建的。本文综合了以往学者们的观点，认为国家形象的概念是"一国内部公众和外部公众对该国政治（政府、外交、军事等）、经济（财政、国民收入等）、社会（凝聚力、安全与稳定等）、文化（科技、教育、风俗、价值观念等）与地理（自然资源、人口数量等）等方面状况的认识与评价，并成为多数人认同的、相对固定的主观心理记忆"。

笔者从建构主义研究路径出发，用结构主义语言学理论，采用内容分析和文本分析的研究方法，实证研究《纽约时报》、《华盛顿邮报》和《泰晤士报》三家西方主流报纸在对"Google 退出中国事件"的报道上是怎样对中国国家形象进行建构，并且使得中国国家形象大跌，负面议题增加的。具体而言，本分析试图检验如下假设：受美英西方中心主义意识形态的影响，2010 年年初开始的"谷歌退出事件"被高度的政治化；叙事中存在大量的二元对立结构。

本研究采用了 Factiva 数据库①，日期限定为 2010 年 1 月 1 日至本文动笔前的 2010 年 5 月 12 日，案例样本则选取了《纽约时报》、《华盛顿邮报》和《泰晤士报》的纸版和网络版为代表，以 Google & China 为关键词进行搜索，得到文献 494 篇，结果反映了 2010 年 1 月以来与谷歌和中国相关的全部文献，为了排除掉重复文献和与"谷歌退出中国"并无直接关系的一些文献，笔者采用人工方式对相关文献进行再搜索。选择的标准为：标题中含有上述关键词的报道；标题不含有关键词，但全文是针对"谷歌退出中国"事件的相关报道；多个段落中多次出现上述关键词的报道。共得到相关报道 152 篇，样本时间分布从 2010 年 1 月 13 日开始，至 5 月 9 日结束。

对样本的研究，本文主要采用内容分析和文本分析的方法。内容分析编码主要包括：三大报纸报道的篇幅，版面位置、字数、时间分布、体裁、所引用的信源几个方面，统计样本输入 SPSS 进行分析。文本分析则重点分析每篇报道涉及的主要议题，包括政治、经济、军事等几个方面，

---

① Factiva. com 是世界一流的全球性新闻内容提供商，是由两个世界上领先的商业新闻供应商道琼斯（Dow Jones）与路透（Reuters）集团合资成立的公司 Factiva. com 将 Dow Jones Interactive 和 Reuters Business Briefing 两大资源库的 9000 多种出版物整合在一起，提供来自 122 个国家的、以 22 种语言出版的重要商业信息。

分析时则侧重研究单篇报道的主题、框架、词汇色彩、报道倾向等，探讨报道是如何具体地构建中国国家形象的。

一

从 2010 年 1 月 13 日至 2010 年 5 月 9 日，《纽约时报》、《泰晤士报》、《华盛顿邮报》的纸版和网络版都刊登了关于谷歌事件的报道。

篇数

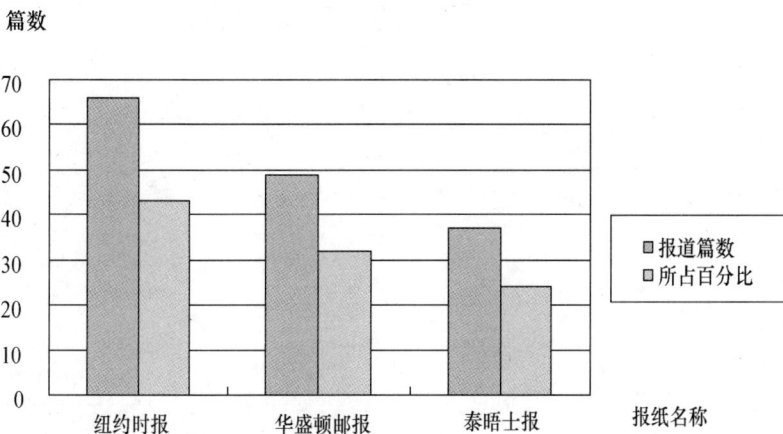

如上图所示，《纽约时报》报道的篇数最多，为 66 篇，占对谷歌事件的总报道的 43.1%。《华盛顿邮报》紧随其后，为 49 篇。《泰晤士报》最少，为 37 篇。这也和谷歌公司主要为美国商业公司有直接关系，贴近性使得美国媒体更加关注谷歌事件。这跟《泰晤士报》很少转载美联社、路透社的新闻也有关系。

对头版、篇幅的统计结果所示如下：

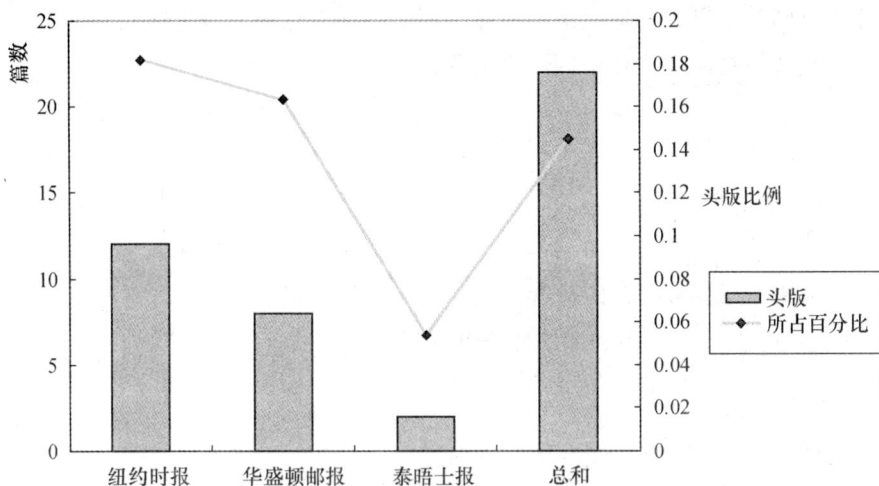

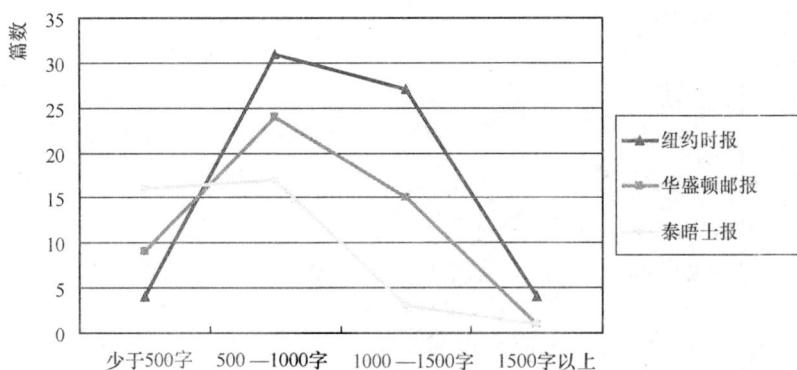

　　头版、篇幅意味着对事情的重视程度。整体上，头版占三大报纸总量的比例为14.4%，意味着各大报纸对此事件都相当重视。不过各报的重视程度也是不一样的，《纽约时报》对此事件最为关注，在一两个月内共发了12篇头版，《纽约时报》在报道的篇幅上占据优势，500—1000字的文章共有31篇，1000—1500字文章27篇。而《华盛顿邮报》头版相对较少，有8篇，500—1000字与1000—1500字的文章分别为24和15篇。《泰晤士报》只有2篇头版，其他报道多少于500字。这种差别与《纽约时报》是"左翼"报纸，由于谷歌事件牵扯到了意识形态、经济制度、政治体制等诸多方面，因此，《纽约时报》对此有更强烈的兴趣。而《华盛顿邮报》相对来说立场不那么激进。而《泰晤士报》则由于谷歌公司并不是英国公司，因此报道得并不多。

二

谷歌2010年1月12日正式宣布考虑退出中国，3月23日最终退出中国内地，开始和结束时段正好是报道的高峰期。如下图所示，1月14日，三大媒体的报道空前高涨，达到最高的15篇。而到了2月份，正是谷歌和中国相关机构谈判未果的胶着时期，双方陷入僵局，这个时期内报道减少。而到了3月23日，谷歌正式宣布退出中国开始，报道迅速增加，不过没能达到之前的高点。因为刚开始时事件轰动效应很强，而后来人们对谷歌的退出有了一定的预期。因此，报道总量较少。不过从总体看，对一个公司的退出中国市场的报道确实达到了一个空前的程度，这与谷歌公司本身的特性也是密切相关的。

报道数量的时间分布

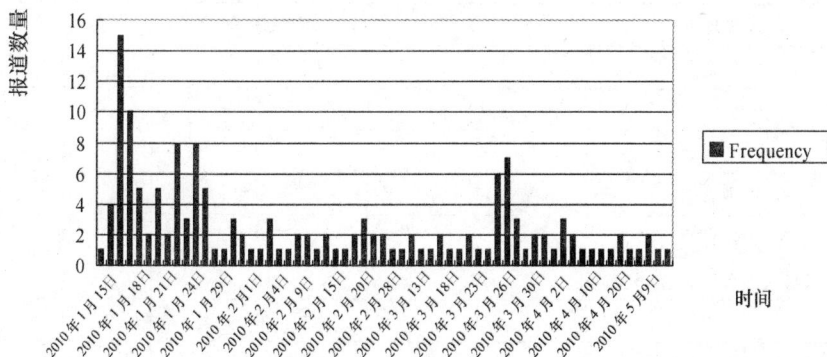

三大报纸在社论和评论方面并无大的数量差别，而在新闻方面，《纽约时报》新闻数量比《华盛顿邮报》多21篇，比《泰晤士报》多了近一倍。表明《纽约时报》投入了更多的资源在报道上并且更加关注事件的进展。《泰晤士报》则在社论等方面相对较多，有一些旗帜鲜明的观点。而《华盛顿邮报》评论很多，占到了9篇。评论指一些关于事件的深度分析，包括专栏作家对事件发表的意见。评论不同于社论，在于其观点的多元性和深刻性。体裁方面，三大报纸都有其侧重。

单位：篇

	报道体裁			
	新闻	社论	评论	总和
《纽约时报》	60	1	5	66
《华盛顿邮报》	39	1	9	49
《泰晤士报》	32	3	2	37
总和	131	5	16	152

新闻的发稿地点能让读者对新闻的质量和倾向及真实和客观有一定快速了解。本研究只统计了三大报纸新闻发稿地点，社论和评论没有纳入统计。结果如下表所示：

单位：篇

发稿地点	《纽约时报》	《华盛顿邮报》	《泰晤士报》
北京	20	4	3
上海	12	0	0
内地其他地区	2	0	0
中国香港	1	0	0
中国台湾	0	0	0
美国	21	1	8
英国	1	0	0
世界其他地区	1	1	0
不明	14	34	21
总和	72	40	32

从表中，我们可以看出《纽约时报》的报道似乎更加符合新闻规范，外派的记者更多，从中国和美国发回的稿件分别为32篇和21篇，

不明地点的报道较少，只有14篇。发稿地点分布较均衡。而《华盛顿邮报》记者从中国发回的报道非常少，只有4篇，不明地点发回的报道34篇。同为美国大报，相比纽约时报差距很大。《泰晤士报》也是如此，从中国本地发回的报道只有3篇，却从美国发回8篇。显然，可以看出来其报道的亲美倾向，并且受到美国新闻报道议程设置的影响。谷歌事件所带来的对中国商界和普通民众的影响如何，记者远离本土是很难有清楚的了解和认识的。令人遗憾的事实是，两个大报的记者远在中国之外却对中国所发生的事情进行报道，这实在不得不令人怀疑其内容的真实性与客观性。

信源是文章结构的重要组成部分，是形成文章观点的重要依据。本研究的统计方法是：一段中出现的一次信源统计为1；一段中若出现不同信源则分别统计1次；若出现同一信源则按一次统计；同一信源若在不同段落中出现，则按照出现的次数统计，表明信源被多次引用。经过统计，信源分布如下表所示：

总体上来看，《纽约时报》在基本上所有的信源的引用上都较多。三大报纸信源的分布都不太平衡。《纽约时报》中来自美国和谷歌公司方面的信源有313个，占总信源比重高达40％。三大报纸对于谷歌及美国相关方面的引用总计达到了602个，而所有中国方面的信源只有180个，只占到了总信源比重的23％。

单位：个

信源	《纽约时报》	《华盛顿邮报》	《泰晤士报》
谷歌公司、谷歌高层	84	37	26
美国政府及官员	63	39	8
美国专家及学者	67	80	3
欧美企业界人士	72	36	18
其他国家政府官员、学者等	3	0	8
西方人权组织、非政府组织	19	6	25
英美媒体	5	2	1
中国政府及官员	29	21	8

续表

信源	《纽约时报》	《华盛顿邮报》	《泰晤士报》
中国专家及学者	12	5	3
中国企业界人士	15	8	1
海外持不同政见者	4	2	2
中国网民及普通公民支持谷歌行动	16	6	3
中国网民及普通公民反对谷歌	10	4	2
中国媒体（新华社、China Daily、《人民日报》）	12	11	6

因此，中国方面的声音在关于谷歌事件的报道中是处于相对不利的位置的。西方的信源所占高百分比说明对谷歌事件的评价基本上呈现出一边倒的趋势。呈现出西方化和西方中心主义的思维模式和意识形态。后面的分析中大家也会发现这一点。

就中国方面的信源来说，三大报纸除了引用中国政府部门关于谷歌事件的表态外，还对普通中国公民的声音予以了一定的关注，数量达到了41次，占整个中国信源的23%。特别是《纽约时报》，引用了很多普通网民的话，既有支持赞同，也有反对谷歌的声音。赞同谷歌行为的网民信源总数为25，而反对者总数为16，这个差距虽然不大，也说明了即使是给出了两方面的消息，倾向性还是显而易见的。

还有一个非常重要的现象是匿名信源的使用，匿名信源是对于未提供姓名的消息来源的引用。如表所示：

单位：个

	《纽约时报》	《华盛顿邮报》	《泰晤士报》
匿名信源	104	56	13

三大报纸都有非常多的匿名信源的使用情况。如专家称（experts say）、分析家认为（analysts said）、谷歌的支持者称（Google's supporters say）、来自工业的消息称（Industry sources said），还有部分为了防止中国政府打压报复而不愿留名的信源（That person, like many others interviewed, declined to be identified for fear that the Chinese government would retaliate)。信源在某方面代表一篇报道的可信程度,过多的匿名信源意味着报道的真实性有问题。很多虚假报道和欺骗性报道正是用匿名信源来迷惑读者。若将上表纳入信源总表进行统计,可以发现,《纽约时报》的匿名信源出现 104 次,其总信源数为 515 次,匿名信源约占了《纽约时报》信源引用总量的 1/5。高度的匿名信源依赖只能表明关于谷歌事件的报道有些可能存在一些隐瞒和偏颇之处。

三

关于宣传(propaganda),20 世纪有很多学者和专家进行过探讨并提出了理论。很多学者都强调进行宣传不可避免所需要涉及的一些深层次的结构,二元对立结构是其中简单但却相当重要的一种,叙事基本上是围绕二元对立结构展开的。"宣传家们当时和现在都生活在一个不是则非、非好即坏的世界中。20 世纪初期,传统的宣传精英们有两种明确的选择:一种是真理、正义和自由——简称为美式态度;另一种是谎言、邪恶和奴役——也即极权主义。"① 这些对立结构我们今天仍然能够在各种新闻报道中看见。而"二元对立"还是西方六七十年代流行的结构主义中的一个非常重要的概念,语言学家索绪尔与人类学家列维—斯特劳斯对其进行过大量的研究与探讨,认为二元对立的结构是人类普遍的思维思考方式且深及各个层面。不管是在语言学的选择、组成与深层结构,还是在神话、语言形式及语义等方面,都有上—下、黑—白、男—女、阴—阳之类的种种二元对立结构,使意义得以在对立的结构中产生。意义在互相区别中产生。没有差异,没有这种最基本的二元对立,就不能产生意义。因此,对于本次谷歌事件,甚至对于长久以来的、数量众多的有关中国的报道来说,没有这种基本的二元对立结构,也就无所谓关于中国的形象。因此,笔者对谷歌事件报道中所产生的议题进行了分类与归纳,总结出了三个隐含其中的二元对立结构,这些结构在政治、军事、经济三个方面建构着中

---

① 斯坦利·巴兰、丹尼斯·戴维斯著:《大众传播理论:基础、争鸣、未来》,曹书乐译,清华大学出版社 2006 年版,第 74 页。

国的形象。

（一）政治方面："审查严厉，侵犯人权的中国"与"倡导信息自由"，"不作恶"的谷歌

单位：次

信息审查，审查制度 censor, censorship	454
侵犯人权 human rights	151
西藏问题 Dalai Lama, Tibet	139
台湾问题 Taiwan	89
天安门事件 Tiananmen square massacre	27
独裁或专制政权 regime or autocrat	26
法轮功 Falun Gong	16
新疆问题 Xinjiang, Uighur	11

谷歌公司既是一个信息技术公司，某种程度上也是媒介公司，因为能够通过搜索这种特殊的方式发布传播一定的信息，正是因为这些特点，它受到了中国政府的审查。由此所引发的关于信息自由和审查制度的探讨成为了三大报纸关注的中心，词频高达454次，见上表。信息审查包括两个方面：对网络言论和媒体新闻报道的审查。报道中两个方面都有所涉及。网络言论方面，三大报纸在报道谷歌遭受网络审查时经常会牵扯到"天安门大屠杀"、"达赖喇嘛"等西方经常报道的惯用污蔑性词汇。所有报道中"天安门事件"出现27次，而西藏问题则有139次之多。"在中国，搜索达赖喇嘛和天安门大屠杀都是没有结果显示的，而且政府最近刚刚关闭了YouTube——谷歌的视频分享网站。"① 除了网络上的审查，对媒体报道的审查也是另一重要部分，"中国政府审查了所有关于谷歌抗议中国政府的审查制度的新闻，全然不关心这会给这个国家带来什么后果"。②

"侵犯人权"是西方媒体长久以来设置的关于中国的焦点议题。本研

---

① "Google May End Venture In China Over Censorship", *New York Times*, January 13, 2010.

② "Google in China", *New York Times*, January 14, 2010.

究中，人权问题的频次达到了 151 次，仅次于审查制度。在"谷歌退出事件"中，谷歌申明人权分子的邮箱遭到秘密入侵，信息被泄露这一点被报纸反复地引用和强调。"法轮功"、"天安门事件"、"镇压西藏的和平抗议"等议题同样被牵扯了进来，经过报道，谷歌的退出似乎和"中国恶劣的人权问题"有着直接的关系。"谷歌重新考虑他在中国的业务反映了作为一个信息技术的公司，面对着一个不尊重人权的国家，做出是否留下的选择是多么的艰难。"① 还有报道引用了美国学者的话称，"如果有人权活动家被抓入狱是因为 Gmail 账号被盗，谷歌会被指控泄露了这些信息"②。这样的句子隐含的意思就在于中国在窃取人权分子的邮箱，从而能够抓捕他们入狱。这样就隐蔽地刻画了一个"专制"、"独裁政府不民主"、"侵犯人权"的形象。隐含中国政府面临合法性危机。

与审查制度相对立的是言论自由。鼓励言论自由和信息的自由流动、抵制审查制度是谷歌宣称退出的重要原因。报道中共提到言论自由 175 次。谷歌 2006 年推出 google. cn 时就同意接受中国政府的审查制度，但为何四年后却又因为审查制度而退出呢？关于 2006 年接受审查的原因，有报道写道："虽然有审查制度，但权衡利弊，谷歌相信他给中国带来的言论自由和开放能够使收益大于损失。"③ 而到了2010 年则是由于谷歌奉行"不作恶"的信条（don't be evil）。所以，"到了今天，谷歌发现很难再遵守这个建立在信息自由，表达自由上的信条"，④ 于是谷歌选择了退出。

反复出现的"不作恶"信条在报道中出现了 36 次，多数情况下是在说明谷歌退出的理由时引用的。从另一方面说，谷歌的"不作恶"也暗示着中国政府是在"作恶"。这蕴涵了一种二元对立的意识形态和行文结构。当然，作恶本身就是一种道德评价，不同的人会有

---

① "Does China's big market come with a bigger headache?；U. S. companies weigh profit potential against issues of rights, piracy", *Washington post*, January 15, 2010.

② "Small Effect On Revenue, And Windfall In Publicity", *New York Times*, January 15, 2010.

③ "Google May End Venture In China Over Censorship", *New York Times*, January 13, 2010.

④ "Web ultimatum shakes the Great Firewall of China to its foundations; Google in clash over online censorship", *The Times*, January 14, 2010.

不同的结果，有报道这样写道："谷歌同意中国政府的审查，为此，谷歌不得不删除或屏蔽有关法轮功组织、民主运动、1989 年天安门示威活动和流亡的西藏领袖达赖喇嘛等内容。如此在中国做生意违背了谷歌一直致力于遵守的不作恶的信条"，① 由此看来，只要是不封锁这些信息，那就是在行善。

总之，在政治方面，报道构建了"审查制度严厉"、"侵犯人权"、"独裁专制"的中国与倡导"信息自由"、"不作恶"的谷歌之间的二元对立的结构，从而使得谷歌占据着道德的制高点来评判中国的政治体系。一个信息技术商业公司的退出却能高唱道德论调本身就是一件非常不可思议和值得深入探究的事情。而西方的报道却通过这样简单对立的方式建立了意义体系。通过不断的重复，这个意义体系会逐渐深入人心，中国的形象就会通过这样的形式逐渐被定格下来，并被世界各地的人们所了解。

（二）互联网及军事方面："网络间谍技术发达的强国"与"不堪一击的可怜受害者"

除了审查以外，受到网络攻击也是谷歌决定退出中国的一个重要原因。这一点在报道中也得到了特别强调。本研究对一些关键词词频进行了统计，得到的结果如下表所示：

单位：个

信息战（及能力）	cyber war	463
网络间谍	espionage	79
源于中国的网络攻击	attack, hacker	725

所有报道中，常见到的一句关于黑客攻击的描述是"来源于中国的网络攻击"，如《纽约时报》1 月 14 日的头版报道就引用了匿名的独立安

---

① "Does China's big market come with a bigger headache？；U. S. companies weigh profit potential against issues of rights, piracy"，*Washington post*，January 15，2010.

全研究员宣称"至少34家网络公司受到了源于中国的网络攻击"，[①] 而《华盛顿邮报》在1月14日更是刊登了头版进行专门报道，矛头直指中国政府。文章标题为《谷歌遭到黑客袭击只是一场巨大战役中的一部分，遭袭的目标具有非常重要的战略价值，策划袭击者来自中国》。[②] 下面，笔者将对这篇文章的报道框架进行详细的分析，从中我们可以看出《华盛顿邮报》是如何聪明而又巧妙地安排文章的内容从而引导读者得出文章想让他们得到的结论的。

文章首先宣称这次袭击不仅包括谷歌，而且包括至少34家其他重要的公司及部门。[③] 这些公司多数是计算机行业的大公司，都有很强的防护能力，连这样专业的互联网公司都能被非常轻易地袭击并且大多数甚至都不知情，由此衬托出攻击者的强大的攻击能力。然后，文章引用专家的话称，这次袭击不同于以往，表现在目标的"多样性"和"合作的紧密性"[④]。这两点也就是暗示这次袭击并不是个人所为，更不是一般的组织所能为，排除掉这两个因素，那么剩下的最有可能参与的就是政府了。因为政府是有这样的组织能力的。但文章又不直接肯定地宣称中国就是幕后元凶，因为网络攻击"很难被查清"。[⑤] 证据明显并不充足。但即便如此，文章还是从另外的角度来推论，认为中国政府有充分的动机来做这个事情，有哪些动机呢？首先，文章引用匿名专家的话称"最近的袭击针对的外国公司都是在相关领域内的领头者，而中国在这些方面非常落后"，[⑥] 其次，"这次袭击还想要获取一些持不同政见者的情报"[⑦]。而"获取高科技的信息可以帮助中国经济的腾飞，获取不同政见者的信息有助于维持独裁政权的统治。"[⑧] "而这正是中国领导层所追求的，攻击反映了中国优先

① "In Google's Rebuke of China, Focus Falls on Cyber security", *The New York Times*, January 14, 2010.

② "Google attack part of vast campaign; Targets are of strategic importance to China, where scheme is thought to originate" *The Washington Post*, January 14, 2010.

③ Ibid.

④ Ibid.

⑤ Ibid.

⑥ Ibid.

⑦ Ibid.

⑧ Ibid.

考虑的事项。"① 到此，文章就通过专家的话直接断定中国政府是袭击的幕后策划者。

接着，文章具体说明了如何通过"植入木马"使远程服务器入侵并控制电脑，盗取信息，② 用户很难发现自己已经成为了受害者，从而突出黑客技术的隐蔽、隐秘和强大。其中包括一些网络黑客常用的"钓鱼"的诡计。除此外，文章在结尾部分还列举了一项更为复杂和全面的黑客技术：幽灵网（Ghost Net）。幽灵网是源于中国的一项巨大的网络间谍工程，去年被发现时已经成功入侵过达赖喇嘛、大使馆政要及政府官员的办公室电脑。③ 作者引用了计算机专家的发言，认为针对谷歌和其他的 34家公司及政府部门的攻击很可能是幽灵网所为。因为很多被盗取的人权组织的邮件都能被追踪到中国内地的主控服务器上。④ 文章结尾部分，作者再次引用了一位分析家的言论，认为这些袭击都来自中国。⑤

通过对这篇文章的分析，我们可以看到作者精心安排的段落，充满暗示的语言、富有技巧的引用是如何巧妙地将矛头直指中国政府的。文章只是巧妙地构造了一个富有攻击性的信息间谍强国形象，而像谷歌等这样的国际著名的信息技术公司面对这样的攻击居然都不堪一击，谷歌甚至被迫要撤出中国。由此使得强者更加强大，弱者则好像任人蹂躏，非常可怜。这样的强弱对立使得中国变得可怕与邪恶，成为了全世界各国的威胁。

（三）经济方面："唯利是图的经济大国"与为了"坚守道德宁愿放弃赢利"的谷歌

一个以追求经济利益为目标的公司 4 年前接受了中国政府的法律，开始在中国发展，却于 4 年后，在中国国内网络市场蓬勃发展的关键时候宣

① "Google attack part of vast campaign; Targets are of strategic importance to China, where scheme is thought to originate" *The Washington Post*, January 14, 2010.

② Ibid.

③ Ibid.

④ Ibid.

⑤ Ibid.

布退出，放弃世界上最大与利润最丰厚的市场①。经济问题成为了谷歌一个不可回避的问题。尽管谷歌申明退出中国和经济利益没有任何关系，也不是一次公关事件。② 但面对着中国国内市场份额远远落后于百度。③ 只占有20%多的中国国内市场份额。④ 年利润只有 3 亿—4 亿元，与谷歌在世界上其他市场赢利相比，谷歌交出的成绩确实不算好⑤。

不过在谷歌退出的经济原因的报道中，虽很多报道都给出了经济上的分析，但是却都在极力淡化经济层面原因。"短期的收益损失并不重要，重要的是用户的信任"。⑥ "3.5 亿美元的损失？相比于全球的200 亿收益，这根本不算什么。"⑦

在谷歌的声明中，谷歌强调在中国的生意越来越难做了，因为政府限制了网民接触信息的权利。⑧ 在涉及经济方面的分析时，大多数文章都在赞同谷歌的退出行为，虽然有些考虑到了谷歌放弃中国这么大的市场很可惜，但笔者基本上没有发现有能够完全抛开政治等方面的因素，完全从谷歌的经济的角度来思考的文章。报道基本上将"谷歌退出中国"的行为描述成了一种义举，一种与集权统治抗争的精神。正如一篇报道所描述的那样"谷歌宣布将不再参与中国政府的审查，虽然这样做面临着退出的风险，但谷歌有骨气——这一点很少有公司或政府能够做到"。⑨

而对于中国经济的报道，虽然很多报道都承认中国经济发展得极为迅速，即使在普遍的全球性金融危机的背景下依然能够保持稳定增长。⑩ 但很多文章仍然认为中国的为了经济增长而不顾信息自由，不顾国际合作，是一个唯利是图的国家。例如有报道写道："中国共产党的领导层长期以

---

① "Google attack part of vast campaign；Targets are of strategic importance to China, where scheme is thought to originate" *The Washington Post*, January 14, 2010.

② Ibid.

③ Ibid.

④ Ibid.

⑤ Ibid.

⑥ "Backing goes right to the top；Behind the story"，*The Times*，January 14, 2010.

⑦ "This stance will only serve to enhance its reputation；Commentary"，*The Times*，January 14, 2010.

⑧ "Google steps up fight for hearts and minds"，*The Times*，February 13, 2010.

⑨ "Google Takes A Stand"，*New York Times*，January 14, 2010.

⑩ "Obama meeting with Dalai lama complicates China ties，*Washington Post*，February 19, 2010"。

来一直在谋求一种平衡，一方面希望互联网带来的经济快速增长，另一方面又不希望互联网出现不利政府的言论。"① 这里隐含的意思就在于，若不是互联网能带来经济增长，中国政府早就给封禁了。

"很多中美之间的冲突反映了一个事实，那就是中国为了保护国内的利益而不参与国际合作，解决全球问题。中国不愿承担温室气体减排的责任，因为这会影响到国内的经济增长和就业。"② 这句话的意思表明中国一个将经济利益放在首位的国家，如果不能满足其经济利益则不会参加国际的合作，做一些对全球都有利的事情。

不仅如此，"当中国经济增长需要资本和工作的时候，我们将最好的技术和培训转移到中国，那时他们开放市场，欢迎我们。而到了现在，中国的国内工业成熟强大了，我们逐渐认识到最初中国所谓的开放市场和西方的开放市场的意义是不一样的，中国开放只是为了能够达到自己的目的。"③

因此，从上面的描述可以看出，中国政府被描述成一个为了保持国家经济增长，不顾国际合作、不择手段的形象，只要是能够保持经济增长，中国表面上会进行一些开放、民主或自由的举动，而一旦目的达到，中国政府就开始翻脸不认人，过河拆桥。

通过将谷歌的"良好道德形象"与"中国政府唯利是图的小人形象"相对比，报道刻画了一个虽然经济快速增长，但是却不考虑人民生活水平和各项民主权利，更不考虑国际共同利益的这样一个大国形象，这样的经济大国给人的感觉不是一个开放的、创新的、民主的大国，不承担责任，更让人感觉到了一丝威胁。

四

通过内容分析和文本分析的方式对自1月开始的"谷歌退出中国"事件的报道进行了全面的资料搜集和统计工作，采用结构主义的视角，通

---

① "China at Odds With Future in Internet Fight", *New York Times*, January 17, 2010".

② "China's 'me first' doctrine", *Washington Post*, February 15, 2010.

③ "In China, the business of 'state secrets'; Cases suggest a shift toward using spying law against competitors", *Washington Post*, March 4, 2010.

过对具体涉及的议题进行文本分析，验证了研究假设。结果表明：对"谷歌退出中国"事件的报道确被西方媒体高度政治化。另外，发现了隐藏在报道中的中国政治、经济、军事三个方面的二元对立结构。通过这一系列的二元对立，西方主流报纸的报道既表明了谷歌是个非常"有良心的优秀国际企业"，而中国政府是个"专制独裁"、"压制言论自由"、"黑客技术发达并且经常破坏入侵其他国家"、"为追求经济的高增长不惜一切代价"的国家形象，隐含中国政府面临着合法性危机。笔者认为，"谷歌退出中国"事件西方主流报纸的报道使得中国的国家形象确实受到了严重的损害。要在世界范围重新树立一个良好的中国国家形象，任重而道远。

参考文献：

1. Frances Fukuyama, Social Capital and Civil Society, The institute of public policy, George Mason University, October 1, 1999.

2. Lewis J. D, Weigert A. "Trust as a Social Reality", Social Forces. 1985, p. 23.

3. Joseph Nye："The Power that We Must not Squander". New York Times, Jan. 3, 2000.

4. Joseph Jr. Nye. the Paradox of American Power：Why the World's Only Superpower Can't Go It Alone, New York：Oxford University Press, 2002. pp. 545－559.

5. Wanghongyin, National Image Building and China's foreign policy, ISA Marketing, 2001.

6. 程曼丽：《国家形象危机中的传播策略分析》，《国际新闻界》2006 年第 3 期。

7. 程曼丽：《大众传播与国家形象塑造》，《国际新闻界》2007 年第 3 期。

8. ［美］罗伯特达尔：《论民主》，李柏光、李猛译，商务印书馆 1999 年版，第 118 页。

9. 刘继南、何辉等：《中国形象——中国国家形象的国际传播现状与对策》，中国传媒大学出版社 2006 年版，第 73 页。

10. 李晓明：《国家形象与软权力——论运用非军事手段维持增进国

家的对外影响力》,《太平洋学报》2002 年第 4 期。

11. 斯坦利·巴兰、丹尼斯·戴维斯著:《大众传播理论:基础、争鸣、未来》,曹书乐译,清华大学出版社 2006 年版。

12. 苏淑民:《公共外交与中国国家形象的塑造》,《教学与研究》2008 年第 1 期。

13. 孙有中:《解码国家形象:纽约时报和泰晤士报中国报道比较》,世界知识出版社 2009 年版。

14. 王岳川:《发现东方——西方中心主义走向终结与中国形象的文化重建》,北京图书馆出版社 2003 年版。

15. 周宁:《中国形象:西方的学说与传说》,学苑出版社 2004 年版。

16. 王钰:《导论·权力与声誉——对中国在美国国家形象及其构建的研究》,《复旦学报》2006 年。

17. 张康之:《在历史的坐标中看信任——论信任的三种历史类型》,《社会科学研究》2005 年。

Abstract:As a important new media and technology company in the global information age, Google China, its business mixed with political, commercial, and cultural elements that made it's retreat of China the focus of broad media reports. Google China incident aroused a world-wide concern over political, economic, military, cultural, diplomatic, and many other issues. The time of news coverage lasts more than 4 months and our research selected almost all reports during this time from the major three Western newspapers "The New York Times," "The Washington Post" and "The Times" as samples. Content analysis and text analysis were used to analyze reports' length, word count, time distribution, genre, layout position, cited sources and subjects in order to get a comprehensive understanding of how Western mainstream newspapers constructed the national image of China.

Key Words:Google's Retreat from China, National Image, National Image Building, Duality, Content Analysis

(夏新宏　彭博　北京大学新闻传播学院　北京　100871)

"文化差异"在电视节目的跨文化传播中

——中国观众眼中的中外电视节目之间的文化差异

冯 卓

摘　要：电视节目是一种和日常生活息息相关的文化产品，而跨文化传播的电视节目是在一种文化环境中被制作出来，又在另外一种文化环境中被观众所理解和接受的文化产品。在中国对外开放 30 年后的今天，究竟中国观众在观看外国电视节目时，还能感觉到哪些文化差异？他们在何种程度上可以接受这些文化差异？对中国五个不同类型的城市：北京、上海、广州、南京、西安的 36 个不同类型的中国电视观众进行采访，并分析、探讨了中国观众所感知的，中外电视节目之间存在的各种类型的文化差异，具有一定的借鉴意义。

关键词：跨文化传播　文化差异　外国电视节目　电视受众

如果世界上不同国家和地区的人们不需要相互接触，那么文化差异对于人们来说并不重要。在全球化以前，人们因为距离而不需要去面对文化差异的问题。但是在当今世界，通过发达的交通网络和传媒网络，不同的文化开始相互碰撞，人们也不得不直接面对因为更多的接触而暴露出来的越来越多的文化差异问题。什么是文化？世界上每个人作为个体都有自己独有的思想和行为，与个人独有的思想和行为不同的是，文化是某个稳定的社会群体所共同的思想和行为，他们随着这个社会群体的形成而慢慢形成，随着社会群体的继续存在而延续。这个共同的思想和行为的框架，使这个社会群体的成员拥有了一种共同的自我意识和经历，并且把其定义成自己的文化身份。[①] 在各种文化各自形成的过程中，文化之间的差异也随之形成。

一

为了更好地理解中外电视节目之间的文化差异，我们首先需要了解文化差异在电视节目跨文化传播过程中所扮演的角色（见图1）。从图的左边到右边是一个跨文化的电视节目从制作到被观众接受的过程。首先国外电视节目制作者，比如 BBC 作为外国新闻和纪录片的制作者，迪斯尼作为外国动画片的制作者等等，把自己想表达的信息编译成电视代码，通过声音、画面等一系列的电视元素，以电视节目的形式展示出来，然后通过一些播放渠道，比如电视频道、互联网、DVD 等传播给国内的观众。他们观看外国电视节目时，文化差异开始起作用。如果观众有足够的知识和经验储备顺利解译电视代码，说明外国节目中所包含的文化已经与这个观众个人的文化或多或少的融合，在这种情况下，文化差异并没有对收看外国节目的观众产生很大影响。但是如果国内观众没有足够的知识和经验储备顺利解译电视代码，文化差异就成为观看外国电视节目时的文化障碍。

与国内电视节目传播过程不同的是，国外电视节目的传播过程因为涉及不同的文化而具有一些特殊性。首先，国外电视节目的制作和接受是发生在两个不同的文化环境中，即国外制片的文化环境以及国内观众的文化环境。其次，在国外制片将信息编译成电视代码，以及国内观众将这些电视代码解译的过程中，文化差异会起到一个关键的作用，甚至会导致文化障碍。在整个传播过程中，编译和解译代码是一个相反的过程，并且都会涉及一系列的文化因素。编译和解译代码能否顺利进行，关键在于外国电视节目制作者和国内观众之间所存在的文化交集是否足够大，这些交集是指一些共同的以及能相互理解的文化背景、语言、知识、经验等等。

---

① Norlan, W R. Communicating and adapting across cultures . Living and Working in the Global Village. London：Westport, Connecticut, 1999.

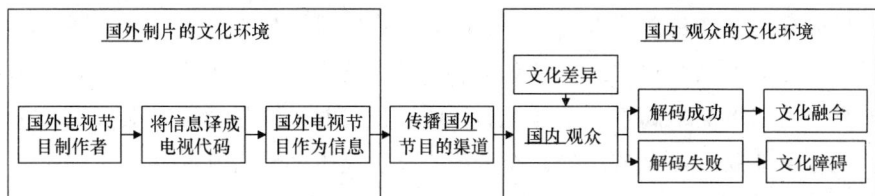

图 1　"文化差异"在电视节目的跨文化传播过程中

图表来源：作者制作。

电视节目是一个和日常生活紧密联系的文化产品，他们在一种文化环境中被制作出来，但是，在另外一种文化环境中被观众所理解和接受。因此电视观众要求电视节目具有或多或少的文化接近性，而文化差异则会在一定程度上导致观众观看外国电视节目时的文化障碍。观众对于电视节目文化接近性或者文化差异的感知，不仅和语言有关，而且和电视节目中所包含的一系列的文化元素有关，比如价值观、审美观、生活方式、文化传统、日常礼仪等等。

电视节目的提供者需要根据哪些方面的标准，去制作国际化的电视节目，或者选择可以国际传播的电视节目？他们首先需要知道，对于目标国家的电视观众来说，这些电视节目究竟存在哪些文化差异，他们在何种程度上可以接受这些文化差异。对文化差异的认知，可以为电视节目的制作者和传播者提供一些标准，去检验其电视节目在国外市场的文化兼容性，并且为发展电视节目的国际化战略提供了一些必需的基础信息。因此，这个定性研究就以外国电视节目在中国为例，从中国电视观众的角度去研究中外电视节目之间存在的各种类型的文化差异。

二

这个定性研究的三个核心问题分别是：中国观众在观看外国电视节目时，能感觉到哪些文化差异？他们在何种程度上可以接受这些文化差异？

这个定性研究的前提假设是，在中国文化环境中生活的中国观众可能会对中外电视节目之间存在的文化差异有一些共同的看法，在他们的思维中可能存在某些规律或者某种特定的方式去定义文化差异，以及判断自己对文化差异的接受程度。尽管对于每个单独的中国观众来说，他们对文化差异的看法可能是随意、杂乱、偶然的。但是对于一群中国观众来说，这些规律可能就不再是随意的，而是系统化、逻辑的、有某些共性的。中国文化给中国观众提供了一些共同的基础思想和价值观去感觉和判断中外电视节目之间的文化差异。因此，中国文化在中国观众观看外国节目的过程中，起到一个滤镜的作用，使中国观众对外国电视节目的感觉是有选择性的，由此中国观众可以区分"我们"（属于自己文化的人）和"他们"（属于其他文化的人）之间有哪些是不一样的。

电视节目中的文化差异是一个非常抽象的研究课题，因此对于这个课题的研究在起步阶段需要首先对电视节目中文化差异的类型进行归类和系统化，这也是这次定性研究的最主要目的所在。此次研究选择了电视观众采访作为研究方法，原因在于，只有通过这种和观众直接面对面交流的方法才能真正了解观众对文化差异的看法。需要指出的是，在这个定性研究中被采访者的数量有限，因此研究结果一方面不能保证各种文化差异类型的完整性，也就是说不能保证所有文化差异的种类在研究结果中都被归纳，另一方面研究结果的代表性也不能得到保证，也就是说并不是所有类型观众的看法都能被顾及。

这次定性研究一共由三个阶段组成：准备阶段、实施阶段和分析阶段。

准备阶段的主要任务是确定重要的定义，研究对象，研究问题，拟定采访提纲，以及确定抽样城市。采访提纲的结构也是根据三个核心研究问题而制定的：第一部分的问题是关于观众对国外电视节目（包括电视台播放的，从网上下载的以及在线收看的外国电视节目）的收看情况，帮助被采访者回忆他们曾经观看过的外国电视节目；第二部分的问题是，他们可以感觉到哪些文化差异；最后的问题是，他们在何种程度上可以接受文化差异。进行观众采访的五个抽样城市分别是北京作为政治中心，上海作为经济中心，广州作为对外贸易港口城市，南京作为沿海地区的文化古都，以及西安作为内陆的文化古都。因为这五个城市具有不同的社会职能，不同的经济文化开放程度以及不同的传媒市场开放程度等，因此这五个城市的观众也可能会对这些研究问题有不同的看法。

在实施阶段中，采访者会根据采访提纲对电视观众提出问题，这个采访提纲保证了在最后作采访分析时有一个统一的框架去对比和总结观众的观点。作者首先把采访提纲与5个不同类型的观众作了测试，并且根据测试中所出现的漏洞将采访提纲进行了优化，以保证作正式采访时，提纲不需要做大的修改。测试完后，作者先后在五个抽样城市一共对36个不同性别、年龄、职业、受教育程度的观众作了采访，采访内容被作为声音资料记录在录音笔里。

在最后的分析阶段中，所有的声音资料被转换成文字资料；所有的采访内容首先被拆解成很小的分析单元，然后根据内容的类似性归类，接着对归过类的内容作进一步的选择、概括、抽象和分析，最后总结出一个中外电视节目之间文化差异的目录。

三

这次定性研究最主要的研究成果是一个关于中外电视节目之间文化差异类型的分类目录（见表1）。目录中所有的文化差异首先被分成两大类："和电视节目类型有关的文化差异"，即各种电视节目类型所特有的文化差异，这些文化差异会进一步根据电视节目类型分类，比如电影、电视剧、体育节目、纪录片、娱乐、新闻和音乐节目；"和电视节目类型无关的文化差异"，即所有电视节目类型所共有的文化差异，包括语言差异、生活方式、价值观及教育方式的差异。

第一大类的文化差异是各种电视节目类型所特有的。从表1中可以看出，中外电影电视剧中的文化差异主要包括了人物、声音和剧情三方面的差异。

电影和电视剧中的人物个性类型常常会带有文化色彩，比如佐罗是一个带有传奇色彩的美国英雄形象，而孙悟空是一个中国传统文化中带有神化色彩的人物形象，雷锋则是一个现实生活中学习榜样的形象。这些电影电视剧中的人物都是社会和文化发展的产物。他们是和观众的经验、想象、情感联系在一起的，同时观众也会在某种程度上习惯用人物来阐述某

部电影或者电视剧，甚至把这些人物和自己的生活联系在一起。因此，电

表1   **中外电视节目之间文化差异类型分类**

文化差异类型1（和电视节目类型有关）		
电影/ 电视剧	人物	外表（脸、身材、着装、化装），个性（表情动作、开放直接性），审美观
	声音	背景音乐或主题曲的风格、人声、音效
	剧情	题材、结构和逻辑、虚构性、生活贴近性、想象力
体育节目		主持解说的风格、受欢迎的体育类型、体育文化、体育节目的商业化
纪录片		题材、主观性和客观性、阐述的明确性和委婉性、看待问题的出发点和角度、叙述主线的清晰性
娱乐节目		娱乐主题、游戏规则、参与者的个性、主持风格（开放自由度）
新闻节目	主持人	外表（脸、身材、着装），个性（表情动作、开放直接性）
	评论	开放自由度、主观性和客观性、看待问题的出发点和角度、批评性
	话题	多样性、敏感性
音乐节目		音乐风格、音乐质量、音乐题材（爱情、自然、环保、和平）
文化差异类型2（和电视节目类型无关）		
语言		配音的声音和情感、画面和配音的和谐性、语言中的幽默、语义
生活方式		生活习惯、风俗、仪式（婚礼）、生活环境（居家、邻里、公共场所）
价值观	个人观	自由开放性、个人主义和集体主义、对权力及社会地位和竞争的意识
	家庭观	自我为中心和家庭为中心、家庭成员关系的紧密性
	宗教观	宗教的意义和重要性、宗教仪式
	道德观	道德的定义和衡量标准、自由开放性
	国家观	爱国主义
	社会观	自由民主平等、社会责任、对其他国家和民族的尊重
教育方法		独立性和自由性、想象力及创造力的培养、长幼间的平等性、对孩子的要求

图表来源：作者制作。

影和电视剧中的人物源于某个文化环境，同时观众也是在某个文化环境中去感受人物。一些观众认为外国电影电视剧中的人物形象和个性，与中国的相比有明显的差异，比如着装、化装等外表的差异，动作表情以及感情表达方式等外在行为的差异，对美丑的判断标准的差异等等。而中外电影电视剧音乐方面的差异，在中国观众看来，却没有人物的差异那么明显。

中外电影电视剧剧情的题材，结构和逻辑也会有文化差别。有些观众认为中国电影电视剧的题材很多是关于历史和社会问题的，而国外电影电视剧的题材则更现代、前卫一些，比如关于科幻或高科技的题材。还有些人认为国外电影电视剧的剧情更虚构，想象力更丰富，因此和日常生活关系不大。与此相反，国内电影电视剧的题材更贴近生活，内容更容易被国内观众理解，尤其是爱情题材的电影电视剧，一些中国观众更倾向于看国内的。

典型的外国体育节目有 NBA、五大联赛、《万宝路体育世界》等等。有些观众认为国外的体育节目和国内的相比更商业化，其中体现的体育文化也更鲜明，比如 NBA 篮球文化。对同一个体育赛事的解说，国外的比国内的批评性更明显。体育节目中受欢迎的体育种类也有区别，比如外国体育节目中比较常见的拳击、摔跤、高尔夫、赛车等，在中国体育节目中就非常少见。

外国纪录片比如《探索发现》、《国家地理杂志》在中国观众中的知名度比较高。中外纪录片中最重要的文化差异是客观性和主观性的程度，以及不同的分析阐述问题的出发点和角度。比如一个观众说，同样是关于中国古代四大发明的题材，国外和国内制作的纪录片，看待和分析问题的角度以及叙述的主线完全不一样。一些观众认为国外纪录片所反映的负面的或者是批评性的内容要比国内的纪录片多一些，尤其是在一些有关人物传记的纪录片中。国外纪录片中的叙述风格更直接，而国内的则相对委婉些。

在中国知名度比较高的外国娱乐节目有《超级变变变》和《幸存者》。在娱乐节目这类非虚构类节目中，主持人常常是个不可缺少的因素，他们需要起到一个连接节目内容和电视机前观众的作用。他们需要给观众交代背景信息，引导节目流程，带动现场气氛等等。主持，往往会带有主观的因素，比如主持人的观点、个性、表达风格等等。因此，一个在国外非常受欢迎的主持人，有可能完全不能被中国观众所接受。有些中国观众认为，国外节目中的主持人个性比较鲜明，他们表达观点更开放自由，看起来更轻松随意一些。相比而言，中国的主持人相对保守、严肃，更注意自己的言行和仪表。除了主持人的差异以外，中外娱乐节目中的娱乐主题、游戏规则、参与者的个性也会有或多或少的差异。

在外国的新闻节目中，比如 CNN 和 BBC 的新闻节目，除了与上述娱乐节目类似的主持人的差异以外，还有一些新闻节目所特有的文化差异。比如国外新闻节目中的评论，相对开放自由，批评性更强，他们看待问题的出发点和角度也和国内的新闻节目不太一样。还有一些观众认为，国外新闻的话题和国内的相比更丰富多样，更多地触及敏感话题。

以上总结的是各种电视节目类型各自所特有的文化差异。接下来总结的是所有电视节目类型所共有的文化差异，主要包含了四个方面：语言、生活方式、价值观和教育方式。

语言作为一个电视节目元素的重要性是无可争议的，因为在绝大多数情况下只有画面和语言的结合才能最佳地表达电视内容。如果没有语言去阐释画面，观众有可能不能完全理解电视节目的内容。语言和文化息息相关，每种语言都是一种独特的看待和理解世界的方法和角度。而翻译的主要任务是将某种语言，在另一种语言中找到形式和内容上的一个平衡点。但是因为不同语言中的词汇来源于不同的社会文化环境，事实上只有很少数的词汇在另一种语言中可以有完全相对应的词汇。好的翻译不仅要求翻译人员良好的外语功底，而且需要他们对这种文化的深入理解。

采访中，有些观众完全感觉不到原声语言和翻译语言之间的差异，与此相反，另一些观众觉得他们之间的差异非常大，比如原声语言中的原意、幽默、暗示都会因为翻译或多或少地改变。一些中国观众只会观看配过音的外国电视节目，因为他们不能很好地理解外语或者不愿意看字幕。而另一些观众只想看原声的外国电视节目，因为他们更喜欢原汁原味的语言，而且有时候外国的画面和中国的配音不太和谐，原声中的情感也可能会因为配音而消失或改变。

和某种文化相关的特定的生活方式也是在文化长期的发展中逐步形成的，这种生活方式对于这种文化的成员来说也是一种文化身份的标志。一些观众觉得，中外电视节目中所表现出来的日常生活习惯（问候、做饭、聚会），生活环境（邻里关系、居家环境、公共场所）以及传统风俗和礼仪（婚礼、节日）等都有很明显的差别。而另一些观众认为，生活方式的差异已经越来越小，比如在中国电视节目里也可以看到麦当劳、必胜客、星巴克咖啡的场景，这些场景已经和在国外电视节目中出现的类似场景没有太大区别。

和生活方式相比，中外电视节目中价值观的差异一般无法从电视画面中直接体现出来。价值观是用于衡量和评价事物及观点的某些标准，价值观决定了人们怎样去看待世界以及有怎样的行为。电视节目中的价值观，是被电视观众在他们的日常生活及其所处的社会文化环境中被感知和理解的，观众有可能会用从电视节目中所获得的价值观的原则去判断世界，并且以此检验自己的价值观。在采访中，个人观、家庭观、宗教观、道德伦理观以及国家社会观的差异比较明显。

一些中国观众觉得，外国电视节目中所表现出来的个人观，更以自我为中心。他们对权利，社会地位以及竞争的意识表现得更明显，尤其是在关于竞选题材的电视节目中。中国电视节目中表现出来的家庭观念比起外国的来说更加传统保守。中国人更注重家庭，家庭成员之间的关系相比而言更紧密，而外国电视节目中家庭成员之间的关系显得比较疏远冷淡。宗教观的差别尤其明显，很多的被采访者不太能理解外国电视节目中有关宗教的内容，甚至完全不能接受宗教内容。他们觉得，宗教是外国人生活中非常重要，而且是必不可少的一部分，因为外国节目中经常会出现教堂或者宗教仪式的场景。与此相反，中国电视节目中很少出现和宗教相关的内容。除了宗教观的差异外，有些观众认为，外国节目中的道德标准更开放自由，尤其是对暴力血腥内容的容忍度要明显高于国内节目。而国内电视节目中所反映出来的道德标准最主要是受到中国传统道德观念的影响，因此更严格保守一些。还有一些观众认为，中外电视节目中对爱国情感的表达方式不太一样，中国的比较直接，比如喊出爱国口号来直接表达爱国情感，而外国的比较含蓄些，比如通过国旗、音乐来间接的表达爱国情感。

中外电视节目中所表现出来的教育方式的差别也很明显，教育方式不仅包括了父母对孩子的教育，而且包括了上司对下司，教练对队员的教育方式等等。外国电视节目中所表现出来的教育方法更自由开放，比如父母对孩子的关注少一些，他们会用一种平等的方式和孩子交流，会鼓励孩子自己寻找解决问题的办法并且自己做出决定。而中国电视节目中所反映出来的教育方法，相对而言更加保守和传统，比如中国的父母对孩子的关注和保护更多，会为孩子做出更多的决定，孩子对父母的依赖也更强。

采访中，几乎所有的被采访者都能或多或少地感觉到中外电视节目之间的文化差异。而观众对文化差异大小的感知，一方面因差异的类型而异，比如音乐方面的差异就不太明显，而宗教方面的差异非常明显；另一方面因人而异，比如一些年轻的被采访者觉得中外电视节目中所表现出来的生活方式的差异很小，而一些年纪相对较大的被采访者却觉得生活方式的差异非常大。

电视观众对文化差异大小的感知程度与其接受程度并不一定是一致的，也就是说，有的观众可能觉得宗教的差异非常大，但是他却可以完全接受这些宗教的差异。在这次采访中，各种文化差异的接受程度几乎都会徘徊在"完全接受"到"完全不能接受"之间。一部分观众认为他们不能接受这些文化差异，主要是因为他们受中国传统文化的影响比较大，或者是自己对国外文化的了解很少。与此相反，一些观众能够完全或者基本上接受这些文化差异，因为他们在全球化的过程中，已经越来越多地了解到外国文化，一些外国文化也已经和中国文化逐步融合，因此文化差异也正在越变越小。有的观众甚至非常喜爱文化差异，因为他们想了解更多不同的文化。

通过采访分析还发现，观众的性别对文化差异的感知和接受并没有太大影响，而观众的年龄和居住城市对其影响就比较明显。年纪较大的观众主要还是观看国内的电视节目，外国节目几乎不看，因为他们觉得有很大的困难去理解和接受这些文化差异。与此相反，年纪较轻的观众观看的外国电视节目相对多一些，因为他们觉得比较容易接受这些文化差异。年龄大小造成了对文化差异的不同的接受程度，其中一个原因在于，中国文化有自己内在的逻辑和模式，中国观众的文化身份会在这种模式的影响之下逐渐形成。观众遵循中国文化模式的时间越长，自己所具备的中国文化身份就越明显，越不容易改变，以至于不再习惯用另外一种方式去看待同一件事情。不同城市的被采访者，对文化差异的感知和接受也有明显的差别。在广州几乎所有的被采访者，不论年纪大小，都认为自己可以完全接受各种各样的文化差异。而西安的被采访者或多或少的还是觉得，文化差异在某种程度上对于他们来说是一种文化障碍。而北京、上海和南京的被采访者的观点没有明显差别。

四

通过这次定性研究可以看出，在中国电视市场对外开放的 30 年后，中国观众对中外电视节目之间存在的各种类型文化差异的感知仍然非常明显。伴随着新中国成长的三代人，对文化差异有着不同的感知和接受程度。在中国电视观众对文化差异的感知越来越小的情况下，中国的电视节目应该如何将中国文化特有的元素保持下去，如何应对外国电视节目对中国的挑战，如何突破文化差异进入外国电视市场等等？都是非常值得探讨的问题。通过这次研究所总结归纳的中外电视节目之间文化差异分类的目录，可以成为探讨以上问题的一个基础框架，或者被用在对这个课题进一步的研究中，比如更大规模的量化研究，或者是对某一方面文化差异的更深入的研究中。

参考文献

1. Hoskin, C. Global television and film: an introduction to the economics of the business. Oxford: Clarendon Press, 1997.

2. Jandt, F. E. Intercultural communication. An introduction. California: SAGE, 1998.

"Cultural differences" in the intercultural communication of TV programs

——Cultural differences between the Chinese and foreign TV programs from the perspective of Chinese audiences

Friedrich-Schiller-UniversityJena（Germany）——

Feng, Zhuo（PhD Candidate）

Abstract：TV programs are cultural products and related with daily life closely. The intercultural TV programs are at first produced in a cultural environment of TV program producer and then understood and accepted in another cultural environment by the TV viewers. Today, 30 years after the China's Reform & Opening Up, what cultural differences between the Chinese and foreign TV programs can the Chinese TV viewers still recognize, and to what extent can they accept these cultural differences? To really understand the TV viewers' opinions, the author had travelled to five cities in China（Beijing, Shanghai, Guangzhou, Nanjing und Xi'An）and interviewed 36 Chinese TV viewers with different types. In the research results the different types of cultural differences will be summarized and categorized.

Key Words：Intercultural communication, cultural difference, foreign TV programs, television audience

（冯卓　Friedrich-Schiller-University Jena　Institut of Communication Science/ Media Economics　Ernst-Abbe-Platz 8, D - 07743 Jena, Germany）

地方国际频道发展之困境

——以江苏国际频道为实例

方振武

摘　要：地方国际频道作为特殊时期下的特殊产物，担负着从局部实现国家层面对外传播战略的重任。由此也决定了其公益性质，而与商业化运作无缘。在这样一种状况下，运营资金、目标受众以及节目内容三者构成了地方国际频道发展道路上不可回避之现实魔环，环环相扣，一方气弱，其他自然而然随之势败，对外传播效果自是无法脱身，进而影响国家层面对外传播战略的整体实现。对策的提出固然重要，但对当下地方国际频道发展所遇之问题产生的根源加以梳理及探讨的重要性更不可忽视。

关键词：地方国际频道　对外传播　传播效果

2004 年 10 月 1 日中国长城（美洲）平台（以下简称：长城平台）通过艾科斯塔直播卫星平台，19 个中国电视卫星频道首次通过这一平台在美国，即境外落地（长城平台，http：//www.gw-tv.cn）。由此为我国的对外传播活动提供了一个新的传播渠道，抑或为境外受众了解我国提供了一个新的渠道。然而，作为长城平台重要成员之一的各省级卫视国际频道现状如何，它们在具体的运营过程中遇到怎么样的问题，是否能够实现平台创立之初意在借这一平台达到预期的对外传播效果，这些都是值得探究的问题。

一 文献综述

目前国内地方国际频道的现状及面临的几个主要问题为：成立时间短，运作上经验缺乏；节目内容方面还处于整合阶段，针对性不足[①]；除面向长城平台其他兄弟台的竞争外，还需面临落地国本土电视频道的竞争[②③]；资金短缺，自我造血功能不足[④]；国内制作，海外播出，反馈低效[⑤]。除此之外，地方国际频道亦可能步国内各省级卫视频道的上星热之后所遭遇的重重困境，其中的一个突出问题便在于如何维持基本运作[⑥]。再者，地方国际频道亦承受着各方压力[⑦]：海外订户的压力；广告商的压力；媒体的压力；行业内竞争的压力。

对于如何有效改善地方国际频道之现状，差异化策略[⑧]，即实现节目化差异、服务化差异、促销化差异，成为一个可选择之方案；抑或，进行机制改革，打造电视对外传播的"航空母舰"、强化内容创新能力，增加中国议程设置能力、提高经济意识与市场意识[⑨]；再则是实现品牌战略[⑩]，即通过语言战略、内容战略，以及受众战略得以实现，而在具体的实施措施上则是通过改变传统观念，树立全球传播的意识、细分受众市场、提供精确的服务，以增加国际舆论引导力，扩大影响力；当然，加快对外传播的产业建设及人才的培养自是促进整个地方国际频道发展与建设的必不可少的重要环节[⑪]。需指出的是，程曼丽（2010）的观点只适用于国家级的

---

① 朱进萱：《地方台海外频道的差异化竞争战略》，《中国广播电视学刊》2008 年第 9 期。
② 同上。
③ 陈剑、刘小峥：《全球市场环境下江苏国际频道竞争策略》，《视听界》2005 年第 5 期。
④ 朱进萱：《地方台海外频道的差异化竞争战略》，《中国广播电视学刊》2008 年第 9 期。
⑤ 同上。
⑥ 姚岚：《论省级电视台国际频道的构建》，《新闻爱好者》2009 年第 7 期（下）。
⑦ 朱进萱：《地方台海外频道的差异化竞争战略》，《中国广播电视学刊》2008 年第 9 期。
⑧ 同上。
⑨ 张建敏、邹定宾：《中国电视对外传播的现状、问题及应对策略》，《当代电视》2008 年第 12 期。
⑩ 程曼丽：《中国电视对外传播的品牌战略》，《电视研究》2010 年第 3 期。
⑪ 王民娜：《破解电视对外传播的难题》，《声屏世界》2009 年第 11 期。

对外传播电视频道，即以央视外语频道为主体的对外传播电视频道，并不适用于地方国际频道，至少在当下和可预见的时间范围内。

总体而言，截至目前，有关地方国际频道的研究并不多见。既有文献大多基于理想状态下的地方国际频道的现状，即地方国际频道不缺少资金、不缺少市场、不缺少可播出的内容、不缺少目标受众等等，而从地方国际频道经营的真实现状层面的学理关怀则不多。虽有关怀地方国际频道的真实现状者，如朱进萱（2009）以浙江国际频道为蓝本而指出的地方国际频道所遇的问题，但仅是列举，却没有深刻探究这些问题产生的原因，这于寻求解决地方国际频道的发展来说是弊大于益，无法从根本上解决地方国际频道所遭遇的发展瓶颈问题。如前文所举，多数文献提的对策比分析为什么地方国际频道会遭遇发展瓶颈的问题多。忽视地方国际频道的真实现状，不从根本上探究地方国际频道发展瓶颈问题产生的根源，对其进行深入挖掘与梳理，而仅从理想状态探讨地方国际问题，提出解决对策，无论是从学理，还是从现实操作层面来讲，于地方国际频道健康的发展，及借其实现对外传播效果的目的都是弊多益少。

二 江苏国际频道的运营现状

作为平台成员之一的江苏国际频道于 2004 年，在江苏省委、省人民政府响应国家广电总局号召之下，由江苏省委、省人民政府出资创办成立。因此，长城平台的其他地方国际频道亦如江苏国际频道一般，都属于特定时期的特殊产物，并非是市场化运作下的自然产物。其创办之初的目的便在于，为江苏省提供一个对外宣传的窗口的同时，也为境外受众了解江苏省提供一个平台，从而从局部层面实现国家对外传播战略。

（一）江苏国际频道的定位

江苏国际频道定位于"投资中国，人文天下"，"高举'投资'和'文化'两面大旗，遵循'服务长江、服务社会、服务海外'的公益宗旨，以江苏快速发展的经济和源远流长的文化为切入点，以海外华人和关注中国发展的本土观众感兴趣的投资资讯、中国文化为主题,点面结合地展现江苏地区、'长江三角洲'和长江流域的经济、文化和民生状况,江苏国际频道正在为海内外的华人打造一个特色鲜明的华语频道"。①

(二) 江苏国际频道的发展历史

江苏国际频道,于 2005 年 2 月 1 日,随同"中国卫星电视长城(亚洲)平台"落地东南亚;2006 年 1 月 1 日,通过新西兰 TV China 公司在新西兰全境落地,至此,江苏国际频道进入大洋洲;2006 年 9 月 1 日,随同"中国卫星电视长城(欧洲)平台",利用 IP 电视网落地法国;2007 年 3 月,随同"中国卫星电视长城(加拿大)平台"覆盖加拿大;2007 年 10 月,通过台湾中华联合数位映像有限公司的 IPTV 平台向台湾用户免费播放;2008 年 1 月,随同"中国卫星电视长城(拉美)平台"落地拉美;2008 年 1 月,随同"中国卫星电视长城(美国)平台"在美国麒麟网络电视开播;2008 年 5 月,随同"中国卫星电视长城(亚洲)平台"在台湾天空网开播。目前,江苏国际频道已经覆盖亚洲、欧洲、北美洲、拉丁美洲、大洋洲的 18 个国家和地区的综合性华语国际频道。(引自江苏国际频道宣传资料)

(三) 江苏国际频道的节目内容

江苏国际频道目前播出的节目内容主要是由整合的形式实现,最初的节目内容主要来自江苏广电总台(集团)旗下各频道(含卫视)的节目,其后,牵头长江流域沿岸省市打造了"长江国际电视联盟"(以下简称联盟),联盟成员电视台向江苏国际频道提供片源,而江苏国际频道为联盟成员电视台提供播出平台,从而实现双赢。但总体而言,当下江苏国际频道的节目内容过于偏重人文,因而导致节目与节目之间同质化现象较为严重,这在后文中将有专门阐述。

---

① 江苏国际频道官方网站 [EB/OL],[2009 - 9 - 25] http://jic.jsbc.com/2008jsbc/tv/guoji/ggjy/197824.shtml。

三 江苏国际频道发展之瓶颈

（一）资金瓶颈

江苏国际频道由江苏省委、省人民政府一次性投资创办，其后则主要依靠频道自身寻求资金，以保证频道的基本运营，及实现江苏广电总台（集团）分派的创收任务。[①] 但如前文所述，江苏国际频道是特殊时期下的特殊产物，无论我们承认与否，它都是一个政治产物，其创办之目的便在于实现国家层面的对外传播目的，这一点便决定了江苏国际频道的公益性频道性质，而非商业化频道的性质。当然，这并非江苏国际频道遭遇资金瓶颈的主要原因所在。

关键在于，江苏国际频道是在国内制作，海外播出，整个频道在海外的收视率无法考察，由此造成了整个信息的不对称。虽然长城平台每个月会给出各平台成员电视台在各分平台上的点击量，但并不因此能等同于国内的收视率概念。[②] 因此，频道自身无法通过收视率来说服广告商在该频道上投放广告，相对其他国内的电视频道而言便少了广告这一项硬性收入，于是，整个频道要维持大多是依靠运作项目（注：项目主要是指举办各种大型的演出或晚会，江苏国际频道每年会制作各种项目申请书，向江苏省委宣传部申请专项资金，而江苏省委宣传部则根据项目申请书的内容及质量决定给予江苏国际频道数额不等的资金支持）的方式以获得资金，从而保证整个频道得以继续存在及维持基本的运作。

目前江苏国际频道为解决资金问题，意在能够在国内落地，从而实现可以考察的收视率，并以此为依据说服广告商在其频道上投放广告，进而实现广告收入[③]。江苏国际频道也已经通过与中国电信的合作，借由中国电信的 IPTV 在部分地区实现入户，但收视率如何，尚未有数据说明。这

---

① 朱进萱：《地方台海外频道的差异化竞争战略》，《中国广播电视学刊》2008 年第 9 期。
② 方振武：《江苏国际频道调研报告》，未出版。
③ 同上。

意味着，定位于国际市场的江苏国际频道无法在国际市场实现赢利，反而需要返回国内市场以寻求资金收入，从而维持其生存。这一点对于江苏国际频道的长远发展将弊多利少，因为，国内受众与国外受众毕竟是不同文化背景下的受众群体，对于节目内容的要求自然不同，如何有效兼顾两者是一个棘手的问题，更无须谈如何细化国外目标受众市场，从而提供精确的服务。如若不能有效处理好这两者之间的矛盾，江苏国际频道必然面临更为艰难的挑战。且，如果江苏国际频道回国寻求发展机遇，便不可避免地背离了频道创办之初衷，即成为江苏对外传播和境外受众了解江苏的一个窗口。而且，江苏国际频道亦会因此丧失自身的国际定位，而成为只是一个打着国际频道招牌的面向国内受众的普通频道，进而难以回归国际市场是不可避免之事。

（二）受众在哪儿

江苏国际频道的受众定位于海外华人。这样一种受众定位是否符合对外传播之目的在短期内自是无法断言好坏与否，且是否与其自身的频道定位相符都有待商榷，但必须指出的是，这样一种频道受众定位于长远角度而言自是益少的。尽管如此，了解其为何定位海外华人为自身节目受众才是本部分重点关注之所在。

以美国受众为例。江苏国际频道借由长城（美洲）平台实现落地，而在美洲落地后则是借由美国电视公司 ECHOSTAR 实现入户的。但江苏国际频道的这种落户并不是单个频道借由 ECHOSTAR 实现的入户，而是整个长城（美洲）平台上的所有中文节目打包入户。这些中文频道共包括以下 19 个频道：中国中央电视台中文国际频道（CCTV-4）、中国中央电视台英文国际频道（CCTV-9）、中国中央电视台西班牙语法语频道、中国中央电视台戏曲频道、中国中央电视台娱乐频道、中国电影频道、北京电视台、上海东方卫视、广东南方电视、江苏电视台国际频道、福建海峡电视台、湖南卫视、中国黄河电视台、凤凰卫视美洲台、凤凰卫视资讯台、亚洲电视本港台（美洲）、华夏电视台、浙江国际频道和厦门卫视。（长城平台官方网站，2009）只要受众购买了这个节目包，那么便可成为这个包中所有频道的受众，但究竟有多少人是这个包中特定频道的具体受众则难以考察。

但通过电话和网络反馈等形式，基本可以确定的是，目前江苏国际频道在海外的受众主要集中于第一、二代海外移民，而这其中又以年龄在40岁以上的，低文化层次的女性受众为主体。[①] 而第三代年轻移民及频道落地的当地本土受众却几乎没有，至少尚未收到这些受众的反馈信息。[②] 而且通过江苏国际频道长江联盟的内部刊物《长江月报》中刊载的受众来信一栏中的反馈信息亦可看出，目前这些对频道进行了反馈的又多是中国内地通过 IPTV 或其他形式收看到江苏国际频道的受众。由此，江苏国际频道的受众到底在哪儿，是一个需慎重而仔细思考的问题。

（三）节目内容瓶颈

节目内容是江苏国际频道最为重要的瓶颈所在，一个频道如想吸引足量的受众，并在受众中产生足够的影响力，最终是要依托频道的节目内容来实现的，除此之外别无他法。而目前江苏国际频道的节目多是对江苏广电总台（集团）旗下的其他频道节目以及长江联盟成员电视台提供的片源进行的整合打包播出。这些节目的音频与字幕都是中文，因此这也在一定程度上限制了江苏国际频道的受众群。目前江苏国际频道唯一的一档全英文节目是 *Yangtse News*，是由江苏广电总台（集团）新闻部制作并提供的一档节目。该频道也曾尝试过在频道的节目当中注入更多的，能够实现国际对话的英文元素，例如在频道的宣传片中使用英文，或给部分节目配以英文字幕，但最终都因工作量太大，成本太高，加之受众依然局限于海外华人，所以最终放弃，而仅保留一档英语新闻节目。[③]

除此之外，江苏国际频道的节目内容目前整体偏向人文，节目与节目之间的同质化程度过高。例如，《江山览胜》、《长江视野》、《中国旅游》、《江南》等节目就是同质化相对较高的节目，而这些节目却要撑起每天8小时一轮的江苏国际频道节目内容的半壁江山。这样一种现状虽然

---

① 方振武：《江苏国际频道调研报告》，未出版。

② 同上。

③ 方振武：《江苏国际频道调研报告》，未出版。

满足了江苏国际频道"人文天下"的频道定位，但其"投资中国"的频道定位却无从可见。而这又得归结于资金的匮乏。

四 结 语

江苏国际频道所遇之问题中，部分是国内各地方国际频道的共性问题，部分也是其个性问题。但有一个问题却是不容争辩的共性问题所在，即目前国内缺乏在国际传媒领域具有与中国综合实力相对应的媒体。这体现在我们的母语非国际通用的英语上，而英语媒体的地位在当下已经成了不容争辩的强势存在。[1][2] 中国要与世界进行对话，实现为我国发展创造良好国际环境为最终目的的对外传播活动[3][4]，创办自己的英语媒体成了首选。而目前在创办英语媒体方面，我们却面临着资金、人才等多方面的困境，可谓举步维艰。作为地方重要对外传播窗口的地方国际频道将何去何从，如果继续存在，又将如何实现其最初的目的，是一个仍旧值得关照与反思的问题所在。

致谢：本文得以成文需感谢南京大学新闻与传播学院周凯副教授的引介，江苏国际频道总编助理吴女士的热情接待与配合。

（方振武 河海大学新闻传播系 江苏南京 211100）

① 郭可：《当代对外传播》，复旦大学出版社 2003 年版。
② 郭可：《国际传播学导论》，复旦大学出版社 2004 年版。
③ FANG Zhenwu. *China'Foreign Communication's Conceptual Framework & Implementation*. China Media Report Overseas. 2010, 6（1）：25 – 28.
④ 方振武：《对外传播中的搜索引擎——试论如何利用搜索引擎引导国际话语权》，第十一届中国传播学大会宣讲论文，2010 年。

中国近代广告的跨文化传播现象举隅

——洋货广告的"本土化执行"与国货广告的"全球化思考"

张 笑

摘　要：只要有不同文化背景的人们之间的交流，就有跨文化传播。而清朝末年开始的跨文化传播在中国历史上就曾留下过浓墨重彩的一笔。中国近代广告借助自身独有的表现手法成为中西方文化碰撞融合的例证。我们既可以看到洋货广告的"本土化执行"——洋货广告中融入大量中国民俗、历史文化精髓，并采用中国本土形象代言广告；又可以看到国货广告的"全球化思考"——国货广告中所反映出的西方文化元素的浸出以及西方文化对国货广告中女性形象的影响。

关键词：跨文化传播　中国近代广告　本土化执行　全球化思考

关于跨文化传播，爱德华·T. 霍尔在 1959 年出版的《无声的语言》中说，跨文化传播指的是不同文化人们之间的交流①。Larry A. 萨姆瓦尔等所著 *Communication Between Cultures* 一书是美国使用最为普遍的教科书之一，该书说"跨文化传播是交流双方文化感知和符号系统差异会改变

---

① E. T. Hall, The Silence Language, Greenwich, CT: Fawcett, 1959, p. 10.

交流结果的人们之间的交流"。① 纵观我国几千年的文化历史长河，惊涛拍岸卷起千堆雪的几乎都是跨文化传播形成的景象。这其中既有唐宋时期国力强盛，远航出访的主动交流；也有清末民国时期列强入侵，师夷长技的被动接受。既有随风潜入夜、润物细无声的文化融合，也有强势文化对弱势文化的攻城略地，其中有些弱势文化就在文化的历史长河中永远的消失了，当然也有弱势文化在外压下凝聚、反抗，产生凤凰涅槃似的更有生命力的新生文化。

从四大古文明中走来的中华文化，在其特有的地理环境和人文环境中延续至今，是中华民族经过长期的共同生活积淀而来的，它根植于民族心理中，更偏重于精神意识层面，不会轻易质变。很多国家或民族的传统文化、民族文化在这个平台上渗透融合，使中华文化具有了更强的包容性与整合性，渐渐演变成东方文化的大体系。所以，当鸦片战争爆发，西方列强用坚船利炮打开这扇古老的东方大门时，他们看到的是一种千年延续下来的古老文化，要想对我们的民族文化进行全盘西化是不可能的。为了寻求"共通的意义空间"，使洋货得到中国本土消费者的接受，西方国家采取了"本土化执行"的广告表现方式进行产品宣传。而随着文化的碰撞融合，中国的古老文明表现出了极强的自我更新能力，很多西方文化元素也出现在中国本土产品的广告中，这无疑体现了国货广告"全球化思考"的表现方式。

所谓"本土化执行、全球化思考"是现代跨文化传播的广告所采取的一种广告表现策略。意思是强调广告创意一定不能强加于人，因为每一个民族的生活方式、思维方式、对事物的认知与理解方式都不尽相同，由此形成了不同文化背景的各自特点。不同文化背景中的人们常常选择不同的符号或借代物来表达情感。因此，广告创意中既有文化融合"全球化"的意识，又有"入乡随俗"本土化运作的表现力。这样才能最大限度地吸引受众并与之达到良好沟通。② 而这一切在鸦片战争之后的清朝末期到民国时期的中国近代广告中都表现得淋漓尽致，下面我们就以具体案例来

① Larry A. Samovar, Richard E. Porter and Lisa A. Stefani, Communication Between Cultures, Third edition, Wadsworth Publishing Company, 1998, p. 48.

② 张浩达：《简明广告学实用教程》，北京大学出版社 2007 年版，第 152—153 页。

解读那段中西方文化融合碰撞的历史在老广告中的表现。

一 洋货广告的"本土化执行"——东方文化元素的运用

"本土化执行"具体到广告中就是要求跨文化传播的广告作品，在创意表现上注重结合广告投放地区的风土人情，尊重当地的民俗与文化，淡化母国的文化色彩，运用本土化的视听元素传播广告形象，使品牌更具亲和力，更利于跨地域推广。

1840 年中国古老的大门被打开，西方列强将大量产品推向中国市场，一时间外国产品也就是我们俗称的"洋货"，充斥了老百姓的生活。很多洋商人看到中国 4 万万人口的大市场都很兴奋，认为会赚得盆满钵满。可是中国千年的东方传统文化却成为一堵墙，阻碍着西方列强的经济侵略。有个笑话很好地反映了当时西方列强的尴尬状态：有个卖睡帽的商人看到中国这个大市场心中暗喜，每个中国人即使只买一顶睡帽他也能赚大钱。可是当他从英国运来几船的睡帽时，却一顶也卖不出去。试想，哪个中国普通百姓会在晚上睡觉的时候头上顶一个白色帽子呀！东方文化中的白袍白帽只有在丧葬守孝的时候才会出现。所以，为了让广大百姓接受西方产品，洋货广告进行了本土化运作，增加了东方文化的元素，东西方文化首先在洋货广告中进行碰撞与融合。

（一）洋货广告中融入中国的传统民俗

信息传播双方的共通的意义空间是实现传播效果最大化的必备要素。只有理解并尊重中国人的情感、习俗、禁忌与习惯，才能保证广告起到宣传产品、塑造品牌的作用。这就要求进入中国市场的洋货广告充分考虑不同的文化符号在东西方文化语境下不同的象征意义。如英美烟公司的"海盗"牌香烟广告即历经了以欧洲为中心到以中国为中心的创意嬗变。海盗，在西方文化中并不是一个猥琐负面的形象。由于欧洲国家都有海洋文化的历史传统，所以海盗形象有时候甚至代表了开拓、冒险、勇敢、自由等文化概念。因此，英国的"海盗"牌香烟广告的画面上呈现的是一个彪悍威猛的持刀海盗，他站在装备炮火的甲板上俨然一副掠夺者的面孔，上方是英语 PIRATE——"海盗"或"强盗"。在西方文化的语境中，这个图像能提供自由、力量与智慧的寓意。而中国文化崇尚道德仁义，海盗的图像非但不能提供正面的象征意义，反倒引起了许多国人的反感。于是"海盗"牌香烟更名为"老刀牌"（如图 1），船上的火炮改成铁箱，帽子上的海盗标记和嘴上的胡子都一一作了修饰，手中的大刀也改成古

图 1

代的老刀。把一个杀气腾腾的海盗，改变成一个做生意的商人。①

此后英美烟公司尽可能修改、调整西方广告中任何因文化差异而在中国可能会被认为是冒犯的细节，增加中国本土文化、民俗文化中的元素，设计了形象生动富有创意的"老刀牌"香烟画片，增加了广告创意中常用的 3B 元素（baby、beauty、beast）——着装和发型都极具本土特色的男孩和古代仕女以及中国传统文化中最出名的猴子孙悟空（如图 2、图 3、图 4）。至此"老刀牌"香烟才以东方文化的面貌变成家喻户晓的知名香烟品牌。

图 2

① 王丽萍：《中国近代广告之特色——以香烟为例》，《时代经贸》2006 年第 4 卷总第 49 期。

图3

图4

（二）洋货广告中融入中国的历史文化精髓

赠品广告是现代广告常用的促销手段之一，而在中国近代广告中，这种方式也被广泛应用，那就是为促销香烟而放在烟盒内的"洋画片"广告。20世纪早期欧美许多烟草公司将在国外印制的欧洲油画及风景画配以商品广告作为广告宣传品赠送给经销商和消费者，但中国消费者的文化审美同西方有很大差别，对西方绘画艺术更是不够了解，所以广告的促销效果甚微。后来外国烟草公司将随产品附赠的画片广告的内容修改为具有极为浓郁的东方文化特征的传统故事、古代名人将相、历代传奇女子等，内容和形式都符合中国消费者的审美文化及情感认同。经过与本土文化相结合的大力宣传，融入了传统文化的"洋画片"已然成为当时最受欢迎的画种之一。

图5

如图 5 的"老刀牌"香烟的"洋画片"广告就承载了很多具有中国文化精髓的名言警句及传统文化中最朴实的处世哲学,如:不入虎穴不得虎子、只要用心读何愁书不熟、大鱼不来小鱼来、田家自有乐、秤平斗满不唬人、牡丹虽好绿叶扶、水有源头木有根、早起三日当一工、良禽择木而栖等。这些饱含东方智慧的名言警句在宣传了中国传统文化的同时,也树立了外国香烟的品牌形象,使其更具有本土文化的亲和力。

(三) 洋货广告选用中国本土形象做代言

广告语、广告代言人及商标 logo 是广告信息的核心要素,对产品形象、品牌价值的塑造具有巨大作用。一般来说,广告核心要素已经确立基本沿用多年不做改变。如麦斯威尔咖啡的"滴滴香浓意犹未尽"、耐克的"just do it"、万宝路的牛仔形象等。但是当品牌进行跨文化传播的时候,广告就要进行"本土化执行"策略,在广告语、广告标识、广告代言人中融入具有地方特色的文化元素,从而达到品牌的全球化传播效果。如 lux 翻译为力士、lactogen 代乳粉翻译为勒吐精代乳粉、Coca Cola 翻译为可口可乐。

民国时期的很多洋货广告不但在广告语上贴近中国文化,而且选择中国形象作为其广告代言人,使洋品牌变得更本土化、更贴近普通百姓。例如"力士",在中国发布的广告采用中国本土明星胡蝶做代言人,增加广告的亲和力,使"力士"这一品牌随着上海滩上家喻户晓的大明星走进

图 6 胡蝶代言的力士香皂广告

千家万户 (如图 6)。甚至像可口可乐这样体现美国精神的品牌,在进入中国市场的时候,都选取代表民国时期时尚流行审美特征的中国女性做代言人 (如图 7)。而日本千代洋行的广告更是选用具有中国清末民初时期的女性来做形象宣传,发髻、头帘、罗裙、夹袄坎肩,都透露着东方文化的特点,体现了外国品牌进入中国的本土化运作过程。(如图 8)。

图7　由本土化新女性形象代言的
可口可乐广告

图8　千代洋行广告

二　国货广告的"全球化思考"——
东西方文化的融合

　　几百年闭关锁国的清朝历史几乎把中国排除在经济、文化全球化发展的局面之外。难怪晚清进步名士龚自珍在得取功名之后还发出"何敢自矜医国手，药方只贩古时丹"的感慨。但是从洋务运动到五四时期文化观念的变革，就像一场巨大的暴风骤雨洗刷着古老的中国。被迫卷进这场欧风美雨的中国诞生了许多有识之士，他们宣传世界先进思想文化，打开了中国人的视野；他们开创民族工业，亲身践行着"实业强国"的理念。就在文化和经济都得到全球化发展的条件下，国货广告也在"全球化思考"下寻求新的发展方向。无论是创意运用的表现元素还是传播的思想内涵都与世界先进文化接轨，一时间体现东西方文化融合的佳作比比皆是。

（一）从国货广告看西方文化元素的浸出

　　战争虽然会带来人力物力的耗散以及战败国人民巨大的心理痛苦，但是战争无疑也是文化融合的巨大推动器。民国时期本土工商业迎来了一个短暂而辉煌的黄金发展阶段，很多民族企业在广告宣传上都运用了西方文化元素，和西方市场直接接轨，极具跨文化广告传播特征，体现了当时社会中西方文化融合的状况。如图9，就是上海美光印染厂的广告，该厂属于公私合营性质，投产于民国二十七年（1938），是一家中小型染织厂。这则广告大胆借用美国标志性建筑"自由女神像"来进行广告宣传。从大远景的角度展示自由女神像，使得受众视角专注于女神像整体而不会被面部细节分散注意力。画面整体色调平淡正好使得自由女神身上的红袍格外抢眼，而这鲜红的颜色正好体现了美光染织厂的高超技艺。没有太多的文字说明，既避免了牵强附

图9　上海美光染织厂广告

会，又使受众看后心领神会。广告整体布局简洁明了，诉求表现非常到位。一点不输于后世很多利用"自由女神像"这一元素进行创意表现的广告。这则广告案例是中西方文化融合的活例，很好地反映了当时本土的民族产业在广告表现上对西方文化元素的大胆运用。

（二）从国货广告看西方文化对中国女性的影响

"女子无才便是德"一直是中国儒家教育女子的名言古训，所以中国女人是不用学习不必读书的。"三寸金莲"是中国封建思想对女子身体禁锢的重要标志，"父母之命、媒妁之言"是禁锢封建社会女子的婚姻思想，从而限制女子与男子接触，也就是所谓的"男女授受不亲"。所以一谈起近代中国的女子，我们想到的就是穿着大襟旗袍、裹着小脚、不会读书写字、只能做些针线活计的形象。但是随着西方文化涌入中国，尤其是五四运动以后的女性解放思想的盛行，20世纪二三十年代国人的思想已经发生翻天覆地的变化，妇女解放运动轰轰烈烈地成为中西方文化融合的一个重要组成部分。而当时的老广告也针对女性解放思潮，在形式和内容上开展了自己特有的宣传方式——年画广告。某些早期的年画广告中的美女形象还保留着晚清的妆容特征，但是随着时代的变迁、文化的融合，更

多的美女年画广告已经在潜移默化地向当时的消费者宣传女性解放思想了：提倡放足、男女自由交往、知识女性、中西合璧的服饰等。于是，这些进步思想就伴随着烟草、药品、布匹、日化用品的广告出现在了广大中国人的日常生活中。

如图10、图11，分别是奉天太阳烟和元新染织厂的年画广告，广告中女性的服饰融入大量的西方文化元素，蕾丝花边、丝质手套、露臂长裙等等，虽然和当时欧美上流贵妇的服饰有所区别但已然是中西文化合璧的产物，将简约了的洛可可式裙装与中国的旗袍样式完美结合。这样的年画广告让中国消费者耳目一新，在推销产品之余也将流行风尚推广到千家万户，引得名媛淑女竞相模仿。

图10 奉天太阳烟广告   图11 元新染织厂年画广告

而图12、图13两幅年画广告，不但在女性服装发型上表现出了中西文化融合的特征，更为我们展示了国货广告在推广新思想新观念方面的功效。图12展示的交际舞场面体现了民国新时期的女性生活中更为丰富的内容，与大门不出二门不迈、锁在深闺人不识的封建小姐形象形成极大反差，打破了"男女授受不亲"的封建礼教的约束，鼓励女性社交自由。图13中展示的母亲，旗袍烫发非常时尚，怀抱女孩手拿《家庭生活私要》。这一场景反映了当时社会鼓励女性读书识字，倡导科学生活的先进理念。这些代表着民主、自由、进步的新女性形象都成为西方先进文化与中国古老的东方文化相互融合的有力证明。

图12　宣传自由交往

图13　提倡科学生活

三　结　语

在我国近代史中，东西方文化不是在和谐自然的气氛下渐渐融合完善的，那段屈辱悲怆的历史向国人昭示了强势文化对弱势文化的消融异化以及弱势文化的挣扎反抗。用屈辱的条约和祖辈的河山换来的一朝安寝，让民族工商业有了一个难得的发展时机。可以说就是那时，中西方文化碰撞的火花照亮了中国近代的老广告，虽然短暂，但也辉煌。而这短短三四十年的老广告，也让我们看到了中西方文化碰撞中融合的历史轨迹。但是一旦入侵的列强撕去伪善的面具，对中国进行殖民瓜分时，东方文化又会发挥"维模功能"，维护古老的民族文化模式，断然拒绝即使是代表先进方向的西方文化的融入。表现在老广告中，就是爱国主义文化对西方文化的反抗。可见，文化的良性融合发展与稳定祥和的社会环境密切相关，同样是走出国门的全球化过程，晚清民国的被迫与新中国改革开放的主动绝对是两种不同的境遇与结局。鉴古明今，和谐稳定的社会环境以及开放互利的全球关系正是我们进行跨文化传播的有利条件，博采众家之长，发展弘扬中国文化正是当前每个中国人的第一要务。

Communication between cultures in the modern advertising of china

—— "act locally" in advertising of alien products and "think globally" in advertising of domestic products

Abstract: Wherever there is communication between people who has the different cultural background, there is communication between cultures. In chinese history. the high-intensity communication between cultures is set in the end of qing dynasty. The modern advertising with its particular techniques of expression became an example of the conflict and convergence between Chinese culture and Western culture. Here both has "act locally" in advertising of alien products and has "think globally" in advertising of domestic products.

Key Words: communication between cultures, the modern advertising of china, act locally, think globally

（张笑　北京信息科技大学人文学院　北京　100192）

谷歌:数字传媒平台上的营销困境

沈春雷

摘　要: 2010 年一季度期间,谷歌高调宣布撤出中国内地市场的动作引起各方媒体的注意,甚至引发了中美两国政府对之的行为评判。之所以引起如此之大的关注,并不是因为谷歌是一个优秀的搜索引擎,而是因为它的巨大传媒意义。在国际资本的包装下,谷歌早已从纯粹 ISP 服务商转变为一个美式文化传播的跨平台 ICP。但民粹主义保护墙的普遍存在,注定它的传播不会一帆风顺。

关键词: 互联网　文化传播　文化安全

"古鸽是一种搜索隐禽……在中国濒临灭绝……在 20 世纪末至 21 世纪初的一段时间,它曾经遍布世界各地,但在 2010 年 3 月 23 日以后,该鸟类开始大规模往中国南部沿海的一个港口迁徙……",2010 年 3 月 27 日出版的《重庆晚报》刊登了含有上面内容的文章,用隐喻悼念的方式叹惜谷歌离开中国内地。2010 年 7 月 6 日,新华社又报道了谷歌正在申请 ICP 牌照年检的动作。这个"进退维谷"的"归去来",表现了传播扩张上的双重困境,而究其原因则是谷歌一相情愿的文化使命造成的。

一　美式强权文化的扩张阻力

谷歌经营的是文化传媒帝国,而不是单纯的搜索引擎技术。早在

2004 年 12 月 13 日晚其就曾宣布,该公司将与美国纽约公共图书馆以及哈佛大学、斯坦福大学、密歇根大学和牛津大学的图书馆合作,将这些著名图书馆的馆藏图书扫描制作成电子版放到网上供读者阅读。届时,谷歌将成为全球最大的网上图书馆,成为美国文化外扩的强力工具。但这只是谷歌庞大数字帝国计划中的一部分而已,市场对技术近乎神性式的膜拜使它的吸金计划从来没有被拒绝,源源不断的资金保障鼓舞着它的数字计划几乎无孔不入。

这种膨胀当然要受到由来已久的民粹主义文化力量的反抗。为了阻止美国强权文化的扩张,首先是法国国家图书馆拒绝了谷歌的合作计划,以避免法国文化被边缘化。其后,欧洲 19 家(奥地利、比利时、捷克、丹麦、爱沙尼亚、芬兰、法国、德国、希腊、匈牙利、意大利、立陶宛、卢森堡、荷兰、波兰、斯洛文尼亚、斯洛伐克、西班牙和瑞典)国家图书馆共同支持欧洲国家的文化自救行动,计划耗巨资将欧洲文学作品搬上互联网,以此来对抗谷歌的数字图书馆。

中国政府部门也非常明白文化传播的战略意义。现在的谷歌,在国际资本的重新包装下,已经是完全意义上的传媒平台,而非以前传统的搜索引擎。因此,在中国内地,它的传播行为受到多方监管:网络问题由工业和信息化部监管;内容问题由出版总署监管;娱乐问题由文化部和广电总局监管,再加之在扫黄打非的行动中,中国政府对互联网的管制更加有效、一些方面也更加激进,诸多的紧箍咒和一系列的事件造成其文化传播扩张的受挫,促使其开始反对中国政府的互联网审查制度。

文化主权和文化安全是任何一个民族主义政权国家都极力保护的对象,中国当然也不例外。不愿接受中国文化差异的谷歌,面对停止审查其中国搜索内容所带来的后果,先是在 2010 年 1 月 12 日"扬言退出中国",接着只能于 2010 年 3 月 23 日"真的"宣布将其在中国内地的主要搜索引擎服务转移,实际上是把传媒阵地撤退到了香港。

2006 年,当谷歌开通 Google. cn 网站时,申明遵守中国审查制度,尊重文化核心差异。这种态度对谷歌的市场经营产生了关键的推动作用。北京易观国际的数据显示,谷歌 2009 年前三个季度的中国搜索营收估计为 2.34 亿美元,较 2006 年增长约 10% 左右。有人把谷歌和百度分别比喻为"高速路边的广告牌"和"高速路中间的收费站",其褒贬之意不言而喻。

因此，到2010年第四季度为止，谷歌的市场份额已经升至35%，而正在安装新广告系统，推行国企垄断般手段而不断招致恶评的百度，其市场份额则下滑至58%。

不过，在市场对其态度做出正向反应之后，随着美国政府日益升高的反审查言论声调，鼓励了谷歌摆脱加在身上束缚的企图。于是，谷歌恳请美国政府部门将"内容审查"列为双边及多边贸易议程的"中心元素"，而奥巴马政府就互联网自由发表的一系列讲话中则或明或暗地支持了谷歌，这种致使贸易政治化的做法促使了纠纷发展至冲突。

在遭受中方强烈抵制后，谷歌的扩张无计可施，于是扬言要把纠纷中的相关中国部门告到世贸组织，但掂量再三之后最终还是放弃了。因为除了世贸组织2009年做出最终裁决的美国对中国提起的一宗版权申诉中，已经确认中国的审查并未违反任何WTO规定的案例警告外，他们还深深明白，以受歧视为由的任何申诉，都不太可能成功——中国公司在海外的贸易行为通常要遭受到比外国公司更严格的制约，遭遇更多的不公平待遇，真正的是"打落牙齿和血吞"。因此，完全可以预料如果谷歌提起申诉将得到什么样的裁决以及中国将会产生什么反应：那只能是以更加坚决的抵制来回答，而非妥协于受到的要挟。

谷歌求助于奥巴马政府，还企图联络其他的美国商业巨头响应自己的号召，一起联手对中国市场施加压力。但结果却是，谷歌在1月份发布声明几小时后，深谙中国内地市场运行规律的微软首席执行官史蒂夫·鲍尔默就明确将此事定性为"谷歌问题"（英语含意即为"责任在谷歌方面的事件"）。一方面商业伙伴没有响应，另一方面以"互联网自由"全球辩论动作的商业作秀也并没有成功移开美国政府对于中国在"台湾、西藏以及贸易盈余关系"上的关注，基本上等于双输。

中国只欢迎带来丰富的市场元素，而以自由竞争为幌子的文化移植和输入，则肯定要想方设法加以过滤。

二 市场中遭受的群起而攻

谷歌的数字帝国计划同样也引起了市场同行的警惕和不满。虽然之前的腾讯（TenCent）已于2009年、Tom在线（Tom Online）于2010年3月分别宣布停止与谷歌的合作以推出自己的市场计划的动作，显示了谷歌在中国市场推进过程中遇到的围击阻力，但在中国政府表示明确反对将贸易政治化以后，谷歌的政治营销开始致其快速丢失市场份额。已经有金融分析师预计2010年谷歌在大陆最大的竞争对手百度的市场份额将从2009年的57%增长至59%。

北京易观国际（Analysys International）的数据显示，对审查内容没有任何异议并完全遵照执行的中国本土搜索网站百度，2006年同期的市场份额为50%。在2010年前三个季度平均占据中国付费搜索市场62%的份额。虽然谷歌原来的份额达到30%，但2010年第一季度却下降至13%，①如下图：

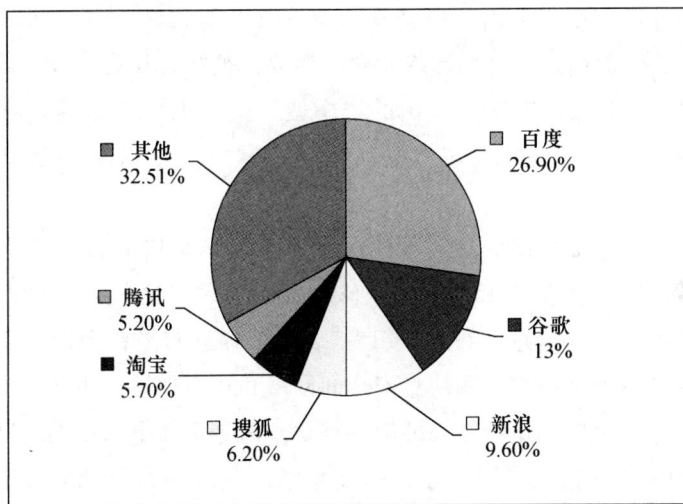

2010年中国互联网第一季度广告运营商市场份额

数据来源：易观国际 Enfodesk。

不仅在中国内地如此，国际上的谷歌也并非顺风顺水。传媒巨头鲁珀

---

① 作者不详，2010年中国互联网第一季度广告运营商市场份额，[N/OL]，易观国际，(2010－04－15)[2010－07－01]，http：//www.analysys.com.cn/list.php? cid＝1208&p＝4。

特·默多克已经开始采取一系列措施来阻止谷歌链接他旗下报纸的内容。报媒大部分出版商眼下一般都通过网上提供免费内容来获得更多的网络受众，以弥补发行订阅方面的收入不足。最常用的做法是通过在搜索引擎排名和新闻聚合器上获得更靠前的排序来获取市场地位。默多克的旗舰报纸《华尔街日报》网站约23%的流量是通过谷歌吸引来的。

然而，搜索引擎带来的流量只对营销具有一定的宣传价值，但却不能为发行商带来真金白银的丰厚收入。原因在于随机点击产生的有效阅读行为太低，当然就会导致网络广告带来的收益不断下降。

这就使出版商们明确认识到，单纯依靠谷歌获得的订阅收入和广告收入无法让他们产生在数字革命浪潮面前能拥有的安全感。因为链接经济的效应，谷歌不仅白白享受了大量报媒带来的利益，甚至逐渐建立网络报媒阅读的垄断平台。鲁珀特·默多克为改变互联网经济的版图，指挥新闻集团与微软进行洽谈，转而支持微软的新搜索引擎"必应（Bing）"。另一家搜索巨头雅虎当然也发出针锋相对的挑战，拒绝其收购建议。这些都阻止了谷歌一家独大的态势。中国的"中搜"更是提出"超越谷歌"的口号，虽然只是中文搜索领域，但其精确搜索技术足以对谷歌形成正面挑战。

谷歌逼迫对手参加的是一场懦夫博弈，目标是树立自己"人类知识领域数字化的代言人"形象，将全球所有信息数字化并编入自己的索引机器中，做"全球信息的有效组织者"，从而建立跨平台垄断系统。但中国旨在建立一个保护文化和信息安全的网络和竞争性搜索市场，不可能任由谷歌传媒平台在文化传播中的鲸吞蚕食。两重责任下，虽然谷歌占据了约70%的非中文搜索查询（正因为互联网的非市场竞争和免费使用内容造就了搜索引擎的这种强势）。但在中国这个市场上却遇到了让它退却的阻力。

三　结　语

谷歌2006年1月在中国推出本地顶级域名Google.cn时，由于缺乏符合本土使用者的习惯支持，更重要的是缺少百度提供的音乐搜索等娱乐功能，该网站当时并没有引起中国网络用户的特别关注，特别是在青少年用户当中缺少口碑。但在接下来的 4 年当中，它通过 300 多名工程师的不断努力，已经推出了 40 多种针对中国内地市场的产品与服务，包括整合搜索（Universal Search）、谷歌地图（Google Maps）、音乐（Google music）、购物（Google shopping）、生活搜索（Life Search）、语言工具（Language tools）、Gmail 邮箱、学术搜寻（Google Scholar）、Chrome 浏览器、谷歌工具栏（Toolbar）以及 Picasa 图片服务等。2009 年 3 月更是投巨资与中国本地音乐网站巨鲸音乐网（Top100. cn）进行合作，开发基于谷歌手机操作系统 Android 的音乐产品，并提供免费但合法的音乐搜索服务。

这些努力让谷歌建立了一个完全可以在中国本土市场稳稳站住脚的大型传媒平台，在"不作恶"（Don't be evil）口号的宣扬中，市场支持率不断上升，口碑日趋向上。其本地广告产品开发工程师团队提供的 AdWords 服务拥有数千名合作伙伴，仅 AdSense 项目，在中国的合作伙伴就近十万余名。根据北京易观国际（Analysys）的数据，截至 2009 年年底，谷歌在中国搜索广告收入市场中所占的份额已升至 35%。

但这些成绩，由于它受到国际资本眷顾，从搜索技术转换角色一跃变为巨大跨平台传媒而背负文化扩张使命，却不得不在民族主义保护面前收手停脚而失去。

的确，谷歌的技术很有优势，中国的市场也很大，但中国目前只想要优质的市场元素。况且中国的市场目前又处于权力经济的市场阶段。就现阶段而言，跨文化企业进入这个市场的前提是尊重文化核心利益（或者还要包括租借权力在内），放弃文化殖民，而不是在国际资本撑腰下的以自由竞争为招牌的文化嫁接。

虽然如本文开头所写，有部分用户对谷歌的搬家表现了一定的同情，但其撤出之后的民间一般反应如何？反应正如 3 月 18 日《环球时报》报道中指出的，在两万名受访者中有 87% 的人回答说："不遵循中国的规矩，撤走是不可避免的。"日本公司新秦调查网（Searchina）3 月 23—24 日进行了题为"谷歌的撤走对你的生活有没有影响？"的问卷调查，其结果也显示，561 名受访者中 33.69% 回答说"几乎没有影响"，只有 17.11% 说"有影响"。最近进行的检索引擎在中国的贡献度调查也显示，百度占 80%，而谷歌只有 10%。可见世界最大的检索引擎谷歌在中国的文化输入，其成绩是如此的无足轻重。

Marketing dilemma on digital media platform of Google

Abstract: During the first quarter of 2010, Google announced a high-profile to withdraw from the Chinese mainland market and this behavior give rise to medias attention, even including governments both china and U. S. A. The reason why did this is not because google a excellent search engine, but it's huge significance of the media. Under the packaging in the international capital, google has been changed from a ISP to a ICP, cross-platform of American culture spread. However, the widespread populism protection apron will prevent the spreading from Smooth sailing.

Key Words: internet, culture-communication, culture-security

（沈春雷　北京信息科技大学人文学院　北京　100192）

跨文化传播视域中的"小华语"电影

——浅析 2009 年以来的两岸三地合拍影事

丁　宁

　　摘　要：2009 年以来，为了繁荣电影市场，同时获取更多利益，两岸三地合拍影事逐渐演变成一个"内地化"过程，三地电影原本多元异质的文化属性在合拍中渐趋模糊。紧盯内地市场的合拍片难以跻进国际市场，缺乏国际竞争力，在跨文化传播的道路上踯躅不前，"大华语"电影难免沦为"小华语"电影。如何在跨文化传播的过程中真正展示"大华语"电影的文化魅力与魄力，值得深思。

　　关键词：华语电影　合拍　跨文化传播　明星

　　2009 年，《十月围城》、《赤壁（下）》、《花木兰》、《刺陵》、《大内密探灵灵狗》等影片将两岸三地合拍片推向了又一个高潮，港台电影人才的内流也成为一个愈演愈烈的趋势。在合拍热潮中，三地影人紧盯内地市场，力争在激烈的票房争斗中分得一杯羹，这也使三地合拍片彰显出喧嚣聒噪的功利本色。

　　2003 年 CEPA（关于建立更紧密经贸关系的安排）签署后，内地与香港的合拍片促使两岸三地合拍片进入了一个全新阶段，《十面埋伏》、《无极》、《天下无贼》、《夜宴》、《墨攻》、《投名状》、《赤壁》、《叶问》、《十月围城》等一批极具"高概念"电影特色的影片使"华语大片"成为华语电影的关键词。业界和学界共同建构着一个"大华语"电影格局，力图以华语电影整合内地电影、香港电影和台湾电影。然而，从跨文化视角来看，两岸三地合拍片却彰显出"小华语"之势：首先，合拍演变成一个"内地化"过程，三地电影原本多元异质的文化属性在合拍中渐趋模糊；其次，紧盯内地市场的合拍片难以跻进国际市场，其国际竞争力和影响力极为有限。

一 内地化：多元化的消弭

内地电影市场的复苏是三地合拍片热潮的直接诱因。香港和台湾本土电影市场的萎缩低迷使诸多港台影人将内地作为淘金圣地，他们将融入"大华语"视为生存之道。昔日经典港台影片所培养的观影经验、港台大牌导演及明星的号召力都是合拍片抢夺内地市场的重要筹码。

合拍片本该为两岸三地提供一个多元文化相互交融、异质文化互补共生的平台，然而在商业利益的驱使下，诸多合拍片将文化特质搁置在次要位置，急迫的跟风逐利难免使其丧失清晰的文化脉络，滋生出文化的模糊性、快餐性特点，这在港产合拍片中体现得尤为明显。合拍的首要目的是争得更大份额的内地市场，因此诸多合拍港片淡化本岛生活记忆，追随内地文化理念，香港形象渐渐模糊。经典港片的特点在于它们独树一帜的纯粹性，在于它们对香港都市景观、港人创业精神、港岛市民文化的类型化映现，正如大卫·波德威尔所说："香港电影，其实是出色的区域性电影。"[①] 然而，诸多合拍港片不再执著于"我城"的书写，渐渐融入"我国"的书写。2009 年的合拍巨制《十月围城》将香港历史无误地缝合到宏大的中国历史中，不再像《胭脂扣》、《黄飞鸿》那样在迂回的隐喻中建构独属香港的身份和历史。继《叶问》后的《叶问 2》以更为矫饰的民族主义和爱国牌确保"政治正确"、寻求高额票房，其香港属性的纯粹性也被怀旧的中国式香港想象所遮蔽。与香港导演的蜂拥"北进"不同，诸多台湾导演还是驻守宝岛，在合拍片中

---

① ［美］大卫·波德威尔：《香港电影的秘密》，何慧玲译，海南出版社 2003 年版，第 77 页。

走在前列的是朱延平，然而无论是其《大灌篮》还是《刺陵》，都与台湾文化相去甚远。

相较于合拍片的票房利益至上与文化脉络模糊，非合拍的香港电影和台湾电影在艰难的市场环境中坚守着对香港、台湾的本土书写。许鞍华在合拍之余的作者式小制作《天水围的日与夜》以极为洗练、朴实的影像细腻勾勒了香港普通市民的生活，呢喃着独属这个城市的记忆与历史，在平凡淡定中潜藏沧海桑田，这部极具香港本土性的影片成为 2009 年香港电影金像奖的最大赢家。2010 年，罗启锐导演的《岁月神偷》以怀旧的笔触描写了 20 世纪六七十年代香港一个普通四口之家的故事，展现了一个内地观众颇感陌生的真香港，并以此再现港人精神。这两部影片洋溢着浓郁纯粹的"港味"，在获得不俗口碑的同时对香港进行着深情的书写。2008 年的《海角七号》以轻松温馨的方式继续着台湾电影的文化寻根之旅，彰显出台湾本土文化的自觉性，成为 2008 年台湾票房冠军。2009 年，以《不能没有你》、《阳阳》、《听说》等影片为代表的台湾本土电影在《阿凡达》、《变形金刚 2》、《2012》、《赤壁（下）》等大片的包围中坚持着台湾书写，诸多年轻导演的崛起也渗出台湾电影的复苏迹象。2010 年，钮承泽导演的《艋舺》承继侯孝贤电影的乡土情结与杨德昌电影的青春残酷，包裹上黑帮片和青春偶像剧的外衣，创造了台湾本土电影票房的奇迹，凝聚着台湾本土电影的文化品质。

类型化和程式化是商业电影的基本特性，对于追逐票房利益的合拍片而言，类型化道路是不二之选。于是，以功夫、武侠、喜剧为核心的港片经典类型成为合拍片的拷贝模板，这也使合拍片呈现类型模式单一、创新能力匮乏的"吃老本"现象。2010 年的《苏乞儿》、《越光宝盒》、《唐伯虎点秋香 2》企图利用经典港片《武状元苏乞儿》、《大话西游：月光宝盒》、《唐伯虎点秋香》的影响力来抢占票房，然而难以复制的却是昔日经典的文化品格。古装动作片成为合拍片的主流模式，《大内密探零零狗》、《锦衣卫》、《越光宝盒》、《花木兰》等都将故事时空指向了渺远的过去，并无任何深沉厚重的现实指涉意义。诸多合拍片的时空模糊，《机器侠》、《未来警察》、《越光宝盒》、《刺陵》等影片都玩起了时空穿梭游戏，历史、文化都成了任意拼贴的肤浅碎片。这些合拍片远离两岸三地当下现实，拾取经典港片牙慧，表现出苍白的文化原创力，正如林奕华所说,"合拍模式,给了香港电影生存的机会,也是打破封闭的机会。但现实却是,香港电影固有的那些惰性和花香,那些无法自圆其说的故事,在更大资金的帮助下,反而被发扬光大了。"①

合拍的确为香港电影拓宽了市场,但为了通过内地审查,顺利进军内地市场,合拍片已懂得生存之道,主动进行自我阉割,这难免丧失文化个性,诸多合拍港片已经被批评为"港片不港"、"港味尽失"。近两年,只有《窃听风云》、《金钱帝国》、《新72家租客》等才能靠港片"老本"保持港味。2010年,尔冬升导演、成龙主演的内地香港合拍片《新宿事件》涉及不少敏感话题和暴力镜头,因拒绝删减更改,只能宣布彻底放弃内地市场。对于香港电影和台湾电影而言,进军内地市场面临一个跨文化的语境,难免要进行符合内地文化的"易容"。2010年6月,香港导演彭浩翔的《志明与春娇》以内地删减版上映;台湾导演钮承泽为谋求《艋舺》在内地上映而自愿删减,但内地公映尚无期。

如何在融入"大华语"电影的进程中保持三地自身清晰的文化特性,而不是为了内地市场短视的重复化或内地化,这是三地合拍片亟待解决的一个命题。

二 国际化:跨文化的踯躅

两岸三地合拍的愿景本该是汇集三地电影精英,整合三地电影资源,在优势互补中建构起一个"大华语"电影格局,从而拓展华语电影在国际市场上的文化竞争力。然而,一个不容忽视的事实却是,三地合拍的最终落脚点是内地,而非国际。纵观近几年华语电影的发展可以窥见,合拍片走的并非是一个国际化的路径,而是一个内地化的过程。在跨文化传播的视野下,"大华语"电影难免固守为"小华语"电影。

20世纪90年代是华语电影在国际上急剧扩张文化影响力的年代,以香港的徐克、吴宇森、王家卫、关锦鹏,台湾的侯孝贤、李安、蔡明亮以及内地的张艺谋、陈凯歌等为核心的导演凭借在国际三大电影节上

---

① 林奕华:《香港电影还有什么可留恋的?》,《电影世界》2009年第5期。

获奖以及一系列颇具国际影响力的作品打造着华语电影的文化品质。成龙、李连杰、巩俐、张曼玉等驰骋国际的明星成为华语电影的国际代言人。曾经经典的香港武侠片、功夫片向世界展示了华语电影独属的文化魅力，甚至向好莱坞输送导演、武术指导等电影人才，"好莱坞已经吸收了三种'香港动作'——吴宇森与周润发风格强烈的枪战片，成龙与洪金宝充满特技的动作喜剧，徐克、袁和平、李连杰的'威亚夫'"①。1999 年，袁和平负责好莱坞影片《骇客帝国》的武术设计，这也是华语电影国际影响力的里程碑式事件。然而最近几年，主打三地合拍路线的华语电影在国际影坛的影响力却没有大的突破，在跨文化传播的道路上踟躇。

两岸三地合拍片主打中国内地电影市场，基本放弃了国际路线，其影响力难以迈出两岸三地。在 2009 年和 2010 年的戛纳、威尼斯、柏林三大国际电影节上，三地合拍片难获青睐。虽然诸多合拍片在内地电影市场上称雄称霸，但在国际市场却毫无竞争力。这两年，更多的是一些难以跻进内地电影市场的非合拍影片在三大电影节上无力地表征华语电影，像杨凡的《泪王子》、杜琪峰的《复仇》、郑保瑞的《意外》、蔡明亮的《脸》、王小帅的《日照重庆》等，然而这些影片却难以复制曾经的《霸王别姬》、《爱情万岁》、《阮玲玉》、《花样年华》等影片的文化影响力。内地电影市场与国际电影市场的错位也折射出华语电影在跨文化传播中所面临的尴尬境地。由于放弃了国际电影节，香港的金像奖、台湾的金马奖和内地的金鸡奖、百花奖甚至华表奖、北京大学生电影节都成为两岸三地合拍片的主秀场，《风声》、《梅兰芳》、《叶问》、《赤壁》、《画皮》、《十月围城》等合拍大片在这些电影节上风光无限，轻易抹平了三地电影本该丰富的文化异质性。在合拍片的围攻中，《不能没有你》、《天水围的日与夜》、《岁月神偷》等非合拍港片、台湾片的文化坚守与突围显得弥足珍贵。三地合作无可厚非，但清晰的文化品格才是华语电影的立命之本，只有在文化原创性与创新性的完美融合中才能孕育征服国际的文化力量。

---

① ［英］里昂·汉特：《功夫偶像——从李小龙到〈卧虎藏龙〉》，余琼译，北京大学出版社 2010 年版，第 207 页。

三 明星:华语电影的形象代言人

明星是华语电影跨文化传播中的形象代言人。理查·戴尔认为："明星的魅力并不能完全用个人独特的吸引力来解释,而是明星所象征的特定意义,并建构成一系列意识形态上的符号。"[1] 这些符号和阶级、性别、地域、种族、文化等概念相关联。两岸三地的明星不仅是表征两岸三地,也是表征整个华语文化的意义符号。2003 年 CEPA 签订后,内地香港合拍片大大增多,内地、港台明星之间的合作也越来越密切,诸多港台明星的演艺中心已经转向幅员更为辽阔的内地市场。在音乐、剧场、舞台等多种形式的合作中,港台明星和内地明星渐渐趋同,港台明星往日所负载的地域色彩也日渐淡薄。2008 年的北京奥运会为两岸三地明星的"大中国"表演提供了一个最好的契机,名与利的共赢也成为港台明星征战内地不言而喻的意义。成龙、周润发、李连杰这些曾经表征香港、香港电影、华语电影的明星在闯荡好莱坞之后最终将工作重心转向了内地,当周润发在《孔子》中化身为孔圣人,李连杰在《海洋天堂》中挥别了功夫,成龙在诸多庆典上高唱《国家》时,他们已不是银幕上港人形象的载体。对于成龙、李连杰而言,他们当下的社会表演已经远远大于其银幕表演,其银幕形象的影响力远不及其社会角色,比如成龙已经从一个香港代言人顺利蜕变为爱国代言人。在诸多内地香港合拍片中,香港人与内地人形象杂糅,香港明星和内地明星跨地演出,消解了香港电影的异质性,这些港星也难以成为建构港片身份特征的重要元素。港台明星的内地化趋向使其异质性消弭,丧失了原本鲜明的表征意义,失去了"陌生化"的魅力。三地明星的趋同化是一个不争的事实,他们蜂拥在内地的文化场域,合拍片中文化内涵和文化分量淡失的角色使他们的银幕形象难以闪亮国际。纵使不少华语明星依旧会走上国际电影节的红地毯,不过更多是凭借曾经的精彩表演所积淀的名气。华语电影的跨文化传播只靠明星的国际走秀难以达

---

[1] 转引自 Jill《话题性制造? 从明星研究理论探讨宫泽理惠》,参见 http://www. almost-magazine. com. tw/vol. 006movie. html。

到实效，还需要明星分量足够的银幕形象做支撑。

与港台明星一样，港台导演也大举进军内地。曾几何时，吴宇森、徐克希冀在好莱坞实现更宏大的电影理想；数年前，刘伟强导演的《无间道》被好莱坞翻拍，他跟韩国影人也合作了《雏菊》。而今，华语导演们曾经幻想的国际路线在现实利益的诱惑面前最终退缩为内地路线。香港导演早已识破生存法则，几乎全线迁向内地，彭浩翔已进军内地，驻守香港的杜琪峰还能坚持多久？台湾导演在合拍大潮的利益面前也蠢蠢欲动，陈国富早已驻守华谊兄弟，朱延平已走合拍路线，钮承泽也在寻求合作机会。对这些进军内地的港台导演而言，与其说是为了实现电影理想，不如说是为了分得票房一杯羹。《大内密探灵灵狗》、《未来警察》、《机器侠》、《越光宝盒》等影片口碑较差，貌似直接抢钱，也为王晶、刘镇伟等导演曾经的招牌抹黑。内地票房成为合拍片的一切，但失去了香港、台湾的文化土壤，这些合拍片导演还能在内地市场靠"老本"撑多久？簇拥内地的华语导演疏离于国际电影市场，华语电影也缺乏国际竞争力，三地合拍片在跨文化传播的道路上踯躅不前。

三地合拍的趋势依旧猛烈，三地电影人也难以抵挡内地市场的诱惑，但不能因犬儒的迎合和短视的投机消损港台电影自身的文化品质和魅力。对于三地合拍而言，不能为了暂时的票房利益而短视，从而在内地化的过程中沦为"小华语"电影；而要为了华语电影的长远发展而长视，从而在跨文化传播的过程中真正展示"大华语"电影的文化魅力与魄力。

The "Small Chinese Language Film" on the View Files of Cross-Cultural Communication

Abstract: Driven by the commercial profit, the multi and heterogeneous culture qualities of Hong Kong, Tai Wan and Mainland China films blur during the process of cooperation since 2009. Focusing on the Mainland China film market, the cooperating Chinese language films can't enter the international film market. The cooperation of Chinese language films should not only focus on the Mainland China film market, but should foresight the developing of Chinese language film, then show the culture glamour and force of Chinese language film in the process of cross-cultural communication.

Key Words：Chinese language film, cross-cultural communication, internationalization, star

（丁宁　北京信息科技大学人文学院　北京　100192）

宗教与跨文化

禅宗的西方解读[*]

李四龙

摘 要："禅"，是佛教各宗各派的共法，在西方社会则已成为佛教的代名词。20世纪上半叶，欧洲的禅研究主要在佛教文献学或实证史学的范围内，涌现了像伯希和、戴密微这样的大家。70年代以后，西方佛教研究的中心从欧洲转移到北美，形成了跨宗派的综合研究传统。本文重点说明其中三种解读方式：禅宗的社会史解读、禅宗的哲学解读、禅宗的人类学解读。

关键词： 禅宗 西方 社会史 哲学 人类学

"禅"，是佛教内部各宗各派的共法，乃至是印度其他宗教共有的禅修之法。宗密的《禅源诸诠集都序》，把"禅"由浅至深分为五等，即外道禅、凡夫禅、小乘禅、大乘禅、最上乘禅。欧美的佛教学者，亦把"禅"放在广义的佛教传统里考察，譬如，华严、天台、净土、密宗等宗派，乃至中国思想史、汉藏两地的佛教传统等，而不仅仅着眼于禅宗内部。

但在美国，"禅"基本上是佛教的代名词，这是汉传佛教留给美国社会的认识。禅，最初的英文词源自铃木大拙的日文译法 Zen，后来逐步采用汉语拼音 Ch'an。西方学界意识到铃木所代表的是日本禅，Ch'an 可代表中国的禅，而禅宗的源头是在中国。现在西方严谨的学术著作，习惯于区

---

* 本文受到 2009 年度教育部人文社会科学研究项目"欧美佛学思想研究"基金资助（批准号：09YJA730002）。

别使用 Ch'an 或 Zen，有时亦用 Sŏn 表示韩国禅。

西方学者的禅宗研究，首先当然是要建立在文献学或实证史学的基础上。像伯希和（Paul Pelliot，1878—1945）、戴密微（Paul Démiéville，1894—1979）、谢和耐（Jacques Gernet，1921— ）等前辈学者，认真梳理敦煌文献，对禅宗史研究作过重要贡献。本文拟介绍西方学者另外的三种解读方式：禅宗的社会史解读、禅宗的哲学解读、禅宗的人类学解读。

一 禅宗的社会史解读

关注社会史、制度史，在西方的汉传佛教研究，尤其是美国最近二三十年的中国佛教研究里表现十分明显；以社会史的视角说明汉传佛教的地方经验，成为最主流的研究方法。70 年代是美国佛教研究的分水岭，此前他们追随欧洲佛教研究的主流范式，集中于基本典籍的研究与翻译；此后则以社会史研究为主，以语言技能为核心的文献学方法虽还很有影响，但大多数学者已不满足于此，许多新的问题被提了出来。

他们的兴趣是要考察佛教的社会文化背景，而不单纯进行佛典文本与佛教哲学的研究。若以佛教的制度史研究为例，他们很重视佛教仪式，特别是僧团内实际的仪式生活，而不是文献所记载的佛教戒律。布斯韦尔（Robert Buswell）为了研究韩国寺院的实况，到那里实地体验，当了多年的和尚。傅瑞（Bernard Faure）也很关注寺院的仪式生活，2003 年他编辑出版了《仪式里的禅宗》①。美国的许多博士论文选题，经常集中于佛教的仪式或制度研究。

仪式研究，是西方宗教学的重要领域，尤其是在最近的半个世纪里，从仪式的角度研究宗教，在美国学术界几乎是一股潮流。从仪式的角度研究禅宗，即是西方禅宗研究的宗教学维度，很常见也很有价值。1987 年乔根森（John Jorgensen）发表论文《禅宗正统谱系：儒家仪式与祖先崇

① Bernard Faure ed. *Chan Buddhism in Ritual Context.* London 2003.

拜在中唐时期禅宗寻求合法性中的角色》①。就在这一年，傅柯（Griffith Foulk）完成博士论文《佛教寺院传统里的禅宗及其空间》②。在欧美学界，他很擅长从仪式的角度考察禅宗，乃至中国佛教的制度史，研究范围又侧重于宋代禅宗。1993 年他发表一篇重要的论文，《宋代禅宗里的神话、仪式与寺院实践》③。他认为，"禅宗的谱系"建构于宋代，这个宗派以"传灯录"、"语录"等形式，确立了自命为佛法正统的禅宗史。但在傅柯看来，这些"传灯录"、"语录"构成了一种"宗教的神话学"，服务于宋代禅宗的护教、仪式与说教功能。诸如百丈怀海首创独立的禅宗寺院、菩提达摩的谱系等，都被列为宋代禅宗最终编定的神话。作者详细考察了这些"宗教神话"，在宋代禅宗寺院里的具体运用。而且，傅柯认为，很多学者之所以把宋代说成是禅宗的衰落时期，其重要的原因是轻信了宋代禅宗编纂的这些"宗教神话"，而没有去深入考察宋代禅宗所取得的成绩。

此前，傅柯还发表了论文《中国中古时期的禅宗：是学派还是谱系，或是其他？》④，反对把禅宗的"宗"译为 school（学派），建议译为 lineage（谱系），而禅宗的谱系是在宋代构建出来的"神话"。这位擅长仪式研究的佛教学者，1993 年发表论文《中国中古时期禅像的仪式用途》⑤，有助于我们还原宋代禅宗寺院生活的原样。他在日本发现一种被称为"顶相"的禅师画像，盛行于宋元时期，约在镰仓时代传到日本。这些画像在中国往往会被挂在"祖堂"、"影堂"、"真堂"或"崇堂"等纪念性的殿堂里，它们在禅师葬礼或祭礼上具有重要的作用。而在以禅宗研究著

---

① John Jorgensen, "The 'Imperial' Lineage of Ch'an Buddhism: The Role of Confucian Ritual and Ancestor Worship in Ch'an's Search for Legitimation in the Mid-T'ang Dynasty," *Far Eastern History* 35, pp. 89 – 133.

② T. Griffith Foulk, "The Ch'an School and its Place in the Buddhist Monastic Tradition," Ph. D. thesis, University of Michigan, 1987.

③ T. Griffith Foulk, "Myth, Ritual, and Monastic Practice in Sung Ch'an Buddhism," *Religion and Society in T'ang and Sung China*, eds. by Patricia Buckley Ebrey & Peter N. Gregory, Honolulu 1993, pp. 147 – 208.

④ T. Griffith Foulk, "The Ch'an Tsung in Medieval China: School, Lineage or What?" *The Pacific World: Journal of the Institute of Buddhist Studies*, New Series no. 8, 1992, pp. 18 – 31.

⑤ T. Griffith Foulk, "On the Ritual Use of Ch'an Portraiture in Medieval China," *Cahiers d'Extreme-Asie* 7, pp. 149 – 219.

称的傅瑞那里，1996 年发表《灵验观：中世纪日本佛教的想象》①，以分析禅观及其仪式的角度研究日本的佛教史。

社会史的研究法，自然会引入人类学的研究框架，即下文将提及的"注重禅修的人类学解读"。宗教研究固然需要客观中立，但是，没有心得与体悟的学术研究，难免让人觉得枯燥无味，这是禅宗的哲学解读。

二 禅宗的哲学解读

1998 年莱特（Dale Wright）出版《禅佛教的哲学沉思》②，实际上是借黄檗禅研究，对西方的禅宗研究做出哲学上的反省。黄檗希运，早年在福州黄檗山出家，参访江西百丈怀海而得道，后又启发了临济义玄的禅学思想，是从洪州禅到临济禅的过渡人物，而临济禅又是禅宗的最大支派。所以，他在中国禅宗史上的地位非常独特，他的语录，在唐代大中十一年（857）由裴休集成《传心法要》。

1934 年剑桥大学的一位毕业生，登上一艘前往中国的日本商船。因为读了阿诺德（Arnold Edwin）的《亚洲之光》，痴迷于东方的佛教，还在剑桥上学时就已皈依佛教。他为自己起了一个中文名字，甫乐道。尽管当时的中国满目疮痍，但这没有改变他的理念：佛法能给人类的心灵引发"终极的转变"。到达中国以后，别人向他推荐了黄檗：百丈的学生、临济的老师。1947 年，他在伦敦佛教会发表译文，介绍黄檗的《传心法要》③。到 1958 年，甫乐道出版黄檗《传心法要》的完整译本④；翌年，他又发表自己的传记⑤，介绍他在北京、西藏、内蒙古，以及在印度、缅甸的游历，始终是以一颗虔诚的心去寻找东方的智慧，想要发现一种真正

① Bernard Faure, *Visions of Power*: *Imagining Medieval Japanese Buddhism*, trans. from the French by Phyllis Brooks, Princeton 1996.

② Dale S. Wright, *Philosophical Meditations on Zen Buddhism.* Cambridge 1998.

③ John Blofeld, *The Huang Po Doctrine of Universal Mind*, *Being the Teaching of Dhyana Master Hsi Yun as Recorded by P'ei Hsiu.* London 1947.

④ John Blofeld, *The Zen Teaching to Huang Po*, *on the Transmission of Mind*, *Being the Teaching of the Zen Master Huang Po as Recorded by the Scholar P'ei Hsui of the T'ang Dynasty.* New York 1958.

⑤ John Blofeld, *The Wheel of Life*: *The Autobiography of a Western Buddhist.* London 1959.

的精神之路。

1968 年，莱特读到了甫乐道译的《传心法要》，与禅结缘。在他眼里，甫乐道是以欧洲的浪漫主义精神去领受禅宗，希望能超越时间与空间的局限，去获得一种根本的智慧，并以这种精神去克服或超越现代西方的"科学理性主义"。因此，甫乐道总把黄檗的语录当做真实的、神圣的。铃木大拙、沃斯（Alan Watts，1915—1973）在西方的传法，也都可以放在这个浪漫主义传统里去理解。然而，莱特认为，浪漫的精神主义与科学的理性主义，在现代西方社会实际上是相通的，是现代性的一体两面。"科学的"佛教研究，是要获取精确的知识，"悟"被定义为"对世界文化和历史的透彻理解"；"浪漫的"佛教研究，是要取得突破，达到全新的理解境界。甫乐道以"浪漫主义"解读黄檗，而莱特要以"后浪漫主义"去解读：并没有一个固定不变的"黄檗"，把"黄檗"看成后代禅师不断"设计"（projected）的形象。当代对黄檗禅的解读，无须因循甫乐道的理解，也无法按照黄檗当时的场景去理解。在后现代的语境里，尤其是对英语世界的读者而言，如何才能理解黄檗的"开悟之心"？若以禅家的话说：没有黄檗，只有当下。

莱特认为，面对禅宗文本，要有一种"沉思的阅读"，属于哲学的、反思的、对话的活动（activity）[1]。然而，这是什么哲学？莱特没有明说，恐怕也没法明说。20 世纪 80 年代以后，各式各样的哲学或文化理论，在美国异常活跃。对禅宗展开富有哲学思辨性的研究，并不少见。有的爱用维特根斯坦哲学，有的则用海德格尔的思想，或者解构主义哲学，还有的继续使用康德、黑格尔哲学，莫衷一是。目前在欧美学界很活跃的傅瑞，被认为是美国乃至西方学界当前最具实力的禅宗学者。

作为一位在美国发展的法国学者，能自如地引用欧陆重要思想家的著作，如涂尔干、哈贝马斯、福柯、德里达、德勒兹等，他的著作因此富于哲学的思辨色彩。1991 年他的《当下的修辞：中国禅/日本禅的文化批判》[2]，对禅宗文化做了整体的考察。两年后出版的《禅的洞见与溢见：

---

① Dale S. Wright, *Philosophical Meditations on Zen Buddhism*, p. xii.

② Bernard Faure, *The Rhetoric of Immediacy: A Cultural Critique of Chan/Zen Buddhism*. Princeton 1991.

禅传统的知识论批判》①，专门反省西方的禅的知识构成。由于受到萨义德东方主义的影响，在他看来，西方人对禅的认识，充满了他们自身的文化想象，要么把禅当做一种"神秘主义"（Mysticism）或"寂静主义"（Quietism）而贬低禅的价值，要么把禅理想化为一种"妙法"。西方的禅，是一种"东方主义"。铃木大拙所介绍的临济禅，在傅瑞看来，推动了这种"禅东方主义"（Zen Orientism）的形成。

铃木太过强调临济禅的神秘性、超逻辑，凸显以日本为代表的东方文化的优越性。傅瑞并不以为然，他要解构铃木禅在西方的影响力，想把"禅"带入西方的主流思想。他希望能为禅宗研究建立一种"行事的学术"（performative scholarship），即要在特定的语境或场景中去理解禅宗的文本。这个姿态，在莱特的笔下，正是"哲学的、反思的、对话的活动"。

三　注重禅修的人类学解读

禅宗，被认为最能代表汉传佛教的地方经验。汉传佛教在美国的道场，主要也是临济或曹洞的法脉。禅是当前西方社会对汉传佛教的主要印象，甚至可以说，禅是西方社会对整个佛教印象最深的东西。

汉传佛教初入美国本土，是因 19 世纪 40 年代"华工"前往加州淘金。但是，真正的进入，应属铃木大拙把东方的"禅"引入西方世界。这位日本禅师，既为汉传佛教在西方的传播开辟道路，也为西方学者开启了从"心智"层面透视"禅"的风气。在他以后，沃斯被认为是最优秀的美国禅师。不到 20 岁，1933 年沃斯在伦敦出版自己的《禅宗纲要》②。1947 年他又出版《禅宗史新编》③，实际上是他 1945 年的讲演录。两者并不是纯粹的学术著作，但可反映美国本土禅师的理解。这个研究传统，并不归属于学术界，却为 80 年代以来西方禅研究的繁荣奠定基础。

① Bernard Faure, *Chan Insights and Oversights: An Epistemological Critique of the Chan Tradition.* Princeton 1993.

② Alan Watts, *Outline of Zen Buddhism.* London 1933.

③ Alan Watts, *Zen Buddhism: A New Outline and Introduction.* London 1947.

铃木大拙宣传临济禅的宗教体验，是从"神秘主义"的角度沟通佛教的禅观与基督教的冥想。"禅"的英译，通常是 meditation，与基督教所讲的灵修密切相关。铃木是在美国早期最有影响的东方佛教徒，著有《神秘主义：基督徒与佛教徒》①。他的很多讨论，经常提及禅与德国神秘主义哲学家艾克哈特（Meister Eckhart, 1260—1328）② 的思想关系。

在铃木以后，更多来自日本的禅师定居美国，以及来自越南的一行禅师、来自韩国的崇山禅师前往美国传法，十分成功。20 世纪 60 年代，是美国佛教取得突破性发展的时期，"禅"成为嬉皮士文化的组成部分，是美国青年反主流文化的一面旗帜。今天，打坐修禅在美国青年当中已经失去了反叛的意味，渐渐地成为他们的一项生活习惯③。

禅法在西方备受重视，还与精神分析学派对禅的兴趣直接有关，他们想以西方的科学眼光剖析禅的奥秘。弗洛姆（Erich Fromm, 1900—1980）认为，禅悟有助于解救当代西方的精神危机，他说，"精神分析是对精神疾病的一种治疗方法，禅则是一种精神拯救之路"④。荣格（C. G. Jung, 1875—1961）认为，禅门的心灵教育，在西方根本就没有，只有西方新出现的精神分析学才能理解东方的禅悟。他要把"禅""严格地置于科学的范围内来了解"⑤。直到现在，还有很多西方人想对坐禅的生理或心理变化做出"科学的"分析，并要达到静心、催眠等治疗的目的。

正因为如此，具体介绍禅修方法的著作在西方备受欢迎。尤其在西方土生土长的禅师，他们的禅修经验，还在思考禅修在西方对于现代人生活的意义与价值。过去 100 年间涌现的西方著名禅师，他们写下了许多的禅修体验，尝试能被西方社会接受的禅修方式，像韩福瑞（Christmas Hum-

---

① D. H. Suzuki, *Mysticism: Christian and Buddhist*. New York 1957.

② 艾克哈特是多明尼哥会教士，其思想融合了新柏拉图主义、阿拉伯及犹太思想等，神秘主义色彩极浓。

③ 哈佛佛学社（Harvard Buddhist Community）编辑了一部讲述他们禅修心得的文集，题为《蓝色牛仔的佛陀：青年佛教徒的声音》（Sumi Loundon ed. *Blue Jean Buddha: Voices of Young Buddhists*. Boston 2001）。

④ 参见铃木大拙、弗洛姆《禅宗与精神分析》（*Zen Buddhism and Psychoanalysis*, Zen Studies Society, 1960）。

⑤ 荣格：《铃木大拙〈禅佛教入门〉导言》，载《东洋冥想的心理学：从易经到禅》，杨儒宾译，社会科学文献出版社 2000 年版，第 156 页。

phreys，1901—1983）《禅佛教》①、沃斯《禅道》②、卡普拉（Philip Ka-
pleau，1912—2004）《禅门三柱》③，在西方数十次再版，影响极大。特别
是《禅门三柱》，主要讲述日本现代禅师的禅修经验，分别从教学、实践
与觉悟三个方面（所谓"三柱"）告诉西方读者如何修禅，里面既有禅师
的讲座，也有与他们的访谈、书信与开示。

　　由于受到这一"实修"传统的影响，现在主修佛教的美国学生，通
常都会腾出时间去打坐，有的美国教授还以弘扬佛教为自己的天职。这在
学术研究而言，其实是一种人类学方法。研究者并不满足于把"佛教"
当做大学象牙塔里的一门学科，反对把佛教当做博物馆里的东西加以研
究，而是主张视之为"活的宗教"，即使是做义理研究，也要从事人类学
意义上的田野工作，直接要与僧人进行思想的交流。特别是二战以后的美
国佛教学术界，通常鼓励研究者需要具备一定的禅修经验，充分关注佛教
的禅修传统。

　　以上扼要评述了西方学者研究禅宗的三种不同视角。他们的禅宗研
究，显然有别于我们国内的研究，具有以下两个特点，一是基于"东亚"
的研究框架，二是跨宗派的研究立场。他们通常会有"东亚佛教"的整
体框架，即把中、日、韩三国佛教置于"东亚佛教"的格局内讨论，并
把"禅宗"看做最能代表汉传佛教的地方经验。但在他们的笔下，禅绝
非仅限于禅宗，是能打通汉藏佛教、大小乘佛教的共法④。

Western Interpretations of *Zen / Ch'an*

Abstracts：Dhyāna is a general method of all Buddhist traditions，and its
Japanese transcriptionZen becomes a synonym for Buddhism in the West. *Zen /
Ch'an* studies in Europe focus on the fields of Buddhist philology or positive his-

---

　　① Christmas Humphreys，*Zen Buddhism.* New York 1968.

　　② Alan Watts，*The Way of Zen.* New York 1957.

　　③ Philip Kapleau，*The Three Pillars of Zen.* Boston 1967.

　　④ 参见格里高利主编《中国佛教的禅修传统》（Peter N. Gregory ed. *Traditions of Meditation
in Chinese Buddhism.* Honolulu 1986）以及黎惠伦、蓝卡斯特合编《汉藏早期禅学》（Whalen Lai &
Lewis Lancaster eds. *Early Ch'an in China and Tibet.* Berkeley 1983）。

tory in the first half of 20th Century, and appeared great masters such as Paul Pelliot and Paul Démiéville. Since 1970s, the center for Buddhist studies in the West moved from Europe to North America, and it gradually shapes an academic tradition of comprehensive studies for *Zen / Ch'an* through multiple Buddhist schools. This paper emphasizes three kinds of *Zen / Ch'an* interpretation, a way of social history, of philosophy, and of anthropology.

Key Words: Zen Buddhism, West society, social history, philosophy, anthropology

（李四龙　北京大学哲学系、宗教学系、宗教文化研究院　北京 100871）

从具足戒到菩萨戒

——中日不同文化背景下的佛教

张文良

摘　要：中日佛教的区别，从戒律上看表现为大小乘兼受戒与大乘戒的不同。形成这种差别的原因在于两国佛教所处的社会文化背景的差异，即中国佛教一直与处于主流地位的儒家传统相对峙，佛教必须强化其出世的性格才能获得存在的合法性，而日本佛教本身就是主流意识形态，佛教兼具出世和入世两种功能，故大乘戒受到推崇。佛教戒律原本具有不变性和可变性、自律性和利他性、出家主义和在家主义等多个侧面。在思考中国佛教的现代性问题时，日本佛教的探索和经验值得参考。

关键词：戒律　中国佛教　日本佛教　道安　最澄

自从公元538年，中国佛教经由朝鲜半岛传到日本并在日本得到发展，佛教逐渐成为日本文化的重要组成部分。佛教广泛渗透到日本的政治、经济、文化的各个方面，而与日本文化结合在一起的日本佛教也呈现出与中国佛教不同的面貌。其中最明显的是日本佛教与中国佛教在戒律上的差异。中国僧侣只有在受过具足戒（其中比丘的戒条有250条，比丘尼有348条）的前提下，才称得上一名僧人，只有终身独身，戒酒戒肉，戒财戒色，才能称得上是合格的僧人。但日本的僧人可以不受具足戒，也可以娶妻生子、吃肉喝酒。在坚持独身、奉行严格戒律的中国僧侣看来，日本的佛教是居士佛教而不是传统意义上的出家佛教，甚至有人认为日本佛教已经堕落变质，已经不能称之为佛教。

同样是尊奉释迦牟尼为教主的佛教，而且在教理教义上同样属于大乘佛教系统的中日佛教为什么会有如此大的差异？如何看待和评价这种差异？佛教在日本文化背景下的变异为我们思考跨文化的宗教现象提供了一个很好的标本。以下，我们通过考察戒律在中日两国佛教中的嬗变，分析是哪些要素导致了宗教在不同文化语境中的不同表达。

一　从具足戒到菩萨戒

将完整的戒律带到日本并开创了日本律宗的是中国的鉴真和尚（687—763）。当时在中国流传的律学体系有三，即南山律、相部律和东塔律，这三大体系皆为源于《四分律》的律学体系。鉴真和尚传到日本去的是南山律。鉴真753年到达日本后不久就为日本天皇、皇后、太子等人授菩萨戒；为沙弥证修等440余人授具足戒；为80余僧侣舍旧戒授新戒。自是日本始有正式的律学传承，鉴真亦被尊为日本律宗的初祖。

鉴真所开创的律宗一直流传到现在，但其影响早已经式微。究其原因，主要在于鉴真所传《四分律》的戒律体系并没有成为日本佛教的主流律学体系。被佛教诸宗派普遍接受下来的是日本天台宗的初祖最澄的大乘戒的理念和实践。

最澄于804年到唐朝留学，从天台九祖湛然门人道邃、行满受天台教义，又从天台山翛然受牛头禅法，后从顺晓受持灌顶密法。805年归国，创日本天台宗。最澄回国后，曾掀起两场影响深远的争论，一是与法相宗德一之间的"三乘、一乘论争"[1]，二是与南都奈良诸宗围绕大乘戒坛的论争。后一论争直接与戒律问题相关。

当时，朝廷每年分配出家名额给各个寺院，然后集中到指定寺院受戒。当时有权授戒的寺院只有东大寺、下野药师寺、筑紫观音寺三所寺

---

[1] "三乘、一乘论争"，即围绕三乘与一乘何者是实、何者是权的论争。天台宗基于《法华经》的一乘思想，认为一乘是实、三乘是权；而法相宗则基于五乘个别的思想，认为三乘是实、一乘是权。最澄和德一之间的争论虽然在理论上没有分出高下，但一乘主义逐渐成为日本佛教的主流。

院。最澄所在的比叡山的僧侣也需要下山到这些指定的寺院受戒。而许多僧侣因为畏惧高野山严格的修行生活，所以下山受戒后就不愿意再回到山上，这严重阻碍了比叡山佛教的发展。鉴于此，最澄上书天皇，奏请在比叡山设置独立的大乘戒坛，独立传戒。而南都奈良诸宗则坚决反对。于是双方各持一端，往复辩难，形成一场影响深远的大辩论。

这场争论除了南都奈良僧团与比叡山僧团围绕授戒特权的利益之争外，双方关于戒律理念的差异才是实质所在。南都奈良僧团遵循鉴真所传的南山律的规定，即只有受《四分律》中所说的具足戒，才能成为出家比丘。而最澄则认为四分律等是小乘佛教的戒律，既然日本所传是大乘佛教，自然应该受持大乘独自的菩萨戒。也就是说，只要受菩萨戒就可以成为出家的菩萨比丘。

根据《授菩萨戒仪》，所授菩萨戒为三聚净戒，具体的戒条即《梵网经》所说的梵网戒。此戒由不杀生、不偷盗、不淫、不妄语、不酤酒、说四众过、自赞毁他、悭惜加毁、嗔心不受、诽谤三宝等十重戒和四十八轻戒构成，本来是通用于出家和在家的戒律。而且菩萨戒具有强烈的在家者戒律的性格，如其中有不得贩卖酒类、要供养出家人等①。所以一般认为，菩萨戒是决定菩萨性的决定因素，而出家七众的决定因素则是《律藏》所说的五戒、十戒、具足戒等七众戒，菩萨戒绝不能决定七众之性。正因为如此，在中国为出家人授菩萨戒时，往往与旧有戒律并用而不是单独使用。而最澄所追求的则是菩萨戒的单独授予制度。这无疑是戒律史上的革命性变革。

这场争论，最澄在生前没有看到结局，但在最澄去世七日后，最澄的主张就得到了当权的嵯峨天皇的承认，大乘戒坛在高野山变成了现实。

此后，据以区分出家者与在家者的戒律上的差异，在比叡山这里几乎消失了。不仅如此，因为比叡山是日本佛教的修学中心，各宗派的祖师如净土宗的法然、真言宗的空海、曹洞宗的道元等都曾在这里求学，所以后来出现的日本佛教诸宗在戒律方面皆深受最澄的影响。如日本曹洞宗和临济宗在入门礼仪上只授三聚净戒和梵网戒就算出家的僧侣。到江户时期，

---

① 如轻戒第十戒为不得蓄刀杖弓箭等武器；第十一戒为不得兴兵打仗杀害无辜百姓；第十二戒为不得贩卖奴婢等。

变为十六条戒（三归戒、三聚净戒、十重戒），但基本精神与最澄的大乘戒几乎没有变化。而日本净土真宗的创立者亲鸾在戒律问题上比最澄还要激进。亲鸾本人娶妻生子，过着非僧非俗的生活，他有句名言"善人尚且得以往生，何况恶人哉"①，即只有意识到自己是恶人才更有可能往生极乐世界，这就是所谓"恶人正机"说。亲鸾被学界称为日本的马丁·路德②。经过亲鸾的改造，佛教由一种具有强烈禁欲主义、出家主义倾向的宗教转变为一种世俗化的、认同世间欲望的宗教。净土真宗在镰仓时期和室町时期获得飞速发展，成为拥有寺院数和信徒数最多的宗派。而随着教势的发展，净土真宗对待戒律的立场对日本佛教各宗派也形成极大冲击。

明治政府建立之后，奉行神道至上主义，打压佛教。一时，全国掀起"废佛毁释"运动，许多寺院被废，僧尼被迫还俗，寺院的土地被收缴，原来所享有的种种特权被剥夺。明治五年（1872）八月以后，政府陆续颁布法令，规定僧侣只是一般的职业，必须称姓氏，与一般国民一样登记户口；解除官府关于僧侣食肉、娶妻、蓄发的禁令。至此，通过国家的政治力量的介入，佛教的戒律完成日本化的改造，日本的佛教从制度上彻底走向了在家化。

二　道安与最澄的戒律思想比较

从日本佛教戒律思想和实践的嬗变过程可以看出，最澄的戒律改革决定了日本佛教之后的路径选择。最澄的戒律理念和实践构成日本化戒律观的原点，而日本佛教后来的种种变革都可以在这里找到根据。同样，中国的出家主义的戒律观也有其原点。在中国戒律思想和实践的建构方面，建立了最早的僧团的道安（312—385）是举足轻重的人物。虽然中国律宗的成立是唐代道宣律师时代的事情，但道安的戒律观却规范了中国戒律思想和实践发展的方向。

---

① 转引自末木文美士著《日本佛教史——思想史的探索》，涂玉盏译，商周出版社1998年版，第158页。

② 日本近代学者原胜郎早在1911年，就认为亲鸾的信仰主义和否定出家主义的思想与马丁·路德的新教主义有相通之处。参见"东西的宗教改革"，《芸文》，第2—7页。

在道安的时代，佛教虽然已经传入中国 300 余年，但关于戒律方面的典籍还很不完备。道安一直关注和支持戒学类的经论的翻译。370 年，曾请竺佛念等译出《十诵菩萨戒本》。382 年，在道安已经七十一岁高龄时，鸠摩罗佛提将《阿毗昙抄》和《四阿含抄》带到了长安。道安请他们译出了上述两部著作。翌年，又请罽宾的耶舍译出了《鼻奈耶经》。道安不仅协助他们的翻译工作，在翻译完成之后还专门为这些戒律类经论作序。从这些序文中我们可以窥见其关于戒律的理念。

首先，道安认为戒为佛教的"戒定慧"三学之首。在道安看来，无论在家者的修行还是出家者的修行，莫不以持戒为基础。为什么这样说呢？因为"须臾不矜不莊，则伤戒之心入矣。伤戒之心入而欲求不入三恶道，未所前闻也。故如来举为三藏之首也"①。戒为从烦恼的此岸到解脱的彼岸的舟桥。

其次，道安认为戒律不可更改。在《十诵菩萨戒本》的翻译过程中，道安看到此戒本的文字多有重复之处，于是指示担任"笔受"的慧常删去这些文字。但慧常认为，"戒乃径广长舌相，三达心制。八辈圣士珍之宝之，师师相付。一言乖本，有逐无赦"②。主张"与其巧便，宁守雅正"，反对删削戒本的文字。道安最后同意了慧常的意见，原原本本按照梵文的原形进行了翻译。由这件事情可以看出，道安及其门下是从戒律神圣的立场出发看待戒律的。连在翻译过程中对戒律的文字也一字不得更改，更何况从变通的立场出发去灵活解释戒律？

最后，道安认为戒律是个实践的课题。罽宾的耶舍在译出《鼻奈耶经》时曾云，"人可使由之，不可使知之"。道安闻之云，"其言切至，乃自是也"（大正 25 卷 851 页中），完全赞同耶舍的立场。"人可使由之，不可使知之"出自孔子的《论语》③。在《论语》中，它表述的是孔子的一种御民之术和政治哲学，而在耶舍和道安这里，则是表达人们对戒律所应该秉持的态度，那就是信仰者不需要去索解种种戒相的来历和合理性的问题，只要去严格遵守就可以了。也就是说，道安主张从信仰主义的立场

---

① 《大正藏》卷 55，第 80 页上。
② 同上书，第 80 页中。
③ 《论语·泰伯》，"子曰：兴于诗，立于礼，成于乐。子曰：民可使由之，不可使知之"。

出发看待戒律的价值和意义。在《比丘大戒序》的最后，道安借戒本的偈文云，"宁持戒而死，不犯戒而生"①，把持戒视为佛教信徒的生命。关于戒律，不允许讨论，更不允许质疑，这似乎也成为中国佛教界的传统。虽然后世有对戒律经典的种种注释解说，但几乎都是从正面阐释其戒律理念的著作，没有人如最澄那样对大乘佛教何以必须遵循小乘戒律的问题提出质疑。

比较道安的戒律思想和最澄的戒律思想，最明显的差别就是道安推行的戒律属于原始佛教以来的戒律体系，而最澄投入半生精力所追求的则是独立的菩萨戒的确立。从客观原因说，在道安的时代，不仅《梵网经》还没有出现，甚至作为中国律宗根本经典的《四分律》也还没有传到中国②。这种状况也决定了道安只能将不甚完备的具足戒作为僧团修行的圭臬，其理念也只能是原始佛教以戒为师、以戒为首的思想。加之，在道安的时代，判教思想还不发达，中国僧侣还没有明确的大乘佛教和小乘佛教的判别，反映在戒律方面，带有强烈的出家主义色彩的戒律成为当时佛教界唯一的选择。

但到最澄的时代，不仅有《四分律》戒的传播而且有了以《梵网经》为基础的戒律体系的存在。最澄本身兼通天台宗、禅宗、密宗和律宗，这使得他能够站在大乘佛教的立场对大小乘戒律作出更为客观的权衡和评判。与道安将戒律视为绝对的存在不同，最澄则把戒律分为小乘戒、大乘戒、圆顿戒，在佛教的诸种戒律中，具足戒等以自律性为根本特征的戒律被纳入小乘戒，以大乘利他精神为根本特征的瑜伽学派的戒律体系被归入大乘戒，而基于天台宗圆顿教义的戒律则被称为圆顿戒。通过对佛教戒律的划分，在印度和中国被视为绝对存在的戒律被相对化，原始佛教的戒律即具足戒等被视为在价值上层次较低的戒律，而大乘戒特别是建立在天台宗思想基础上的圆顿戒则被称为最高的、最圆满的戒律。这种对佛教戒律序列化和层次化的做法，为日本佛教舍弃小乘戒、独尊大乘菩萨戒奠定了理论基础。

---

① 《大正藏》卷55，第80页下。
② 《四分律》由后秦的佛陀耶舍和竺佛念共译，译出时间在410—412年。最早讲授《四分律》的是北魏时期的律师法聪。

三　入世与出世之间

　　道安和最澄在戒律观上的差异的形成，既有上述的客观原因，也有更深层的社会原因。当时，威胁佛教存在的要素除了动乱的社会环境，还有以儒家为代表的中国传统文化的挑战。据传为后汉牟融所作的《牟子理惑论》中，佛教与儒家之间的冲突就已经成为主题。道安的弟子慧常在陈述戒律不得更改的理由时，也称"戒犹礼也。礼执而不诵，重先制也，慎举止也"，并举《尚书》和《河图》、《洛图》为例，说明即使文字难通，也不得擅自更改①。这说明在中国佛教徒这里，儒家作为一种异己的力量，一直是一个绕不开的巨大存在。在这种力量面前，如何将佛教与儒家相区隔，如何保持佛教的主体性，一直是佛教理论家必须直面的课题。

　　在道安的弟子庐山慧远那里，佛教的神圣性与世俗性的冲突以佛教的出世伦理与儒家的入世伦理之间的冲突的方式凸显出来。如果认同桓玄等人的主张，儒家的伦理代表一切，那么佛教就失去了存在的合法性。为了论证佛教存在的合法法，慧远在《沙门不敬王者论》中对佛教的神圣性进行了结构分析，即把佛教的出世伦理分为在家者的伦理和出家者的伦理。作为在家者的佛教信徒可以和光同尘，遵循儒家的礼制规范，孝养双亲，礼拜王者；但作为出家者的僧侣必须高蹈出世，不必局限于世俗的伦理规范。易服、剃度、独身等行为虽然看起来不符合儒家的伦理规范，但因为这是出家者修道生活所必须，所以应该得到世间的尊重。慧远通过"方内"和"方外"的概念划分，一方面表明佛教不挑战世俗伦理的权威，从而抵消外界对佛教的质疑和批判，另一方面又表明佛教出世伦理的独特价值，主张确立佛教自身的主体性。而确立佛教主体性的途径就是出家者独特的修行方式和生活方式。慧远本人足不出山、迹不涉尘，以隐逸和超脱的形象昭示着佛教持戒为本、修行为本的传统。这是佛教彰显其独特价值、赢得社会存在合法性的重要前提。可以说，慧远对"方内"、"方外"的区隔，既在某种程度上消解了佛教的神圣性与世俗性之间的紧

①　《出三藏记集》卷11，《大正藏》卷55，第80页中。

张，又维持了佛教神圣性与世俗性之间必要的张力。正是这种张力的存在，使得佛教维护了出世的品格，没有被社会的力量所消解。

慧远能够维护"沙门不敬王者"的立场除了其理论论证之外，东晋末期帝王的权威的衰弱也是一个重要因素。而在胡族支配的北朝，世俗权力通过僧官制度介入佛教，王权取得了对佛教所代表的"神权"的支配地位。南北朝时期、隋唐时期，世俗权力对佛教的钳制、侵蚀、压迫更甚，但慧远所确立的"方内"、"方外"相区隔的理论一直影响深远，佛教的神圣性和世俗性之间的张力一直得以维护。表现在戒律观上，就是出家主义的具足戒一直处于中心地位。受过具足戒的出家僧侣被称为住持佛法者，是佛教群体的核心存在；而只受大乘菩萨戒的在家居士则被称为护持佛法者，只是外围的存在。到近代，太虚所提出的"三大革命"说①虽然代表了近代最激进的佛教改革路线，但也不敢直接触及戒律的改革。当代的佛教领袖、已故的中国佛教协会会长赵朴初强调"僧要像僧，寺要像寺"②，呼吁强化佛教的神圣性品格，也是从确立佛教主体性着眼。这说明在中国文化背景下，出家僧侣的存在、小乘戒律的存在是关系佛教能否保持其主体性、能否自存于社会的关键所在。

佛教传到日本之所以很快就被朝野所接受，一个很大的原因在于当时的政治需要，即朝廷通过引入佛教文化，建立起一套官方的意识形态，以与律令制的政治制度相匹配。所以当时的天皇不仅本人崇信佛教，而且把佛事活动视为国家的大典，动用官方的力量兴修寺院、建造大佛、举办法会。在最澄的时代，日本还没有出现像儒家那样强力的意识形态体系，佛教实际上成为当时主流的意识形态。佛教虽然借助主流的地位获得了世俗力量的庇护和支持，但佛教本身的主体性也受到了威胁。首先，当时最受推崇的佛教宗派不是学问性的华严宗、天台宗而是宣扬即身成佛、去病消灾的真言密教。换言之，佛教之所以受到推崇并不是因为其神圣性、出世性，而是因为其实用价值和功利性。其次，佛教的宗教功能与社会功能被

---

① "三大革命"：1913年2月，在寄禅和尚追悼大会上，太虚针对佛教丛林存在的积弊，提出"教理革命"、"教制革命"、"教产革命"的主张。"教理革命"即消除佛教消极厌世的思想，倡导积极入世的精神；"教制革命"即整理僧伽制度，培养合格僧才；"教产革命"即将寺院财产由住持的私产变为丛林的公产，废除按法脉继承遗产的制度。

② 赵朴初：《要切实做好寺庙管理工作》，《赵朴初文集》下卷，第865—869页。

纠缠在一起，佛教徒的社会定位出现了问题。如最澄虽然极端重视僧侣教育，但其教育的目标并不是戒行谨严、遗世孤立的高僧，而是能够为社会服务、承担社会职责的僧才。在其著名的《山家学生式》中，把僧人分为"国之宝"、"国之才"、"国之用"，将化民导俗、管理地方事务等也视为僧人的本分事①，并提出"真俗一贯"的主张，即僧侣的宗教生活应该与其社会生活是打通的、无隔阂的。本来，佛教的出世主义的教义与世俗社会之间存在着紧张关系。中国佛教通过戒律和僧团生活明确了与世俗社会的分界，但最澄所追求的不是明确这一分界而是模糊这种界限。这种主张虽然消解了佛教的神圣性与世俗性之间的紧张关系，但它是以降低佛教的神圣性品格为代价的。

在日本，从佛教外部来说，社会对佛教的要求是佛教的实用价值和社会功能，而从佛教内部来看，佛教界也自觉地按照社会的要求来降低神圣性、追求世俗性。僧侣的社会评价不在于是否受具足戒或者持戒是否谨严，而在于是否能够在社会上建立事功、服务于社会。如历史上的行基就是最典型的例子。行基本来是私度僧，曾被朝廷斥责为"妄说罪福，合构朋党"、"诈称圣道，妖惑百姓"，被视为社会的危险分子。但由于他在民间有巨大影响力，曾为东大寺的大佛建造而募集资金，所以后来不仅获得了合法的地位而且被任命为大僧正。在这种社会背景下，是否受具足戒与僧侣的僧格高下没有直接关系，小乘戒律被忽视也就是必然的结果。而大乘戒因为本来就是为在家的信徒所设立，强调佛教利他的精神，所以受到当时朝廷和僧界的欢迎。

四 戒律与佛教的现代性

如上所述，日本佛教与中国佛教在戒律观上的差别，很大程度上是两国佛教在出发点所处的社会环境和文化生态的不同造成的。带有强烈世俗

---

① 最澄《山家学生式》，"国宝何物？宝，道心也。有道心人，名为国宝。故古人言，径寸十枚，非是国宝，照千一隅，此则国宝。古哲又云，能言不能行，国之师也；能行不能言，国之用也；能行能言，国之宝也"。

主义色彩的儒家思想和制度体系的存在，迫使佛教强化其出世的性格，以保持其主体性并获得存在的合法性，这是出家者的小乘戒得以流行的文化土壤；而在很长的历史时期，日本佛教本身就是社会主流意识形态，这使得佛教需要兼具出世和入世双重性格，很多时候其入世的一面受到官方的更多的鼓励，这是强调入世精神的大乘戒大行其道的文化背景。至于日本僧侣娶妻的普遍化，则有更深刻的社会原因和历史原因①。

如何评价中日佛教在戒律上的差别是一个复杂的问题。佛陀当初制定戒律是"随犯随制"的原则，即遇到僧侣做了不适当的事情，为了防止其他僧侣重犯同样的错误而制定出相关的戒律。这说明佛教的戒律都是在特定的时空条件下、适应特定的情景而制定出来的。当时空背景发生变化时，某些具体的戒相发生改变也是自然的事情。从这个意义上说，佛教戒律既有不变又有可变性。不变的是佛教戒律防非止恶的精神，可变的是佛陀针对特定情境制定的戒相。在中国，"清规戒律"已经成为一句俗语，但实际上印度佛教只有"戒律"并无"清规"。"清规"是中国佛教寺院后来制定出来的，但其在僧团中的意义与戒律是一样的，他实际上是中国僧人为适应中国寺院管理的需要而对传统的戒律做出的补充。问题是佛教戒律的可变性的界限在哪里？在中国汉传佛教看来，出家、独身、剃度、易服、戒酒肉是必须严守的戒律，而日本佛教认为这些都可以突破，而不能突破的只有戒杀生、戒妄语、戒邪淫、戒盗窃等根本大戒，这实际上将对佛教徒的道德要求等同于现代社会对一般公民的道德要求②。

尽管如此，在修行方面，日本的传统佛教宗派仍然保留着苦修的传统。如曹洞宗的永平寺、真言宗的高野山、天台宗的比叡山等道场，就保持着延续上千年的清修传统。要成为一位合格的僧侣必须在这些道场修行一年以上，通过极端严格的训练，修炼心性，掌握宗派的基础知识和礼仪做法。在日本社会，僧侣受到社会的普遍尊重，被信徒视为心灵的导师。

---

① 根据日本学者蓑轮显量的说法，直接导致日本僧侣娶妻普遍化的社会因素至少有三个：寺院贵族化的影响、私度僧的存在、寺请制度下寺院存续的需要。参见蓑轮显量《日本僧侣娶妻的社会背景》，《第三届中日佛学会议论文集》。

② 日本的僧侣自古就分为"清僧"（不结婚、不犯女戒）和"凡僧"（结婚成家），在寺院中，"清僧"更受尊重，在决定寺院的重大事宜时更有发言权。时至今日，"清僧"的数量虽然不多，但在各地寺院仍然存在。特别是比丘尼道场的成员几乎全部是"清僧"。

僧侣虽然可以结婚，可以吃肉喝酒，但却不能做违反社会道德的事情。一旦做出出格的行为，就要承担相当大的社会代价，如信徒流失、组织解体等。所以社会对僧侣的道德要求仍然高于对一般民众的要求。

佛教戒律本来就包含自律性和利他性两个方面，在戒律中，"止持戒"防非止恶，代表自律性的一面；而"作持戒"众善奉行，代表利他性的一面。在"止持戒"方面，日本僧侣的理解与中国僧侣有很大不同，对其得失也是见仁见智，未有定论。但在"作持戒"方面，日本的佛家界无论是传统宗派还是新兴教团都作出了积极的探索，取得了很大成就。如近代以来，在社会教育、学术研究、社会公益事业、国际和平事业等方面，日本佛教界取得了举世瞩目的贡献。日本佛教界基本上完成了组织现代化、运营规范化、活动国际化的转型，在服务社会、贡献社会方面，为世界佛教界提供了多方面的经验。

佛教的现代性问题是国际佛教界议论的热门话题，古老的佛教如何因应现代人的需要，如何在信息化、全球化的时代，在教理、组织运营、信仰模式等方面完成现代化的转型，是各地区佛教界面临的共同课题。而戒律问题是思考佛教现代性时不可回避的重大问题。虽然中国的历史和国情与日本有很大不同，中国佛教不可能照搬日本佛教的经验，但这并不妨碍我们在思考中国佛教的未来时，参考日本佛教界的探索和经验。只有回归佛陀制戒的本怀，结合中国佛教的实际，将佛教戒律的原则性与灵活性、自律性和利他性、出家主义和在家主义统一起来，才有可能找到一条中国佛教的现代化之路。

From the Complete Precepts to Bodhisattva Vinaya

Abstracts: The difference between Chinese and Japanese Buddhism is, from the view of the precepts and vinaya, the difference between Greater & Lesser Vehicle joint Precepts and the Greater Vehicle Precepts. The reason which led to the above difference is the diversity between Chinese and Japanese cultural background, that is, being in a confrontation with Confucian tradition which has stayed a mainstream in Chinese culture, Chinese Buddhism has to stress its supramundane characters, while Japanese Buddhism itself is the mainstream ideology, having both supramundane and mundane functions, for that reason the Greater Vehicle Precepts were respected. Buddhist prcecpts and vinaya originally have kinds of different aspects, including invariance and variability, self_ discipline and altruism, leaving_ home and lay doctrines, etc. Therefore, when we think about the modernity of Chinese Buddhism, the exploration and the experiences of Japanese Buddhism really should be seriously referred to.

Key Words：prcecpts and vinaya, Chinese Buddhism, Japanese Buddhism, Tao'an, Saich

（张文良　中国人民大学哲学院　北京　100872）

佛教跨文化传播的北宋范式[*]

韩剑英

摘　要：佛教作为世界范围跨文化传播的成功范式，从印度佛教到中国佛教，为跨文化传播提供了非常可贵的案例资料和成功经验。北宋佛教在传播中，主动与被动中采取多重策略，进行理论和实践的调试，最终实现了印度佛教跨文化的着陆，使佛教成为中国文化中的三大元素之一。围绕北宋佛教"深层次理论沟通，跨越文化壁垒"、"建立传播平台，会通多元思想"、"借用术语，语言运用本土化"、"观念创新，传播路径明确化"等传播策略，思考北宋范式给跨文化传播带来的启示，意义重大。

关键词：佛教　跨文化传播　北宋模式

佛教是世界范围跨文化传播的成功范式。佛教在公元前6至前5世纪古代印度产生后不久，约在公元前3世纪左右，在孔雀王朝阿育王时代跨越了南亚次大陆，传播至小亚细亚（西亚和中亚的一部分）、埃及、马其顿、希腊等国家和地区，并以斯里兰卡为中心向东南亚传播（形成南传佛教），以克什米尔、白沙瓦为中心，向大月氏、康居、大夏、安息和中国境内的于阗、龟兹传播（形成北传佛教）。至公元前1世纪，佛教的足迹已到达了西亚、中亚、东南亚、南亚等许多地区，成为世界性、跨文化的宗教形式。伴随着佛教大乘中观学和瑜伽行派的确立，佛教在西域地区

---

　*　本文受到北京市教育委员会人文社会科学研究计划面上项目支持（项目编号：SM200711232003）。

和交州（今越南河内）日渐活跃，不同文化交流促使佛教传入汉地。历经反复曲折的发展历程，伴随着初传时期的佛经翻译，佛教开始了规模发展，魏晋南北朝、隋唐之后，佛教义学和宗派都得到了长足的发展。此后，佛教先后传入西藏、云南，朝鲜、日本以及许多欧美国家，如德国、英国、法国、意大利、瑞士、美国等。

时至今日，佛教作为世界三大宗教之一，已成为跨文化传播的宗教典范。佛教和平的传播方式、智慧的解脱方案、中道的人生追求、诸善奉行的价值观、平等慈悲的伦理观等等都具有跨文化特征，成为在古今世界各种文化背景下传播的内在理论源泉。更重要的是，佛教在每一个社会时期、每一种文化传统中总是能够根据不同的时代需求和文化需求，不仅对思想理论作出适当的调整，还会在传播路径上进行严密的思考，以更好地促进佛教在现实中的适应性。佛教在跨文化传播中所采取的正确传播理念、方法和策略，帮助佛教在另外一个文化传统成功着陆。在这个方面，北宋佛教为我们提供了一个非常好的、可供现代借鉴的跨文化传播范式。

一　深层次理论沟通，跨越文化壁垒

佛教自两汉之际、公元前后传入中国，历经魏晋南北朝、隋、唐、五代十国，至北宋赵匡胤 960 年立国，差不多有一千年。千年之间，佛教的跨文化传播经历了几个关键性阶段。

第一阶段中，魏晋南北朝时期鸠摩罗什、昙无谶为代表的外来大师，与道安、庐山慧远为代表的本土大师之间，在弘扬佛教的同时围绕佛教理论展开了全面的论争。其间，用《老子》、《庄子》中的名词去解释佛教思想的"格义"方法，成为本土学者型大师们沟通两种不同文化的主要方法。如《高僧传》卷 6 "慧远传"记载：

> （远）年二十四，便就将说。尝有客听讲，难实相义。往复移时，弥增疑昧。远乃引《庄子》义为连类，于是惑者晓然。[1]

---

[1] 《大正藏》卷 50，第 211—212 页。

　　这个时期，中国哲学史上正是玄学风生水起之时，知识分子和上层贵族往往以谈玄论道为乐事。慧远年少时即"尤善庄老"（《大正藏》卷50，第357页下），出家后引《庄子》为连类，拟配佛教思想，在当时佛教还不为很多人所知的情况下，不失为传播佛教的上乘方法。

　　根据汤用彤先生的研究，慧远使用的"格义"方法并不是特例，在当时是具有一定的普遍性的："然安公之学，固亦融合《老》《庄》之说也。不惟安公如是，即当时名流，何人不常以释教、《老》《庄》并谈耶！"①

　　毫无疑问，佛教作为外来文化，在刚刚传入中国时，为了更多取信，作为早期中国佛教解释经典、教授学徒的一种工具和方法，"格义"帮助佛教实现了跨文化着陆最初的艰难阶段，其价值和意义是不可或缺的。②更是被汤用彤先生称为"中国学者企图融合印度佛教和中国思想的第一种方法"。③

　　然而在这一阶段人们往往忽略的一个问题是："格义"作为一种方法，借用的本土文本——文本往往是语言、逻辑、价值观、思维方法等等的直接载体——主要是三玄中的《老子》和《庄子》。

　　一方面，《老子》"玄之又玄"、"无为而无不为"的思想，《庄子》"汪洋恣肆"、"齐物逍遥"的风格，与印度佛教出世的精神追求本质上是不同的。道安即认为"先旧格义，于理多违"。④鸠摩罗什弟子僧叡在《毗摩罗诘提经义疏序》中批评说"格义迂而乖本"，认为"格义"导致佛教与本来的义理乖违。⑤

　　另一方面，《老》《庄》自然主义的理想在中国文化中并不具有主流显学的地位。当试图用《老》《庄》思想来"格义"佛法，即便忽略对佛法真意的把握，学者们发现这种方法使佛教在现实的传播不仅成为本土文化的附庸，而且事实上未能突破主流文化的壁垒，与主流文化的融合，

---

　　① 汤用彤：《汉魏两晋南北朝佛教史》上册，第169页。
　　② 参见张风雷"论'格义'之广狭二义及其仔佛教中国化进程中的历史地位"，《佛学与国学》，李四龙主编，九州出版社2009年版。
　　③ 《汤用彤选集》，天津人民出版社1995年版，第410页。
　　④ 《高僧传》卷5《僧先传》，《大正藏》第50册，第355页上。
　　⑤ 苏晋仁等点校本《出三藏记集》卷8，中华书局1995年版，第311页。

也就是与经过汉初董仲舒儒学国教化以后、建立在宗法制传承基础上的儒家文化结合，而非仅仅与《老》《庄》进行"格义"，佛教才能够在社会中获得生存和发展，才能真正实现跨文化的着陆。佛教在这个时期所经历的三教斗争，特别是北魏太武帝、后周武帝的毁佛事件，现实的残酷促使学者们进一步思考佛教与中国文化的深层次理论结合点。

因而，在第二个阶段，结合汉儒的阴阳五行学说、伦理纲常观念等来"格义"佛教理论，成为学者们理论建构的方向。较早的如北魏僧人昙靖伪作《提谓波切利》二卷。① 至隋唐时期，儒家阴阳五行与纲常伦理逐渐取代《老》《庄》，成为"格义"佛教最重要的思想来源。如隋天台智者大师著述的《仁王护国般若波罗蜜经疏》、《摩诃止观》中，唐代名僧法琳《辩正论》中，多有类似的说法。② 这种新的"格义"，延续了第一个阶段"格义"的形式，在内容上则是"旧瓶装新酒"。在客观上，经历第二阶段的"格义"后，佛教逐渐获得了中国主流文化的认同，并得到了长足的发展。天台宗、华严宗、三论宗、禅宗、法相宗等宗派的建立，正是佛教作为外来文化与本土文化中的主流形态结合的产物。然而，唐武宗、五代后周世宗的再而三、三而四的排佛事件，虽然不乏复杂的社会政治、经济等各方面原因，佛教与本土文化的深层次的理论沟通不畅，不能不说是其中不可忽视的因素。

至北宋初年，伴随着儒学的自觉，抑佛思潮逐渐萌芽甚至甚嚣尘上。宋太宗时期见诸正史、笔记、佛教文献的言辞极端的反佛资料逐渐出现，其中如田锡③、陈恕④等人都是其中的先锋人物。宋真宗时期，著名政治

---

① 已佚失，参见张风雷文第 46 页注 4。

② 参见《仁王护国般若波罗蜜经疏》卷 2，《大正藏》第 33 册，第 260 页下至 261 页上；《摩诃止观》卷 6，《大正藏》第 46 册，第 77 页上、中；《辩正论》卷 1，《大正藏》第 52 册，第 494 页下。

③ 太宗端拱二年（989）取杭州释迦舍利，度开宝寺建舍利塔，前后超过八年，巨丽精巧，近代绝无，所费亿万计。时知制诰的田锡上书反对，其言切直，"众以为金碧荧煌，臣以为涂膏衅血"《长编》卷 30《太宗端拱二年八月》条，（宋）李焘撰，中华书局 2004 年版。

④ 《宋史》卷 267 "陈恕传"说："素不喜释氏，尝请废译经院，辞甚激切。"其后在咸平六年（1003），时知开封府的陈恕说"僧徒往西天取经者，臣尝召问，皆习学经业，而质状庸陋。或往诸藩必招轻慢。自今宜试经业察人材。择其可者令往。"真宗"诏可"，这也表明真宗对于当时佛教的发展状况是清楚的。

家思想家王禹偁"素不喜释氏,始为知制诰,名震一时。丁晋公、孙何皆游门下"①。在至道三年(997),王禹偁应诏上疏,提出五项"军国大政"的改革主张,其中,第四条便为:"沙汰僧尼,使疲民无耗。"宋初三先生(胡瑗、石介、孙复)都极力反对佛教,石介在《怪说》中更把佛、老合称为三怪之二。范仲淹、欧阳修、夏竦等士大夫们,在北宋的改革大潮中,往往把矛头指向佛教。② 在此背景下,以孤山智圆(976—1022)为代表的佛学思想家把"格义"推到了一个新的阶段:以《易经》格义佛教思想。

《易经》是中国文化中五经(或六经)(易、诗、书、礼、春秋)、三玄(易、老、庄)之首,以《易经》格义佛教,兼有了第一阶段以老庄格义和第二阶段以儒家阴阳五行伦理道德格义的双重功效。孤山智圆思想中强调"准的五经,生生为易"。③ 在五经中智圆最为重视的是《易》。智圆认为:"《易》者,伏羲之书","《易》准四德之义而立五常之道":

> 读《易》也,乃知本乎太极,辟设两仪,而五常之性,韫乎其中矣!故曰:"立天之道曰阴曰阳,立地之道曰柔曰刚,立人之道曰仁与义"。是故文王海列四德以演之,圣师岳配五常以翼之,乃以乾坤首之也,繇是知五常者,其周孔之化源乎!④

很显然,在这里,智圆对《易》的性质和功能进行了明确的解说,其性质为"本乎太极,辟设两仪",其功能则"准四德之义而立五常之道"。智圆对《易经》的重视,一方面体现在他的佛学论著中的文字,另一方面更是在他的理论思维中的《易经》阴阳辩证的逻辑模式。

孤山智圆,作为一名天台宗高僧和宋学先觉思想家,他把天台三观(从假入空、从空入假、不二中道)的思想和逻辑,特别是天台中道辩证

---

① 《石林燕语》卷10,(宋)叶梦得撰,中华书局2006年版,第145页。

② 参见欧阳修"本论",《居士集卷十七》论六首本论二,《欧阳修全集》,(宋)欧阳修撰,中国书店1994年版,第121—123页。

③ 参见韩剑英博士论文《宋学先觉——孤山智圆思想研究》第四章第二节"孤山智圆对儒家思想的抉择"。

④ "《黄帝阴符经》题辞",《闲居编》卷11,第882页中。

法，与《易经》"一阴一阳之谓道"的易学辩证法，出神入化地从最深层次上进行了"格义"。天台辩证法与易经辩证法的矛盾统一，使"格义"作为佛教跨文化传播的工具得到了根本完善，第一阶段的"迁而乖本"和第二阶段的"浅而尴尬"，到第三阶段的不二统一，使北宋佛教在中国化的道路发展上既避免老庄玄学式的空虚，又从理论上避免了佛教与儒家伦理表面的比对所带来的尴尬，促使宋代佛教以更高层次的世界观面目出现，追求以平等观从空入假，积极地从学术义理和社会实践中寻求"救弊"、"垂裕"、"为利于上下"的道路。

宋学传统都非常重视《易》，宋学代表人物大多长于《易》。《宋史》述及天圣五年（1027）在应天府主持学政时，对于以范仲淹为领袖的经学复兴作了如下描述：

> 仲淹泛通六经，长于《易》，学者多从质问，为执经讲解，亡所倦。尝推其奉以食四方游士，诸子至易衣而出，仲淹宴如也。每感激论天下事，奋不顾身，一时士大夫矫厉尚风节，自仲淹倡之。①

以易学思想格义佛教，从根本上推动了佛教与中国本土两大文化传统的沟通；以《易经》为中心实现跨文化的深层次理论沟通，使三家真正成为一家。北宋以后，三教鼎立成为事实，无论佛教本身如何面对来自内部的问题和外部的压力，佛教再也没有经历"三武一宗"的法难了。佛教在跨文化传播中也跨越了本土文化中最坚固的壁垒、最隐蔽的屏障，真正着陆于中国文化的深厚土壤中。

二 建立传播平台，会通多元思想

北宋佛教以易学思想从根本逻辑上"格义"佛教，从深层理论上实现了佛教与儒家、道家的理论沟通。那么，《易经》是否就能够担当三教

---

① 《宋史》卷314范仲淹传，（元）脱脱等撰，《范仲淹全集》附录一传记，四川大学出版社2002年版，第851页。

沟通的平台呢？从儒道两家来说毫无问题，历史上人们已经认同了《易》乃三玄五经之首，然后这可能又将成为佛教跨文化传播的屏障。大家都认同是儒道两家的经典，佛教很难改变这种既成的观念。另外，《周易》的象数、爻筮变化繁复，孔子所撰《十翼》的儒学化解释，从文本的角度也都存在着不利于佛教借用的因素。

《中庸》，五经《礼记》中的第三十一篇，这篇短文湮没在《礼记》宏大的著作中，长期以来并没有得到儒家的重视。然而《中庸》开篇即曰："天命之为性，率性之谓道，修道之为教。道也者，不可须臾离也，可离非道也。"

儒家"治国平天下"的外向型理论特点，必然使儒学心性论存在着重大的理论缺陷，一方面缺乏完整的心性论体系结构，另一方面对心性论缺乏深刻严谨的本体论论证。儒家系统中由于孔子"罕言性命"，孟子一路主要从心而言性，即"尽其心者，知其性"，被后世称谓"道德之进路"（Moral approach）；儒家传统经典从天道而谈"性"，成为"宇宙之进路"（Cosmological approach）的只有《易传》和《中庸》。《中庸》"天命之为性"的表达正是儒家"宇宙之进路"中的核心表达。

孤山智圆法师所在的天台宗号称"一性之宗"，孤山智圆又称佛教为"一大事因缘出现于世"，即"复众生之性"。在此，"性"是万有不变之真性、本体，以不改为义，是"心、佛、众生三无差别"之本体。

虽然，儒家之"性"重点在于"人性"，是人能够成圣的形而上学依据；佛教之"性"，重点在于"佛性"，是众生皆能够成佛的本体论依据。然，仅从性命之学的关注而言，《中庸》是能够满足佛教传播修身养性主旨的载体的。另外，《中庸》之道，也就是"中和"之道，与《易经》阴阳辩证法是一脉相承的，与天台宗中道辩证法也多有异曲同工之妙。同时《中庸》作为儒家经典的身份，能够更畅通无阻地把佛教的理念传播至千家万户。

因而，我们看到的情形是，在真宗（997—1022）后期开始、至仁宗朝（1023—1063）时期便受到了帝王、士大夫阶层以及缁素的广泛关注。天圣五年（1027），仁宗送给新科进士的见面礼就是《中庸》。《续资治通鉴长编》天圣五年四月辛卯条载："赐新及第人闻喜燕于琼林苑，遣中使赐御诗及《中庸篇》一轴。上先命中书录《中庸篇》，令张知白进读，至修身治人之道，必使反复陈之。"①

此后，学习《中庸》已逐渐开始成为一些宋学思想家的共同选择，范仲淹、欧阳修、苏轼、王安石、司马光等都倍加重视，广为阐发。欧阳修在作于宋仁宗景祐三年即1036年的"读李翱文"中说道："予始读翱《复性书》三篇，曰：'此中庸之义疏尔'。智者诚其性，当读《中庸》"。又曰："《中庸》曰'天命之谓性，率性之谓道'者，明性无常，必有以率之也"②，苏轼曾撰有《中庸论》（上、中、下）三篇，并认为《中庸》之要有三："其始，论诚明之所入；其次，论圣人之道所从始，推而至于其所终极；而其卒乃始内之于中庸。盖以为圣人之道，略见于此矣!"③等等。

所以，佛教在中国跨文化传播中给我们的又一个启示是：以《中庸》文本的传播为中心，建立一个共赢的跨文化传播平台。

三　借用术语，语言运用本土化

宋代的大德高僧，不仅在思想上认同三教，儒道兼修，在传法实践中，也从简单的一对一的格义逐渐发展为广泛使用儒道的术语，在语言运用上的本土化使佛教在北宋的传播更多了一份亲切。

前文提到的孤山智圆大师，在《四十二章序》中大量使用老庄术语来表达佛教思想：

> 古者能仁氏之王天竺也，象无象象，言无言言，以复群生之性，由是佛教生焉。教之高下，视根之利钝，是故有顿焉，有渐焉，然后混而为一，是谓开显。而蚩蚩群汇，率其化，复其性，蹈乎大方，安乎秘藏者，可胜言哉？——！若夫释氏之为训也，指虚空世界也，悉我自心焉。非止言其"太极生两仪，玄牝为天地根"而已矣；考善

---

① （宋）李焘撰：《续资治通鉴长编》卷105，中华书局2004年版，第2439页。
② （宋）欧阳修撰："答李翊第二书"，《欧阳修全集》，中国书店1994年版，第319页。
③ （宋）苏轼撰："中庸论上"，《苏东坡全集》，中国书店1994年版，第760页。

恶报应也，悉我自业焉，非止言其"上帝无常，天网恢恢"而已矣。①

在这里，"象无象象、言无言言"，"混而为一"，"太极生两仪，玄牝为天地根"，"上帝无常，天网恢恢"等，都是典型的《易》、《老》、《庄》的术语与语言格式，而其思想则是为建构佛教理论服务。智圆自号"中庸子"，用最具有儒家色彩的术语来传播佛教的中道思想。

至于北宋中期的契嵩禅师（1007—1072），继承了格义传统，更是直接通过解读儒家经典来讲佛教思想。如：

《中庸》曰："自诚明谓之性，自明诚谓之教。"是岂不与经所谓实性一相者似与？《中庸》但道其诚，未始尽其所以诚也。及乎佛氏演其所以诚者，则所谓弥法界，遍万有，形天地，幽鬼神而常示，而天地鬼神不见所以者。②

在契嵩所著的《辅教篇》中，说道：

儒者，圣人之大有为者也；佛者，圣人之大无为者也。有为者以治世，无为者以治心。③

在讲到佛教人天乘的五戒十善时，契嵩不仅用儒家的五常名教等进行了解释，而且将大乘佛教以六度为中心的各种修行法门与儒家名教相会通：

儒所谓仁义礼智信者，与吾佛曰慈悲，曰布施，曰恭敬，曰无我慢，曰智慧，曰不妄语绮语，其为目虽不同，而其所以立诚修行，善世教人，岂异乎哉？④

---

① 《闲居编》第一卷，智圆撰，《续藏经》第56册，第870页下至第871页上。
② 《大正藏》卷52，第689页上。
③ 《镡津文集》卷8，《大正藏》卷52，第686页中。
④ 《大正藏》卷52，第69页中、下。

大乘佛教所宣扬的六度，就是要自度度人，度人就是要传播佛法。契嵩在使用完全本土化的儒家术语来传播佛教思想的做法，是北宋佛教大师中走得最为彻底的一个案例。他曾先后两次向宋仁宗上书，受赐"明教大师"之号，争取到了朝廷和士大夫对佛教的更多理解和支持，也促使了云门宗（禅宗）在北宋的兴盛。

四 观念创新, 传播路径明确化

到北宋时期，由于经济的发展、商业的繁荣和文化的兴盛，都需要迅速地大量地传播信息。传统的高僧大德在寺庙中讲经说法自然仍然是佛教传播不可替代的重要路径之一，如赞宁《宋高僧传》中几乎比比皆是高僧讲经说法的记录。另外，僧人通过与士大夫阶层的交往从而传播佛教观念也是重要的路径之一，随意打开北宋士大夫的文集，他们与僧人的交往往往是生活中的重要一笔，即便那些主张限制佛教的士大夫也是如此。例如，北宋有一位僧人惠勤（或慧勤，生卒年不详)[1]，能诗，与宋学形成时期包括范仲淹、欧阳修、苏轼、蔡襄、梅尧臣等众多宋代代表人物都多有往来。范仲淹于皇祐元年（1049）正月至皇祐二年（1050）十一月期间，张方平于皇祐二年（1050）十一月至皇祐三年（1051）六月期间，分别守杭，并与孤山慧勤多有来往。欧阳修也有多首诗相赠。孤山慧勤活动的时间很长，直到苏轼（1036—1101）守杭期间，苏轼因欧阳修的推荐而访慧勤于孤山之下，苏轼说"予到官三日，访勤于孤山之下，抵掌而论人物。"[2] 苏轼《腊日游孤山访惠勤惠思二僧》应该记的就是此事，

---

[1] 《佛祖统纪》卷 21 "诸师杂传第七"有"钱唐惠勤法师"之名，无传。此卷中"法师可久"传中，记录可久"钱唐钱氏。天圣初，覃恩得度学教观于净觉。无出世志，喜为古律诗。苏轼监郡日，尝与师及惠勤、清顺为诗友。所居西湖祥符，萧然一室，清介守贫，未尝有忧色"。《大正藏》第四十九册第 242 页上。

[2] 《六一泉铭·叙》中曰："予昔通守钱塘，见公（欧阳文忠）于汝阴而南。公曰：'西湖僧惠勤甚文，而长于诗，吾昔为《山中乐》三章以赠之。子间于民事，求人于湖山间而不可得，则盍往从勤乎？'予到官三日，访勤于孤山之下，抵掌而论人物"。《苏东坡全集》，（宋）苏轼撰，中国书店 1994 年版。

时间当为 1070 年 12 月 1 日，苏辙《栾城集》卷四有记。此后，苏轼与惠勤多有交往。因为士大夫在世俗社会的影响力，一些佛教高僧与士大夫的交往事实上也是佛教传播的重要形式。

不过讲经说法也好，与士大夫的交往也好，这些都是佛教在跨文化传播早期所使用的最传统的方法，虽然经典，但面临北宋社会汹涌的世俗化浪潮，这些传统的传播方式拘囿于寺院内部，难以满足社会上普通百姓的巨大需求。这时，新兴的印刷技术给文化传播带来了极大的机遇。虽然唐朝中后期开始出现较为成熟的雕版印刷术。但因为时值藩镇割据，人心动荡，后又历五代，社会混乱，因此，雕版印刷技术的成熟并推进活字印刷术的出现，是在北宋建立以后。宋仁宗庆历元年至八年间（即公元1041—1048 年）毕昇活字印刷术出现①，印刷术空前发达，杭州、东京、蜀中、福建成为举世闻名的印刷业中心②，而两浙地区造纸业更是居全国前列。印刷业、造纸业作为新兴产业的发达，使文化传播的成本直线降低，大规模生产成为可能。

从现存的资料看，佛教界最早成功利用印刷术革新带来的历史机遇。由宋太祖发愿雕造、至太宗时才完成的官版大藏经是我国第一部汉文大藏经《开宝藏》（现存的《赵城金藏》和韩国的《高丽藏》就是《开宝藏》的覆刻藏）。此后，北宋佛教界还刻印了《崇宁藏》、《毗卢藏》等，成为中华大藏经的滥觞，成为佛教传播的重要载体，皇帝在召见外来使者时，往往赐大藏经作为最重要的国礼，佛教在承担外交功能的同时完成了自身的传播。

除印行大藏经外，北宋佛教传播更为重要的借助佛经单行本。对于当时的寻常百姓和一般士大夫来说，拥有一部大藏经毕竟不太现实。但拥有几部单行的佛教经典则是完全可能的。前文所提孤山智圆法师，以"黜讹从正，去滥传真"为职，"遍搜古本，及考论疏纰缪者则正定之，妄加者则删削之"，对于当时佛教的单行经典进行了大量的校刊整理。更重要的是，由于佛教三藏的浩瀚，一般信徒和士大夫都不可能完全了解佛教经

---

① 《梦溪笔谈》30 卷，沈括著，大约成书于 1086—1093 年，被西方学者称为中国古代的百科全书，是我国科学发展史上的珍贵遗产。

② 《中国通史》第五册，蔡美彪等编，人民出版社 1978 年版，第 71 页。

典，从而影响了对佛教真义的把握和学习，因而至智圆提出了十经的概念，包括《四十二章经》、《佛遗教经》、《瑞应本起经》、《首楞严经》、《心经》、《阿弥陀经》、《普门不思议法门经》、《文殊说般若经》、《观普贤行法经》、《无量义经》，这十部经典小大相集、开权显实。孤山更以高世之才、弥天之笔，撰十疏以伸十经，以十经为佛教核心精神传播的载体，促佛教成为儒生士大夫"游心"之学和普通百姓的"祈福"之教。

孤山智圆的做法，得到了南宋《释门正统》的高度赞扬，称他在唐代韩愈排佛之后，能够撰十疏弘扬十经，对于佛教是扶树有功，得到了佛教内外的共同认可。核心经典的传播可以说是佛教面对世俗化社会作出的最好应对，也是那个时代大众传媒跨文化传播的重要路径之一，也成为了佛教跨文化传播中走出的重要一步，佛教经典进入寻常人家，佛教的跨文化传播才是真正的软着陆。

需要指出的是，佛教的跨文化传播是个极为复杂曲折的过程，即便北宋佛教跨文化传播的策略、方法、路径，也远非我们在一篇小文中所能尽述。以上四个方面的内容，"深层次理论沟通，跨越文化壁垒"、"建立传播平台，会通多元思想"更侧重于理论上的抉择，"借用术语，语言运用本土化"、"观念创新，传播路径明确化"更侧重于实践中的方法。无论是理论上的抉择，还是实践中的方法，可以说是佛教在跨文化传播中尊重与理解本土思想，适应本土要求从而获得生存的合法性和发展空间，这些都是佛教理论的主动调试。无论是早期以《老》、《庄》为主的格义，第二时期以儒家阴阳五行伦理道德为主的格义，还是第三个时期以《易经》为核心逻辑的格义，佛教采取了迎合依附、话语渗透等多重策略，在与儒家道家文化的相互碰撞中，在丰富中国文化的内涵、刺激儒家在北宋早期的复兴以及道家在北宋中期的发展的同时，也极大地丰富了佛教自身的思想，佛教多元圆融的思想为各种信仰预留了足够的延展空间，从而为佛教的跨文化发展赢得了最为宝贵的历史机遇。北宋佛教跨文化交流的历史事实告诉我们：跨文化交流绝非是一个单向的文化移植，而是一个文化的创新过程；这个过程，不是一方吃掉另一方的过程，而是双方良性竞争中的和而不同的发展。无论是外来文化，还是本土文化，都将是这个过程的受益者。

North Sung Buddhism:
A Successful Pattern of Cross-cultural Communication

Abstract: Buddhism, from India to China, is a successful module of cross-cultural communication in the world, provided us a precious case and successful experiences. North Sung Buddhism tried, actively of passively, multiple strategies as well as different theoretical and practical adaption in the communication, finally achieving the final cross-cultural landing of Indian Buddhism to be one third part of Chinese culture. This paper tries to study the enlightenment and significance of North Sung Pattern through 4 strategies, including: 1. deep communication to cross the cultural barrier; 2. establishing communication platform to interflow the multiple thoughts; 3. using special terms to localize the language; 4. innovating the concepts to try the new ways of communication.

Key Words: Buddhism, Cross-cultural Communication, Pattern of North Sung

(韩剑英　北京信息科技大学人文学院　北京 100192)

基督教与跨文化研究

张 华

摘 要：中世纪的基督教和神学是局限于"神圣"领域里的统一体，教俗是绝对对立的，有人将之称做教牧生活或"信仰神学"；现代基督教是融汇和吸纳了人文学内容的基督教，是与西方文化共同建构的基督教，有人将之称做"文化的基督教"或"基督教文化"，其神学也具有了明显的"学术神学"特征；当代基督教则是基督教文化与其他文化进行跨文化对话的基督教，有人称之为"后基督教"，比如"汉语基督教"和"汉语神学"。从基督教及其跨文化理解、跨文化特征和跨文化语境等三个方面对这一进程进行论述，具有重要的现实意义。

关键词：基督教 神学 跨文化研究

近些年来，基督教研究在中国学术界引起重视之后，明显表现出跨文化的视野与特征。换言之，当代的基督教研究及学术神学在很大程度上变成了一种跨文化对话，而基督教会及其教牧神学也就不可避免地置身于跨文化对话的语境当中。随着中国复兴和崛起进程的加快，一方面，带有基督教文化烙印的西方学者越来越多地将目光投向以中国为代表的东方世界，投向儒教文化圈；另一方面，中国文化传统也越来越多地与西方世界交流、对话以至融合，中国文化"走出去"，把中华文明带入基督教文化领域。因此，基督教与跨文化研究就成为一个非常值得探讨和思考的学术课题。但是，由于不同的视角必然带来对一些相关概念的不同理解，所以，本文在探讨基督教与跨文化研究问题之前，仍有必要对这些相关概念作一点基本厘定。

首先是英文 Catholic Church，Orthodox Church 和 Protestant Church 的汉语翻译问题。长期以来，中国教会和宗教学界一直沿用天主教、东正教和基督教的传统译法，这曾引起教会的一些质疑和学术研究中的概念混乱，因为无论 Catholic 还是 Orthodox，都和 Protestant 一样，是以"基督事件"为信仰基础和前提的，仅将 Protestant 在汉语翻译时"凸显""基督"之内涵显然"有失公允"。20 世纪 80 年代末宗教研究开始在中国学术领域进一步展开时，为了使中文的意思更为明确，有学者建议将 Catholic 译为"基督公教"、Orthodox 译为"基督正教"、Protestant 译为"基督新教"，并将统称三者的 Christianity 译为"基督宗教"。最近一些年接受"基督宗教"译法的人越来越多，但"基督公教"、"基督正教"等译名则很少有人用。我倒认为，若从尽量遵从旧例而避免新的混乱考虑，也许只将 Protestant 改译为"新教"即可，"天主教"、"东正教"仍维持原译，这样与"新教"一起，三者则可以仍然统称为"基督教"，对应英文的 Christianity 一词。其实，如果简要地概括三者各自的历史，我们可以说"天主教"的原义在于"一统天下"（大公），"东正教"的原义在于"遵循正宗"（正统），"新教"则包含"改革求新"（抗争）的初衷。本文所述"基督教"即为包含"天主教"、"东正教"和"新教"在内的以"基督事件"为信仰基础和前提的宗教，是三者的统称。

其次是对"基督教"和"神学"概念的理解问题。在过去，基督教就是教会，是宗教牧养团体或信界生活的意思。而神学的字面意义即"关于神的学问"，基督教神学的直接内涵即建立人类对上帝正确认识的学说，基本上是教会的教牧神学，也就是对基督教内部的信仰理念的研究和阐释，具体说可以说是"研读《圣经》"或"释经"的学问，也可称做"神圣"的教义理论。严格讲，"神圣"的基督教神学（Divinity，神性之学）与"世俗"的人文学（Liberal Arts）在过去是绝对对立的（Liberal Arts 的原意就是摆脱神学束缚而获得"解放"和"自由"的人文艺术学科）。经过长时期的发展，今天的基督教及基督教神学已远不再是原来意义上的基督教及其神学了。在过去，"教会之外是没有神学的"，就如同"教会之外无救赎"一样，而今天的基督教及其神学（Theology，神哲之学）则更多带有了基督教文化和学术的成分，出现了"基督教研究"

的概念，出现了非信徒学者对基督教神学进行的学术研究，而这在以往是绝不可能的。20 世纪八九十年代在香港和大陆学术界之间关于"文化基督徒"的论争就是一个再好不过的例证——即便在 20 世纪末期，教会的"高墙内外"仍存在巨大的隔阂。① 在此之后，随着时间的推移，非信徒学者的基督教研究和神学研究，不仅丰富了神学的内涵，使得基督教本身及其神学以较为开放的心态对待"世俗"学说，同时也使得人文学术将神学的"无限"、"终极"、"神圣"、"绝对"等概念纳入视野，促进了人文学术的发展。就此而论，可以说今天的基督教及其神学已经明显具有了跨文化的特征，也就是在此意义上，"基督教与跨文化研究"之说也就顺理成章地得以成立。

一　基督教及其跨文化理解

保罗·梯利希（Paul Tillich）曾经在其《文化神学》中提出一个著名论断："宗教是文化的意义，文化是宗教的形式。"②梯利希还曾说过："没有一个文化创造能够隐瞒自己的宗教根基。"③ 这清楚地表明了宗教与文化之间的相互关联，也在很大程度上表明任何文化，甚至一种现代的、世俗的文化都完全可能在宗教或宗教感中找到自己的表达形式，即使它跟孕育了这些宗教感的神学或信仰传统全无关系。反之亦然。文化与宗教是表里关系，相互依存。这同时也说明，现代基督教本身就具有文化的内涵，而基督教神学则更是如此。事实上，前文中对有关概念的厘定已经在某种程度上表明今天对基督教的跨文化理解。

基督教之跨文化意涵，最明显地体现在当代中国人对基督教的理解

① 关于"文化基督徒"的论争可参见香港汉语基督教文化研究所编：《文化基督徒：现象与论争》（1997）及斯德哥尔摩大学 Fredrik. Fällman 的博士论文：*Salvation and Modernity：Intellectuals and Faith in Contemporary China*.

② 参见保罗·梯利希《文化神学》，由罗伯特·C. 开姆勃（Robert C. Kimball）编辑，纽约：牛津大学出版社 1964 年版，第 42 页；同时参见保罗·梯利希：《基督教及其与世界宗教的相遇》，纽约：哥伦比亚大学出版社 1963 年版。

③ 爱德华·塞尔编：《宗教与当代西方文化》，衣俊卿译，台北：桂冠图书股份有限公司 1995 年版，第 305 页。

上。也是在《文化神学》中，梯利希针对卡尔·巴特（Karl Barth）所言"教会基督徒"的说法，也曾提出"文化基督徒"的概念，这与前文所说的"文化基督徒"有一定关联。梯利希认为，与"显在教会"并存的还有"潜在教会"，二者共同参与社会文化的变迁。就此看来，基督教对中国文化的作用，实际上也已超出教会功能。而跨文化之为谓，简单说（暂且不论文化主体间的"间性"理论）即两种或多种互为"异文化"的文化间所形成的异质"文化场"，基督教及其神学在当代中国全然置身于这样的"文化场"之中，而自身也就必然染袭了不同文化的多样性，而恰恰是这种跨文化的多样性使得基督教成为全球性宗教，① 单个的基督教观念是不可能具有这样的能力的。宗教是文化的意义，它充满各式各样文化的世界，让一种宗教只和其中一种文化结合的空间和可能性是极小的。就像基督教在罗马成为罗马基督教一样，基督教在莫斯科成为俄罗斯基督教，在北美成为北美基督教，在埃及成为埃及基督教，还有，在中国也成为了中国的基督教。这样的进程今天仍在继续，这就是基督教及其神学的跨文化理解。

马克斯·穆勒（Friedrich Max Muller）曾经提出"只懂一种宗教其实是不懂宗教"的论说，并就此创立了宗教学和比较宗教学。宗教学和比较宗教学其实是一个学科的两种表述，宗教学的研究离不开比较的方法，比较宗教学本身就是宗教学研究，而对宗教的比较研究也就自然具备了跨文化的视野和理解。现代基督教及其神学在西方世界与其文化如影随形，基督教及其神学成为了西方文化的宗教基石。② 在当代中国特别是改革开放后，当紧闭的国门打开时，祖国与西方巨大差距的现实刺激着有强烈民族自尊心的热血知识分子。为了寻求富强之路，他们开始潜心研究西方世界中影响力无处不在的基督教文化及其神学思想。在今天，中国社会受基督教文化及其神学思想的影响而出现了一种信仰意义上的"终极关怀"，而不少中国人也由此达到了一种人格意义上的"终极转换"……由"终

---

① 参见尤斯图·L. 卡查勒（Justo L. Gonzalez）《教会历史的形式变化》，St. Louis, MO：查里斯（Chalice）出版社 2002 年版。

② 关于西方基督教与西方文化之关系，可参见 Martin Marty, "Cross-Multicultures in the Crossfire: the Humanities and Political Interests", see David A. Hoekema and Bobby Fong edited, *Christianity and Culture in the Crossfire*.

极关怀"到"终极转换"的基督教精神在中国文化中潜移默化、润物无声，为在当代文化中审视中国基督教的存在类型和方式，提供了另外一种视域和选择。① 中国基督教及其神学是西方基督教及其神学与中国文化"求同存异"的产物，它既有异于西方基督教之处，又有异于中国传统文化的地方。其实，中国基督教文化及其神学，就是基督教及其神学在西方由牧养生活和教牧神学转变为基督教文化和学术神学之后，与中国文化进行跨文化接触、跨文化撞击、跨文化对话、跨文化交流和融合的结果。如果说西方基督教及其神学有一个向文化和学术神学转换的过程的话，当代中国的基督教则从一开始就是西方基督教文化和学术神学与中国文化结合的过程，因此，我们今天对当代中国基督教的理解从一开始也就是在做一种不可避免的跨文化理解。就此而言，"中国特色"的基督教也就更是中国人从中华文化传统和个体生存经验出发理解、接受基督教的产物。杨凤岗这位长期工作在美国的宗教社会学家，曾对海外华人基督徒进行"三味"描述。他认为，从"中国式思维的基础上来接受"基督，结果就出现了三种形态的中华文化基督徒，或者说三味基督：儒味、道味和禅味。他指出："文化人的言说也许更具典型，因为他们系统表达了信仰的感受和认识，而三味基督如今都有了典型的表达。儒味的中华文化基督徒代表，在他们身上始终透露出儒家修齐治平的博大胸怀，散发着强烈的入世气息。还有一种则是道味的中华文化基督徒代表。他们在老子的《道德经》中读出普世万民的上帝，在基督神光的照耀下发现隐含其中的普遍启示。在他们的布道会讲说中，到处弥漫着道家的虔敬味道。第三种是禅味基督，它展现的是对于基督精神的追求，而不寓于任何制度化的教会及其神学。"②

显然，如果说当代西方对基督教的理解与阐释是文化的理解与阐释，那么，当代中国对基督教的理解与阐释则是跨文化的理解与阐释，甚至海外的中国人也是如此。

---

① 卓新平：《基督教与中国文化的相遇、求同与存异》，香港中文大学崇基学院，2007 年，第 84—85 页。

② 谢文郁、李向平、吴梓明、杨凤岗、陶飞亚：《基督教和当代中国问题笔谈》，《上海大学学报》（社会科学版）2004 年。

二 基督教的跨文化特征

"全球伦理"（Global Ethic）的首倡者、著名天主教神学家汉斯·昆（Hans Küng）曾提出"没有一种国际的世界伦理，则没有人类的共同生活；没有宗教之间的和平，则没有各国之间的和平；没有宗教之间的对话，则没有宗教之间的和平。"① 这一著名论断一经提出，引用率非常高，特别是在"9·11"事件之后，这一论断引起了全球性的高度重视。就本文所及基督教与跨文化研究而言，这一论断的意义则在于：基督教跨文化特征的最重要表现即跨文化对话特征。如果说当代的西方基督教及其神学是"神圣"的基督教牧养生活及其教牧神学与"世俗"的人文学科之间，进行跨学科的相互承认和交融的结果，那么，当代中国的基督教则是当代西方基督教及其神学与中国文化跨文化对话的结果。

关于西方基督教与西方文化之关系，有人称之为是一场基督教与文化之间的"战争"。与梯利希相似，理查德·尼布尔（H. Richard Niebuhr）也曾出版过一本有关基督教与文化的著作，这部著作的名字叫《基督与文化》（Christ and Culture）。在这部著作中，尼布尔提出了基督与文化的"五种模式"：一，文化的基督（Christ of culture）；二，文化之上的基督（Christ above culture）；三，与文化同在之基督（Christ with culture）；四，反文化的基督（Christ against culture）；五，转换文化的基督（Christ as transforming of culture）。按照理查德·尼布尔的描述，"战争"的积极结果即是基督教的胜利，因为基督可以"转化"（transform）文化，或者我们可以看到"文化的基督"，这会使文化与基督的所思、所是完全一致。② 而在马丁·马蒂（Martin Marty）看来，与"多样的基督教"相应，"文化"也只能是"多样"的，而要在"多样性"之中既持守一定的份额、又避免价值的相对

---

① 参见 Yes to a Global Ethic, edited by Hans Küng, SCM Press, Ltd. , 1996.

② Martin Marty, "Cross-Multicultures in the Crossfire: the Humanities and Political Interests", see David A. Hoekema and Bobby Fong edited, Christianity and Culture in the Crossfire, p. 24.

化，"基督教"与"文化"所能诉诸的逻辑其实没有什么分别。所谓"世俗秩序（或者无序）的合法化"，一方面是认为基督教不必将自己视为"神圣"的守护者、而将其他一切都看做"世俗"；另一方面也试图强调"在一个世俗性受到谴责的社会"，教会的理想"是根本不可能实现的"。与之相应，"参与多样的生存方式"才应被认为是耶稣的作为。这样，"基督教"与"文化"之关系的"五种模式"，实际上被置换为二者共在的自然身份："重要的是基督教群体处于组成了多样文化（multi-cultures）的每一种亚文化（subculture）之中……因此无论在二进制、双焦点、双声道、对极、还是上帝对撒旦、基督对'敌基督'、我们对他们之类的说法中，我从来看不出什么文化'战争'。"①这类相关论述均说明基督教与西方文化之相依相存的建构关系。

中国基督教所表现出的则是一种跨文化对话关系，西方基督教与中国的相遇之路和传播过程其实就是西方基督教文化（与西方文化相互建构之后的、文化"化"了的"基督教"）与中国文化之间的跨文化对话过程，由此观及其他国家的基督教，也莫不如此。

我们不妨简单回顾基督教的在华传播史。根据现有的材料记载，唐太宗贞观九年，聂斯托利派（Nestorians）传教士阿罗本（Alopen Abraham）来到长安。唐太宗李世民派宰相房玄龄"总仗西郊、宾迎入内"，后来又下诏准许其在中国传教，并命人在长安义宁坊建造一座教堂，称波斯寺（后改称大秦寺）。"大秦"即波斯，聂斯托利派所传的信仰则"文取光明之义"，称做"景教"。于是有"大秦景教"之谓。会昌五年，唐武宗崇道灭佛，祸及景教，受到株连从此一蹶不振，但在北方少数民族地区仍然有所传播，乃至元代的"也里可温教"，被认为与景教一脉相承。直到明代耶稣会士再入中国，特别是利玛窦开创"附会儒理"的传教模式以后，基督教才得以立足。由明至清，传教士们普遍采取"自上而下"的传教策略，比如由利玛窦施洗入教的徐光启、李之藻、杨廷筠，都官居高位；传教士南怀仁曾被康熙皇帝任命为工部侍郎、正二品；汤若望曾获封光禄大夫；朗世宁也得到信任和恩宠，长期

---

① Martin Marty, "Cross-Multicultures in the Crossfire: the Humanities and Political Interests", see David A. Hoekema and Bobby Fong edited, *Christianity and Culture in the Crossfire*, pp. 19 – 27.

担任宫廷画师。后来由于"礼仪之争"的分歧未能调和，康熙最终颁布了"禁止可也，免得生事"之诏令，但是相对于景教而言，明清耶稣会士的策略是比较成功的……

1807年，英国传教士马礼逊（Robert Morrison）抵达广州，被视为基督教新教传入中国大陆的标志。荷兰传教士则是在17世纪初就将基督教新教传到台湾。再后来，清代的"教禁"随着鸦片战争的枪炮而被强行打开，使得基督教必然背上"文化侵略"的恶名和骂名。林语堂这位与基督教渊源深厚、并且最终皈依了基督教信仰的人，也曾相当刻薄地描述了基督教在中国的尴尬："传教士进入中国……正是在中国人被鸦片恶臭熏醒的时候。……传教士及鸦片都在战舰的荫庇之下得益，使这情形变得不但可叹，而且十分滑稽可笑。……传教士曾关心拯救我们的灵魂，所以当战舰把我们的身体轰成碎片的时候，我们当然是笃定可上天堂，这样便互相抵消、两不相欠。"① …… 基督教的侵略恶名直接导致了民国时期的"非基运动"以及新中国成立后基督教的"身份危机"。

基督教的来华和在华传播史不是本文探讨的重点，但这段简略描述足以说明基督教文化在中国的历史其实正是跨文化对话的历史，只不过这种对话时而平和时而激烈而已。

基督教研究在中国学术界重新被重视之后，有关基督教与中国文化"会通"、"耶儒对话"、"佛耶对话"、"宗教多元主义"的会议及论文、著作开始大量出现。近些年来，几乎所有有关基督教的研究主题都涉及跨文化对话之内容，而且几乎每次讨论都是国际性的，都是东西方学者、教内外人士共同参与的，都是具有明显跨文化特征的。英国格拉斯哥大学"文学与神学研究中心"主任大卫·雅斯贝尔（David Jasper）曾把当代处境的基本特征描述为"后马克思主义"和"后基督教"的。他说，"东正教、犹太教、启蒙思想和马克思主义，全部被带入了我们这个'后马克思主义'和'后基督教'的时代"。② 事实上，"后马克思主义"和"后

---

① 林语堂：《信仰之旅：论东西方的哲学与宗教》，第36—37页。

② David Jasper edited, *Postmodernism*, *Literature and the Future of Theology*, London：The Macmmillan Press Ltd.，1993，p. 6.

基督教”时代的最根本特征就是多样性和跨文化性。

三　基督教的跨文化语境

显然，经济、文化的一体化和全球化进程，早已把基督教带入了一个跨文化的语境之中。宗教冲突尽管没有停止，但地球已越来越具备一个“村庄”的特征和雏形，文化差异性正在难以遏制地缩小，文化多样性在人们的“保护”声中逐渐消失，东方智慧“和而不同”越来越成为全球性的理想。

很难盖棺定论式地认为这种处境是积极的或消极的，但它毕竟是当代世界的一个现实处境。世界范围内的所谓全球化趋势，首先是作为一种经济学的概念而存在的。然而随着政治、社会、文化等相关维度的不断介入，人们开始愈来愈多地在文化学的意义上谈论全球化。按照杨慧林的观点，“在中世纪的欧洲，从相对整合的基督教世界（Christendom）向‘本土化’（vernacularization）的过渡，是其进入近代发展时期的重要契机。‘本土化’的实质正是不断从统一的‘国际化’（international）转向独立的‘国族化’（national），‘民族国家’（nation states）便是这一过程的自然结果。自中世纪以来，欧洲社会实际上始终沿着由‘统一’向‘多元’分化的模式进展，这与基督教自身的演变基本同构。而目前的欧洲一体化进程，似乎又要向原有的整合世界回复，重新统一其政治、经济甚至军事、外交。在作为一种世界观的基督教日益边缘化的当今世界，这样的整合已经不可能基于中世纪欧洲的‘基督教世界’之理想，却只能诉诸直接的世俗手段和世俗目的。就这一点而言，欧洲的‘一体化’与美国的‘全球化’并没有多少逻辑上的区别。”① 如果从跨文化语境的视角来思考这段话，它对于我们的启示不仅在于对当代基督教如何作跨文化理解，如何理解基督教从整合性的统一体走向“本土化”处境后似乎又开始向统一体回归，而且在于如何理解跨文化的语境究竟型构成了一个怎样的基督教的新统一体。

---

① 参见杨慧林《“全球化”与基督教的自我诠释》，载（加拿大）《维真学刊》2001 年第 3 期。

　　显然，全球化进程带给基督教的是一个全球性的跨文化对话语境，不少神学家、宗教学家似乎也难以回避地参与到其中，或作出引人注目的反应。值得关注的研究可能除了我们前文提到的"全球伦理"之论说外，还应该包括美国学者斯塔克豪斯（Max L. Stackhouse）自 2000 年以来陆续主编的《上帝与全球化》系列文集，这可谓神学界参与全球化问题讨论的集中体现。① 跨文化对话的语境不仅提供了跨文化对话之空间与可能，而且甚至形成了具有跨文化对话特征的新的基督教。这样的基督教虽不再是中世纪整体统一的基督教，但它集合了跨文化对话的成果，在经历了跨文化对话和各国之"本土化"之后，重新形成的基督教也许更具有了"普适性"——而这正是原初的基督教所追求的目标。在这种语境中所"成长"起来的基督教容纳了文化之多样，但"基督事件"的信仰基础和前提不变，对神学的根本问题的回答和诠释也不会变，但却具有了更大的包容性和开放性。

　　基督教在中国的跨文化语境中有一个前景看好的世界性成果和收获，即"汉语神学"的确立和发展。仅从字面意义上来理解，"汉语神学"似乎是"用汉语言体系构成的神学"，就如同"希腊语的神学"、"拉丁语的神学"、"英语的神学"一样，或者甚至似乎是西方神学的汉语翻译。当然，就"跨文化语境"来看，"汉语神学"确实包含有翻译的成分，而翻译本身就是一个跨文化诠释过程，但是，"汉语神学"的意义并非如此简单。

　　卓新平曾将基督教及其神学归为两类。他认为，传统的"信仰神学"主要是"信仰神的学问"，而"学术神学"则更多为"研究神的学问"。在当代中国这种独特的社会、思想、文化语境中，这一"学术神学"实际上已悄然诞生。它与上述"信仰神学"本质有别，却密切关联。在此，"学术神学"既是一种新的"形上"之探，又体现为通过现实此在追问终极本真的诠释神学、人文神学和诗意神学。它乃理性主义、人文主义和浪漫主义的有机结合，并打破了哲学、文学、史学、美学、艺术等学科化分界，在其跨学科或"科际整合"中显其存在。应该指出，虽然中国社会早已越过了谈"神"色变的时代，但要承认一种既不同于传统神学、又

---

① 参见杨慧林《"全球化"与基督教的自我诠释》，载（加拿大）《维真学刊》2001 年第 3 期。

与“世俗”人文社会科学相对有别的“学术神学”却仍然需要勇气和睿智。① “汉语神学”的提出、讨论和引人注目，源自学界诸多学者的直接阐扬，和香港汉语基督教文化研究所的持续推动，其基本理念是“信仰神学”与“学术神学”的互动与结合。杨慧林对此曾有精辟论述，他说，“汉语基督教”当然有文化、信仰和社会等不同的层次，然而“汉语神学”最直接的界定，应当是以汉语为载体的神学思想和神学研究，而在中国文化的具体语境中，人文学的意义仍然是它最直接的进路，教俗两界的互动毕竟是“汉语神学”的前提。任何一种外来的宗教，如果不能找到与本土文化和传统之间的思想契合，实际上永远无法获得存在的依据。相对于佛教中国化的经验，基督教在中国文化语境中的合法性身份其实始终没有解决，而佛教哲学则早已成为中国思想的一部分并占有重要地位。② 简而言之，“汉语神学”概念的价值显然不仅在于其教会与教会之间的“语言互译”和“互释”，其更重要价值应该在于跨文化语境中教俗之间的文化及跨文化建构。

至此，我们可以看到，基督教从过去到今天、从西方到东方所走过的道路，其实就是一条越来越全球化的道路。基督教从牧养生活到文化的基督教再到跨文化的基督教，这条主线清晰可辨。

Christianity and Cross – cultural Research

Abstract：Christianity and Theology in the Middle Ages was a unity but within so-called sacred sphere, which is absolutely opposite to secular sphere, so it is called "Church Life" or "Divinity by faith" sometimes in the sense of separated between the sacred and secular; Modern Theology is a humanized Christianity which has already made a close link with liberal arts and humanities, it is called "Cultural Christianity" or "Christian Culture", therefore its

---

① 卓新平：《问题似路——基督教文化研究的希望》，当代思想学术的问题意识七人谈，载《中国文化报》2003 年 3 月 5 日。

② 杨慧林：《“汉语神学”的问题领域》，《研究所通讯》，香港汉语基督教文化研究所编，2003 年 3 月号。

theology got the characteristics of an "Academic Theology"; Contemporary The-
ology is the Christianity which makes multi-culture dialogue among cultural the-
ology and other religions or cultures, it is sometimes called "Post Christianity",
like "Sino-Christian" and "Sino-theology", for instance. This article argues
from three aspects including Christianity and cross-cultural understandings,
cross-cultural characteristics and cross-cultural context.

Key Words: Christianity, Theology, Cross-cultural Studies

（张华　北京语言大学研究生部　北京　100083）

《老子》的"道"与《圣经》的"道"

刘春晓

摘　要："道"是老子哲学的核心概念，也是基督信仰典籍《圣经》的至高者。从结构上看二者具有许多相同之处，如同为万物的始基，都是人类理性不能把握透彻的存在，都是事物运行和人的生存法则。但二者又有巨大的不同，老子的"道"是虚空的实存，圣经的"道"则是有意志有位格的上帝神。老子的"道"主张"虚静"、"无为"、"不争"。圣经的"道"虽然也谈"虚心"与"温柔"，但道成肉身的上帝不回避生存中的各种矛盾，面对现实既定的政体和传统习俗，耶稣持一种批判的态度，因此，《圣经》的"道"与现实间有一种永恒的张力。

关键词：《老子》　《圣经》　道

作为人类文化的经典《老子》与《圣经》在思想史上的地位及影响不需要过多论证。尽管《圣经》是一部宗教信仰的典籍，而《老子》是哲学层面的经典，但二者文化思考层面的差异及其日后的传承也使东西方人民的生活呈现出各自的特色，从人民生活的行为规范、心灵归属、经济活动甚至政治领域都表征着这两部经典的渗透。而从哲学的角度看，二者又具有许多结构上的相似之处，内容也有许多可通约之处，当然二者也有着巨大的不同。本文试就《圣经》的"道"与《老子》的"道"的关联作一个学理上的梳理。

一 万物的始基

"道"是老子哲学的核心概念，在老子哲学中，它是宇宙万物的始基。《老子》开篇就说："无，名天地之始，有，名万物之母。"又说："天下万物生于有，有生于无。"（四十章）"道冲而用之，或不盈。渊兮似万物之宗。"（四章）"道生一，一生二，二生三，三生万物。万物负阴而抱阳，中气以为和。"（四十二章）"道生之，德畜之，物形之，势成之。是以万物莫不尊道而贵德。"（五十一章）"有物混成，先天地生。寂兮寥兮！独立而不改，周行而不殆，可以为天下母。吾不知其名，故强字之曰道，强为之名曰大。"（二十五章）可见，在老子那里，"道"是万物的根本，是赋予万物生机的原动力，是一切存有的始源。

基督教主张上帝创世，这是人所皆知的。旧约圣经中记载上帝创世的过程："起初，神创造天地。地是空虚混沌，渊面黑暗；神的灵运行在水面上。神说，'要有光。'就有了光，神看光是好的，就把光暗分开了。神称光为昼，称暗为夜。有晚上，有早晨，这是头一日。"（《圣经·创世记》（1—5 节）以后接连五日，神都是借着自己的话语即"神说……"造出了天地、植物、星系、动物以及"照着我们的形像，按着我们的样式"造出了人。因此，上帝用话语创世，这是圣经的记载和主张。而"话语"便是基督教'logos'（"道"）的概念，它是对上帝"全知全能"的一个形象描述。随着希腊文化的渗透，基督教的'logos'也就具有了智慧和秩序的意思，因此，"道"既是上帝的言说又是决定万物秩序的本质。《新约》中，更有关于"道"的具体言述："太初有道，道与神同在，道就是神。这道太初与神同在，万物都是借着它造的。"（约翰福音 1：1—3）在此，道即是神，从整部圣经看，神与"话语"与"道"是同一不可分割的。也有学者主张新约中"道神同一"的思想是希腊文化和希伯来文化融合的产物，这是另一个问题，不是本文所关心的内容。

从作为万物的始基的角度看，老子的"道"与《圣经》的"道"都具有形而上又内在于事物之中的性质。老子的"道"不受时间和空间的限制，也不因他物的生长变化而变化。它不单纯"生万物"，而且还培育万物，使万物成熟，即"育之，亭之，毒之，养之，覆之。"（五十一章）《圣经》的"道"也相似，他既是超在的，又内蕴于其所创造的万物，存在于万物之中。他是"自有永有"，不受时空限制，最突出的是其"道成肉身"，借着耶稣基督，神的道与人同在。

因此，老子的"道"和圣经的"道"都是世界的本源，是两种文化对于世界本原形而上思考的结晶。当然两者的蕴涵必是不同的，老子的"道"是虚空的实存，其对世界的创造是无目的、无动机、无意志的。而圣经的"道"则是有意志有位格的上帝神，他创造万物是有目的、有意志的，他关怀人类的存亡又掌管人类的历史。

二 "道"是人的理性不能完全把握的

在老子那里，"道"是玄奥的，是不可以说清的。老子在第一章就论证了"道"与"有无"的关系，并认为"有"与"无""同谓之玄，玄之又玄，众妙之门。"（一章）在整部《道德经》中，老子多次谈到"道"的这种特性。"谷神不死，是谓玄牝""道是化生万物的神秘的母体。""道者，万物之奥。"（六十二章）"道冲而用之，或不盈。渊兮似万物之宗……吾不知谁之子，象帝之先。"即是说，虚空的"道"是万物的根源，我不知道它是谁之子，好像天帝还没出生以前，它就已经存在了。所以，本体的"道"本身就具有一个特性即不可知性，或者说是理性不能完全把握的特点。"吾不知其名，字之曰道，强为之名曰大。"即是说，老子不知道用什么来称呼那个先于天地万物而存在又创造出天地万物，并隐藏于天地万物之中的那个无形的存在，所以，只能勉强用"道"或"大"来给它命名。因此，"道"是不能言说的，可以说出来的就不是常"道"，而一旦说出来却也会淡得没有味道。"道之出口，淡乎其无味。视之不足见，听之不足闻，用之不足既。"（三十五章）"视之不见名曰夷，听之不闻名曰希，搏之不得名曰微。此三者不可致诘，故混而为一。一者，其上不皦，其下不昧，绳绳兮不可名，复归于无物。是谓无状之状，无物之象，是谓惚恍。迎之不见其首，随之不见其后。"（十四章）又说，"道之为物，惟恍惟惚。惚兮恍兮，其中有象。恍兮惚兮，其中有物。窈

兮冥兮，其中有精。其精甚真，其中有信。"（二十一章）

可见，"道"是混沌模糊、浩大深远、飘动恍惚地存在于宇宙之中，它看不见，听不到，摸不着的，是无形、无声、无体、无象的"惚恍"，是无法直接感知的东西。

在《圣经》中，"道"是上帝创世的"话语"，万物皆为上帝"话语"的杰作。这个"话语"，是上帝存在的位格样式和思维的表达，却是人类语言不能表达清楚的。即是说"道"是不可言说之"道"。《圣经》中所称的耶和华，乃是自有永有的上帝，全然的自在者。这个全然者是人作为有限者无法用理性把握透彻的。"你不能看见我的面，因为人见我的面不能存活"（出埃及记 33：20），"深哉，神丰富的智慧和知识！他的判断何其难测！他的踪迹何其难寻"（罗马书 11：33），"这话甚难，谁能听呢？"（约翰福音 6：60）。可见，神的话语是最玄奥的实在，是人们凭借自己的感觉经验和理性认知能力无法彻底把握的。

秦家懿先生在与孔汉思合著的《中国宗教与基督教》一书中认为人们必须谨记的是"对于道家和基督教徒道即神的最终实质尚为人所知。任何人自以为能钻入神的秘密之中，获得一种对神的内部知识，只不过是染上最严重的自我欺骗。任何人自以为理解了神，只不过是误解了神。任何人自以为掌握了神，其实不过是两手空空而已！"①

三　"道"是事物运行和人类生存的法则

"道法自然"是老子哲学思想重要的内容之一，这里的"道"就是规律、法则的意思。

"域中有四大，而人居其一焉。人法地，地法天，天法道，道法自然。"（二十五章）所谓"天法道，道法自然。"就是指效法自然规律。而"道"之规律便是"反者道之动，弱者道之用。"（四十章）大道运行的规律是走向自己的反面，最终回到自己的原初状态，即"归根"。归根即是守静。

"执古之道，以御今之有。能知古始，是谓道纪。"（十四章）"道纪"之"道"也是指规律，把握和运用古代的法则，来驾驭现在的具体现实，叫做"道"的规律。"不出户知天下，不窥牖见天道。"（四十七章）天道即自然的规律。"天之道，不争而善胜，不言而善应，不召而自来，坦然而善谋。"（七十三章）自然的规律是不争夺而善于取胜，不说话而善于回应，不召唤而自动来到，心思宽缓而善于计谋。

老子用道来表达他所认识、理解和体验到的世界本质和规律，其目的在于使人们遵循"道"的原则，不争、致虚、守静，以求生活平安、国家和社会太平。因此"道"又是事物运行和人们行为的法则。

在《老子》中，前三十七章是"道经"，后四十四章为"德经"，但"道"与"德"是经常连着说的，道与德是二而一不可分开的。"道生之，德畜之，物形之，势成之。是以万物莫不尊道而贵德。道之尊，德之贵，夫莫之命而恒自然。故道生之德畜之，长之育之，亭之、毒之，养之、覆之。"（五十一）"孔德之容，惟道是从。"（二十一章）就是讲的"道"与"德"的关系。陈鼓应先生认为，老子用体和用的发展来说明道和德的关系。形而上的道，落实到物界，作用于人生，便可称之为"德"。德是道的作用，也是道的显现。混一的道在创生的活动中内化于万物，而成为各物的属性，这便是德，简言之，落向经验界的道，就是德。因而形而上的道落实到人生的层面上，其所显现的特性而为人类所体验、所取法者，都可说是德的活动范围了。道是指未经渗入一丝一毫人为的自然状态，德是指参与了人为的因素而仍然返回到自然的状态。①

人类行为所依循的道就是德的基本特性和精神或者内容：老子认为凡是自然无为，致虚守静，生而不有，为而不恃，长而不宰，柔弱，不争，居下，取后，慈，俭，朴等观念都是道所表现的基本特性与精神。其中"自然无为"的观念，是老子一书的中心思想，它指顺任事物自身的状况去自由发展，而不以外在的强制力量去约束它，即顺其自然，尽量避免人为的造作。"不争"是美德也是最高的生存之道。"上善若水，水利万物而不争。处众人之所恶，故几于道。居善地，心善渊，与善仁，言善信，正善治，事善能，动善时。夫唯不争，故无尤。"（八章）即是说，修养

---

① 陈鼓应：《老子注释及评介》，中华书局 1984 年版，第 12 页。

最高的人就像水一样，水滋养万物而与万物无争，处于众人不喜欢的地方，所以最接近于"道"。身居低地，心胸总是保持沉静，待人真诚仁爱，言谈恪守信用，为政总是精简处理，办事善于发挥所长，行动善于掌握时机。只因为有不争的美德，所以才没有怨咎。"功成、名遂、身退"是自然之道。"功遂身退，天之道。"（九章）"古之善为道者，微妙玄通，深不可识。故强为之容。豫兮若冬涉川，犹兮其若畏四邻。俨兮其若客，涣兮若冰之将释。敦兮其若朴，旷兮其若谷。混兮其若浊，孰能浊以止？静之徐清？孰能安以久？动之徐生。"（十五章）这段话告诉我们，慎重、警戒、威仪、融合、敦厚、旷达、虚怀、深远等人格修养的境界。"致虚极，守静笃。……知常容，容乃公，公乃王，王乃天，天乃道，道乃久，没身不殆。"（十六章）致虚、守静，了解常道就能做到包容、公正、周全，这样符合自然之道才能终生免于危难。

通观老子的《道德经》无处不有这种思想和精神，因此，尽管老子论道是从万物的始基开始，但其目的仍在于关照人生和政治。致虚、守静的目的是个人的平安、国家和社会的安泰。道是自然之道，是人道，是政道。

与老子"清净无为"的"道"之法则相比较，《圣经》的"道"则涵盖了人生存中的所有问题，包括"无为"与"有为"。从旧约的"十诫"到新约"爱"的约定，"道"具有创世的能力，审判和惩罚的能力以及医治的能力。"爱"是"道"在人类生存层面的核心，"十诫"的目的仍是爱。这个爱是神对世人的爱，是人对神的爱，也是人对人的爱。"神就是爱，住在爱里面的，就是住在神里面"（约翰一书4：16），"你要尽心、尽性、尽意，爱主你的神。这是诫命中的第一，且是最大的。其次也相仿，就是爱人如己"（马太福音22：37）。《圣经》主张人不要为物质的东西而挂虑，只要信靠神，这些东西就自会得着。"我告诉你们：不要为生命忧虑吃什么，喝什么；为身体忧虑穿什么。生命不胜于饮食吗？身体不胜于衣裳吗？你们看那天上的飞鸟，也不种，也不收，也不积蓄在仓里，你们的天父尚且养活它。你们不比飞鸟贵重得多吗？"（马太福音6：25—26）"你们需用的这一切东西，你们的天父是知道的。你们要先求他的国和他的义，这些东西都要加给你们了"（马太福音6：32—33）旧约中也有这样的记述："你要谨守耶和华你神的诫命，遵行他的道，敬畏他，因为耶和华你神领你进入美地，那地有小麦、大麦、葡萄树、无花果树、石榴树、橄榄树和蜜。你在那地不缺食物，一无所缺。那地的石头是铁，山内可以挖铜。"（申命记8：6—9）

在强调神爱世人，神会赐福给人的前提下，《圣经》更关注人类现实的苦难、失败、贫穷、饥饿。它强调人生的多困苦与患难，少福乐与顺遂，并着重教导人怎样处患难与困苦，这就是信靠耶稣的爱。靠着这种爱，"我们四面受敌，却不被困住；心里作难，却不至失望；遭逼迫，却不被丢弃；打倒了，却不至死亡"（哥林多后书4：8—9）。"我知道怎样处卑贱，也知道怎样处丰富，或饱足、或饥饿、或有余、或缺乏，随事随在，我都得了秘诀。我靠那加给我力量的，凡事都能做"（腓力比书4：12—13）。因此，即使人生要经历许多磨难，也要平安喜乐心存盼望地度过在世的日子。这便是基督信仰所谓的盼望。

盼望就是对永恒生命的盼望，因为人属世的生命只不过是短暂的客旅，只有等到经历了死亡，抛下属世的身体，才能进到永恒的生命里。有人据此认为基督教是厌世的，是抛弃现世与禁欲的，这是不恰当的。的确，在《圣经》中有不少这样的表述，比如："不要为自己积攒财宝在地上，地上有虫子咬，能锈坏，也有贼挖窟窿来偷；只要积攒财宝在天上……"（马太福音6：19—20），传道书中类似的内容更多，像多次出现的"日光之下所做的一切事，都是虚空，都是捕风"等，所指的都是有形的东西包括金钱、智慧、财富等是短暂易逝的，是靠不住的。但是，传道书中同样有这样的记述："我所见为善为美的，就是人在神赐他一生的日子吃喝，享受日光之下劳碌得来的好处，因为这是他的份。神赐人资财丰富，使他能以吃用，能取自己的份，在他劳碌中喜乐，这乃是神的恩赐。"（传道书5：18—19）可见，基督教所谴责的并不是物质、财富、智慧本身，而是人们对这些事物的贪欲和滥用。人们所应持的态度是要好好使用世界所提供的事物和自身的禀赋，而不是紧抓不放。有了这样的处世态度，人才能活出自由，盼望也就从此而生。可见对"永恒生命"的盼望既包含对天堂的盼望，更是对精神自由的盼望。而"经历死亡进入永生"中的"死亡"即包括身体的死亡，更包括灵性的死亡和旧我的死亡。其中灵性的死亡指人因为原罪与上帝关系的隔绝，进而生活在死与堕落之中；而旧我的死亡则是对灵性死亡的否定。因为旧我就是生活在灵性死亡中的我，旧我的死意味着"新我"的生，而"新我"的生同时也就否定了灵性的死。由此基督信仰中的"永恒生命"是在现世就可以得着的，这就是借着耶稣基督恢复与上帝的关系。"他曾照自己的大怜悯，藉着耶稣基督从死里复活，重生了我们，叫我们有活泼的盼望，可以得着不能朽坏、不能玷污、不能衰残、为你们存留在天上的基业。"（彼得前书1：3—4）"但愿使人有盼望的神，因信将诸般的喜乐平安充满你们的心，使你们藉着圣灵的能力大有盼望。"（罗马书15：13）由此，这盼望既得了现世的自由更得了生命的永恒。

由上可见，圣经的"道"所涵盖的内容更宽泛一些，它与老子的"道"有一定的相通之处，如"道"同为万物的始基，二者都是人类理性不能完全把握的，都是事物运行和人的生存法则。但二者又有巨大的不同，即圣经的"道"是有意志有位格主宰人类历史又内在于人类历史的上帝神。在人的生存层面，老子的"道"主张"虚静"、"无为"，面对生活中的各种矛盾，老子主张不争。圣经的"道"则不然，道成肉身的上帝，关怀人类生存的所有层面。圣经虽然也谈"虚心"与"温柔"，比如山上宝训中讲的"虚心的人有福了，因为天国是他们的。哀恸的人有福了，因为他们必得安慰。温柔的人有福了，因为他们必承受地土。饥渴慕义的人有福了，因为他们必得饱足。怜恤的人有福了，因为他们必得见神。使人和睦的人有福了，因为他们必称为神的儿子。为义受逼迫的人有福了，因为天国是他们的。"（马太福音5：3—10）但即便如此，圣经的出发点也是要解决人类生存所面对的矛盾。

老子主张无为，但无为的目的是"无不为"；圣经则不同，面对现实既定政体和传统习俗，道成肉身的耶稣持一种完全批判的态度，以致与掌握宗教律法和政治权力的权势者发生了激烈冲突，并付出了自己生命的代价。因此，二者的差异又是巨大的。

Tao in Laozi and Logos in the Holy Bible

Abstract: *Tao* is the central concept in philosophy of Laozi, and Logos is the supreme concept in the Holy Bible. , Tao has many aspects identical with Logos in structure. For instance, both are the *arche* and the existence that human reason can not understand, and both are the law of existence. But they have distinctive differences. Tao is the voided existence but Logos in the Bible is God that has volition and weigh. Tao argues for quietness, no action, no contend, while Logos also advocates ' pure in heart' . But God incarnate do not dodge contradictions. In face of established governments and traditional conventions, Jesus assumes an critical stance. So, The Logos in the bible has an eternal tension with the reality.

Key Words: Laozi, the Holy Bible, Tao, Logos

(刘春晓　首都师范大学马克思主义教育学院　北京　100089)

跨文化研究视域下的傣族文化之刍议

——以历史与宗教的角度为中心

杨　勇

摘　要：以历史和宗教为切入点，分析了傣族在传统和现实背景下，面对发达文明形式时呈现的特点：从历史上看，傣族总是以开放的精神面对新鲜事物，积极吸取各种发达的元素；从宗教上看，傣族除了接受如佛教这样的先进文明之外，仍然保留了本根宗教（勐神信仰）的传统。因此，傣族拥有了鲜明的国际性和民族性。这为研究傣族的文化特点提供了重要的路径。

关键词：傣族　历史　宗教　文明

"傣"，是傣族的自称，在西方则写作"Tai"或"Thai"，也称为"Shan"（掸），西双版纳的傣族自称为"傣泐"，德宏的傣族自称为"傣那"，其他地还有称为"傣雅"、"傣绷"等。傣族的文化自成一家，别具特色，但是又因吸收了周边各种形态文化而具有了超越民族和国际的跨文化形态。

一　历史上的汉傣两族之交流

现在大多数学者认为，傣族发源于先秦时期的百越之地。颜师古注《地理志》时，说："自交趾至会稽七八千里，百越杂处，各有种姓。"

（《汉书》卷28）《越策》载："被发纹身，错臂左衽，瓯越之民也；黑齿雕题，鳀冠秫缝，大吴之国也。"（《战国策》卷3）这说明越人具有的共同特征，即文身、饰齿等。另《南平僚传》曰："多瘴疠，山有毒草、沙虱、蝮蛇，人楼居，梯而上，名为干阑。"（《新唐书》卷222）所谓的干阑，就是为了防备地瘴、虫蛇而建的楼房。这些生活特征，在今傣族地区仍然盛行，尤其文身甚至是中老年傣族的身份标志。

在《史记》和《汉书》中已经明确地提出"滇越"之名（《史记》卷123，《汉书》卷61），《后汉书》则提及"掸国"，（《后汉书》卷4）《华阳国志》将越人称为"僚"或"鸠僚"，并说哀牢人"其地东西三千里，南北四千六百里，有穿胸、儋耳种，闽越濮、鸠僚。"① 唐宋时，傣族的称谓更为复杂，如"黑齿"、"金齿"、"银齿"、"绣脚"、"绣面"等，"黑齿蛮、金齿蛮、银齿蛮、绣脚蛮，并在永昌、开南……"② 至元代，则称"白衣"、"茫蛮"等，"西南诸蛮，白夷最盛，北接吐蕃，南抵交趾，风俗大概相同。"③ 进入清代以后，民间称傣族为"摆夷"、"摆衣"。《四库全书总目提要》说："百夷即麓川平缅宣慰司。案：百夷即今摆夷译语对音，故无定字。"

傣族很早就与汉地中央政权有着密切的联系。最早有记录的是公元69年，汉明帝永平十二年，汉朝在哀牢区域设立永昌郡，部落首领贡献奇珍而受封赏。《后汉书》中还分别记载了"永元九年（97），永昌徼外夷及掸国王雍由调遣重译奉国珍宝，和帝赐金印紫绶，小君长皆加印绶钱帛"。（《后汉书》卷116）"永初元年（107）日南徼外蛮复来内属"，"永宁元年（120），永昌徼外掸国遣使贡献。"并于同年"掸国王雍由调复遣使者诣阙朝贺，献乐及幻人……明年元会，安帝作乐于庭，封雍由调为汉大都尉，赐印绶、金银、綵缯各有差也。"（《后汉书》卷116）"永建六年（131），日南徼外掸国遣使贡献"。（同上卷6）自此，傣族地区正式成为祖国内属之地。

"凡交趾所统，虽置郡县，而语言各异，重译乃通……后颇徙中国罪

---

① （晋）常璩：《华阳国志·南中志》卷4，刘琳校注，巴蜀书社1984年版。

② 唐樊绰：《蛮书》卷4，向达校注，中华书局1962年版。

③ （元）李京：《云南志略》。

人，使杂居其间，乃稍知语言，渐见礼化"，"教其耕稼，制为冠履……建立学校，导之礼义"。(《后汉书》卷116) 在唐宋时期，主要属于中央的地方政权南诏、大理的统治。在南诏政权的管治下，在今西双版纳区域，形成了"茫乃"(即版纳景洪古称"勐乃"，也就是"勐泐"的音译)为中心的部落群，并有了各部落的首领，隶属于开南节度。至大理国时期，宋淳熙七年 (1180)，傣族首领叭真以景洪 (车真) 为中心，统一了各部落，建立"景龙金殿国"，时"天朝皇帝为共主"。叭真受天朝封号为"虎头金印"，"命为一方主"，与中央政权处于主属关系。① 之后蒙元入主中原，此地设为彻 (车) 里军民总管府等，明朝则改为车里军民宣慰使司，清代沿袭前制并将之纳于云贵总督的管辖下。

傣族是一个较早以种植水稻为主的民族。据载，"茫蛮部落，……象大如水牛，土俗养象以耕田，仍烧其粪"。(《蛮书》卷4)"茶出银生城界诸山，散收无采造法"，"以椒姜桂合烹而饮之"。(《蛮书》卷7) 进入到元明以后，汉地的豆、麦、荞等输入到傣族地区，而著名的普洱茶也成为销往内地的名品。② "自银生城、开南城、寻传、祁鲜以西，蕃蛮种并不养蚕，唯收娑罗树子，破其壳，中白如柳絮，扭为丝，织为方副，裁之为笼段，男子妇女通服之。"(《蛮书》卷4)"试枪剑甲胄腰刀，悉需犀利，一事阙皆有罪。"(《蛮书》卷9)

二 具有民族特色和国际性的傣族宗教

傣族信仰中的一支是南传佛教，另一支则是本族的传统宗教，如祭祀勐神等活动。

南传佛教具体传入时间已经不可考，分别有三种：一说为公元前4至前3世纪；一说是泐史 (一部研究傣族历史的重要著作) 的观点，认为在12世纪景龙国第一世召片领自称景龙国自尊佛祖；还有一说，认为唐代南诏统治时传入，南诏德化碑有载 "大将军赏二色绫袍金带赵龙细利"

---

① 曹成章：《傣族村社文化研究》，中央民族大学出版社2006年版，第52页。
② 同上书，第61页。

的碑阴题名。"赵龙细利"即"召龙西利","召龙"是大官之义,"西利"则为吉祥,光华,具有佛教色彩。① 由于文献缺乏,故这里不作更多的说明。

按照僧侣戒律的不同,傣族地区的佛教分为 4 种:①"摆润派",其中又分为摆巴派(生活于山林中的山野派)和摆孙派(生活于寨子中的田园派);②"摆庄派",类似于田园派,生活较为世俗化;③"左抵派",戒律森严,行严格的出家修行戒律和生活;④"多利派",来自于"左抵派",戒律较宽松一些。"摆润派"是佛教义理最高深的一派,该派用西双版纳经书傣文写成,与泰国佛经文字一样,并与泰国佛教紧密联系,而"左抵派"和"多利派"则从缅甸传入。这些教派均具有国际性。

傣族最重要的三个节日是:泼水节、关门节、开门节。泼水节的第二天(公历 4 月 14 日),傣语称"宛恼",意译为"空日",傣族认为既不属旧年,也不属于新年的日子。这一天,所有的傣族百姓会沐浴更衣、准备各种供佛的物品,祈求新年家庭和顺等。并到各地的大佛寺进行供养"赕佛"。之后是关门节,为傣历 9 月 15 日(公历 7 月中旬),关门节有很多禁忌:不能出远门走亲戚,不能修建佛寺,不能结婚和举行庆典。关门节的特殊宗教意义是祈求平安,并在佛寺祈求幽明两界的交通,往者能够接受生者的祭献,而生者得到平安。开门节在傣历 12 月 15 日,傣族将准备好的物品带到佛寺进行供养,此时佛爷将会在特定时间和地点,对信仰者进行"开门"传教,主要有《功德经》、《阿毗达磨经》等经典。目的仍然是为了祈福和学习佛法教导。②

傣族的"赕"是一个具有典型民族特征的宗教行为,这些节日体现着浓厚的宗教功能性。③ 在关门节之后,就有"赕毫怀贺"的活动,如庆典型的"赕新年"、"赕关门节"、"赕开门节";祭祀型的"赕滚拜崩"、"赕滚拜",就是善男信女向佛爷及和尚布施一百包由野芭蕉叶包着的各种美食。其后便是各种"赕有波";修行型的如"赕毫甘"、"赕坦"等

---

① 宋蜀华:《唐宋时期傣族史上若干地名人名研究》,载《民族研究》1980 年第 1 期。

② 云南大学贝叶文化研究中心,西双版纳贝叶文化研究中心编:《贝叶文化与和谐社会建设》,云南大学出版社 2008 年版,第 117—122 页。

③ 杨民康:《贝叶礼赞——傣族南传佛教节庆仪式音乐研究》,宗教文化出版社 2003 年版,第 96—98 页。

等。这些"赕"涉及傣族生活的方方面面，并在实际的操作过程中，与佛教拥有着非常密切的关系。

除了跨越民族和地域而与佛教建立密不可分的传统外，傣族还有着自身的原始宗教。

傣族有所谓的祭寨神的生活，傣族叫"丢拉曼"，寨神是村舍的保护神，寨神原是氏族祖先，傣语叫"批哈"（家庭神），一般是建寨时，作出贡献的有地位的家庭成员。随着老寨子的人员扩张，分出去的成员形成新寨子，但是新寨子仍然崇拜老寨子的神。任何一个寨子都会选择一片树林作为供奉寨神的神圣之地，这个地方称为"龙"或"龙林"。除了寨神之外，西双版纳地区还供奉"寨心"，将寨子的中心拟人化，并使用树木、石头等物来表示寨心神，进行祭祀。

除了作为单个寨子的寨神及寨心神之外，作为一个地区的总寨神，叫做勐神。如景洪的"批勐召法龙"，勐海和景真的"真悍"或"叭真"，都是带有地区性的勐神，而召法龙、真悍是在传说中的傣族英雄，叭真则是历史上文治武功统一傣族部落的英雄，故而都得到了后世傣族人民的供奉。

勐神在傣族地区需要有一个称为"波勐"的人来管理和祭祀，参与祭祀勐神的成员，原则上是最早建立村舍的人，但由于时代的发展，只要是该村的村民都是可以参加的。每个参加祭祀的人员都有责任承担地方职责。在祭祀活动中，波勐是连接勐神和人之间的媒介，因为其所具有的独特宗教角色而带有某种超越社会世俗力量的功能，比如祈求寨子五谷丰登、平安和谐，或者诅咒寨子的敌人，甚至还有通过献祭品如所杀之牛的样子进行神秘的占卜。

傣族地区的南传佛教也具有等级鲜明的教阶制度。"帕"（沙弥）、"都"（比丘、佛爷）、"祜巴"（长老或都统长老）。在傣族传统里，男孩受教育的机会主要来自于寺院，所以如寺修行成为能够一定程度标示其文化地位的象征。但是从"帕"到"都"一般要经过七到八年的学习时间，到20岁以后根据严格的戒律、佛理等鉴定，本寺的祜巴或主持即会认定其"都"的称号，在经过一些年的认真修持认定后，便可拥有"祜巴"的尊号。"祜巴"是傣族地区最高的教阶，并被要求严格的出家修行律仪和制度。但也因此，在宗教和世俗事务中充当着重要的角色，一方面祜巴等高僧可升任主持或者成为从事佛学、傣族文化传承的教育者，另一方面，则在重要的佛教庆典活动中，作为为民祈福消灾的祈祷者。

从历史上看，傣族的文化除了本民族的自然演进之外，也深受来自中原的文化和佛教传入的影响。

三　现代文明撞击下的傣族文化之回应

在现代的傣族社会中，傣族与其他民族一样进入到必须面对现代文明冲击的阶段，虽然这将是傣族新一次的文化机遇，但是它同样面临着如何适应并且保有民族自身特色的重大问题。

我们将以田野调查的方式来描述这一变化的某些征象：

选择的具体地点是西双版纳的周边村寨。包括曼飞龙寨、勐波寨、曼春曼寨、曼允寨。主题是傣族宗教与现代文明。

曼飞龙寨的调查：曼飞龙是经济较有发展的一个村寨。曼飞龙塔是傣族佛教的神圣象征，其中的白塔成为了中国地域南传佛教的标志建筑，在云南民族村有其复制品。当地主要经济作物是橡胶树的副产品。该地与泰国的佛教联系密切，曼飞龙佛寺中的释迦牟尼佛造型，就是由泰国信徒所捐赠。当地百姓非常相信佛教，每年的开门节、关门节、泼水节等重大的节日，都会有总佛寺的大祜巴主持，该祜巴是缅甸华裔籍的高僧，基本不会汉语。他本人是通过缅甸语直接与傣族当地群众交流，与祜巴接触在当地不是很难的事情，普通信众都可以与之交流，请教生活、精神等问题。当然接触祜巴时需要敬献小额的人民币以资供养，并且会得到祜巴的经文祈福。有十多名年纪较小的沙弥跟随祜巴学习，并由祜巴全权管理，资金来自于信众布施的金银。

除了佛教之外，当地所有百姓甚至有些汉族，都非常重视祭祀勐神的活动，在村寨的中心有一棵巨大的大青树（据说是榕树），以及一座不大的石龛，这就是勐神的所在。在祭祀的时候，由本村的波曼带领，村中老人带头，男女长幼、妇孺鳏寡均参加，并将准备好的礼物赕于其时，这一民间宗教在傣族地区没有一点儿改变。在调查中，村民认为波曼是具可以养"批"（鬼）的灵媒，其鬼就在傣楼的一层阴暗之地。据说，如果要请波曼做事，而又要用到所养之批时，波曼会戴着帽子（以防受伤），在具体的时辰驾驭"批"，而"批"的一大功能就是使人生病，当然解病也须此"批"。不过一个有趣的现象是：现在很多村民都相信科学，特别是患大病之时，首先选择的是医院，然后才是请波曼。

曼春寨的情况：该寨子就在著名的橄榄坝旅游区，其中有曼春曼大佛寺，该寺为著名的佛教寺院，内设佛学学校，培养佛教僧侣。曼春曼的经济，除了橡胶种植业就是旅游业。该地百姓生活非常现代，除了典型的竹楼之外，条件好的家庭，现代家具均已具备。不少年轻人都出外打工，生活观念非常新颖，重视现代生活的品质。由于橄榄坝是旅游区，所以泼水节成为一种旅游项目，每天下午3点都会举行。

曼允寨的情况：曼允寨坐落于澜沧江大桥旁，有版纳著名的"傣江南"（不夜街）。曼允的经济较为发达，当地居民主要从事各种城市职业，居住环境已经是城市的单元户型。该地拥有版纳地区的基督教总会，信奉的是长老会，岩温为总会长老。和曼飞龙的情况相似，接触岩温长老并不困难，只要没有外出，均可相约成功。据岩温长老陈述：曼允的基督教是20世纪由美国传教士所传，收容的对象是各个寨子遗弃的村民（"琵琶鬼"），这些村民当时或者身患重病、或者身体残疾、或者被认为不祥等，这样建立的基督教后来发展举步维艰，曾受到不少村寨的攻击。之后，随着经济的发展，村寨中基督徒到各地发展，目前为止有20多个分会，均受"两会"和曼允基督教总会管理。而据信徒提供的资料：他们多数人相信基督教的教义，并且完全抛弃了佛教和勐神祭祀等传统宗教，只参加奉献、布道、传道等上帝所赋予的活动，即使有亲戚在其他村寨中不能避免的碰到祭祀或者佛事活动，也仅仅作为旁观者保有基本的礼仪，但是绝对不会参与甚至不去进食。而在面对同时兼有其他信仰的"兄弟姐妹"则认为他们受到了魔鬼的诱惑，均会努力的教导他们，并期待其回归教会和上帝。

勐波村的情况：勐波村属于五甲村的一个山寨，该寨基本都属于傣族，旁边临近阿克族寨，二者都深在山区。勐波村的主要经济也是橡胶种植业。在调查中，村委会主任请寨中宿老提供信息时，要宴请这些老者，以表敬意。据查，大多老者对于勐神不是很清楚；对于勐神属于哪里管制不是很清楚；对佛和勐的关系也不是很清楚，只知道佛的力量大于勐，但是勐的力量也很大，都不敢得罪。但是在祭祀勐神的时候，全寨动员，是寨子中的大事。寨中没有绝对权威的通灵者，但每一个老者都可以充当灵媒，可进行解梦、问占等事件。该寨有四个出家人，可以作为全职灵媒，与老者相比似乎更加专业些，并且遇到大事不决时，一般出家人具有更高的可信度。当然，生病的时候，首先是想到医院，同时进行神秘的仪式解难。虽然寨中村民并不知道勐神具体为何，但是清楚的对之保存着敬畏，并认为现代橡胶种植导致的森林砍伐，触怒了勐神，故而勐神已降灾，使人多病，而政府提倡的多种种植经济，是改变此一惩罚的要素。

经过对几个寨子的调查研究，我们发现当代傣族在面对现代文明时，信仰形式部分发生了某些重要的改变。在相同的方面，我们看到：这几个寨子都认为汉族是较傣族更发达的民族，当下的傣族正在被以汉族为代表的先进文化同化；傣族的青年非常重视勐神、佛，乃至灵媒的神秘功能，但是在面对一些现实问题时，首先会想到现代文明手段（如医院）；傣族并不是所有人都清晰地认识到自己所信仰的本民族神灵所具有的能力；越来越多的傣族少年不会识别傣文文献、运用傣文进行书面交流，只能听得懂傣语，并更倾向于使用汉语、汉文交流；所有的宗教领袖或者重要的宗教人员都非常具有亲和力，甚至拥有某种浓厚的"卡里斯玛"式的气质，[①] 与信众之间的关系较为密切，呈现出鲜明的世俗化特征。

不同的方面主要表现在：经济发达的地区，宗教的丰富性和明晰性似乎更强，如曼飞龙、曼春曼的村民对佛、勐神或者其他神灵都有不少说法，似乎每个人都能清晰地表达出该处的神灵关系。经济发达的地区，对于从事神职人员的要求也就越高，如曼飞龙寨的波曼曾是村中声望极高的长老。经济文化交流较少的地区，对于宗教信息的接受不会显得固守不移，会呈现出较开放的态度，如勐波村将政府甚至当成了某种具有灵性的对象。

在分析中，我们认为傣族现代信仰发生的变化是与现代文明传播相关

---

① 一般来说，傣族的勐神祭祀或日常对幽明两界的探问，都会伴随祭祀活动，如剽牛、灵语等，传递神秘的信息。故而，这些宗教人士也因此带有了"卡里斯玛"的特征。参见［美］麦克·阿盖尔《宗教心理学导论》，陈彪译，中国人民大学出版社 2005 年版，第 142 页。

的，当然对于他们而言汉族的先进性，所带来的时代魅力成为改变的关键因素。而这和傣族长期并存着佛教和特色宗教的二元并行的信仰方式是密切相关的。我们以为或许由于现代文明带来的庞大信息，使得傣族在生活习俗、宗教信仰方式都面临强大的压力，虽然在物质表现形式上会出现相同的状况，但是精神领域的独立似乎表现得更为激烈。[①] 正因如此，经济发达地区对本民族的信仰之所以变得清晰，表现了其对传统的尊重和保护，而欠发达地区的多元信仰则是力图将各种新元素容纳到传统信仰之中。这里较为特殊的基督教徒，虽然认为是上帝的子民，并从表象上已经和传统决裂，但是他们仍然认同自己的傣族身份，故而或许暗示出这部分信徒对民族身份的标准是宗教之外的其他元素。

综上所述，我们从历史上看到傣族与较发达民族的交往在全方位的进展过程中，他们始终是开放的，甚至进入到现代也仍然如此。这就导致了傣族的宗教呈现各个时代所具有的多元性。尤其基督教的传入，更可作为傣族如何看待宗教与民族自身认同的个案上进行研究，而这亦将成为跨文化研究的典型范例。

On analysis of Dai's culture in Cross—cutural studies
——from the angles of history and religion

Abstract：According to the angles of history and religion, we analyze the features of Dai (a minority nationality of China) under the backgrounds of trandition and modern, when the people face developed cultures. In fact, Dai's history reveals he always accepts positively kinds of new things and developed elements with open attitude. On the other hand, Dai's religion also shows he doesn't throw his tranditional belief (Meng's belief), even receiving Buddhism which is more developed than it's religion. Because of these aspects, Dai's cul-

---

① 正如斯达克和芬克指出的，"对于宗教解释的信心会随着人们参与宗教礼仪而增强"。（第132页）经济文化发达的傣族地区，通过独特宗教仪式的不断加强和深化，人们那种具有宗教信任感，潜在的也是民族认同感会因之而加强。［美］罗德尼·斯达克，罗杰尔·芬克：《信仰的法则——解释宗教之人的方面》，杨凤岗译，中国人民大学出版社2005年版。

ture is international and ethnic. So we can get meaningful inspiration on Dai's question from this study of method.

Key Words：Dai，history，religion，civilization

（杨勇　云南大学人文学院　云南昆明　650031）

文化创意及其他

文化输出:跨文化交流中的
主动姿态和应变策略

高宏存

　　摘　要：我国经济的崛起呼唤与经济大国相匹配的文化大国的确立，为此必须要有清醒的文化自觉意识。在经济全球化背景下，深入思考文化输出的战略价值和现实意义，论述作为文化大国的中国应该尽快加强文化输出能力建设和实现路径，具有重要的理论价值和实践意义。

　　关键词：文化输出　跨文化　文化产业

　　伴随着经济全球化和文化多元化的世界大潮，文化产品和服务的国际流动越来越频繁，文化服务贸易在国际贸易格局中的比重越来越重要。而文化产品的生产也因为跨国文化集团的集中表现出了一种越来越国际化的动向，在全球范围内开发文化资源必将成为一种常态的文化资源产业化的方式和模式，这就对文化资源丰富但文化生产相对滞后的我国文化产业发展提出了巨大的挑战。

　　面对全球化浪潮和开放政策推动下汹涌而至的全球文化，不同的文化研究者和国际关系战略家发表了不同的观点和主张，尤其是对于以美国文化为代表的世界强势文化的铺天盖地的涌入，很多人深表隐忧，甚至以文化侵略、文化帝国主义、文化殖民的激烈言辞予以批判，流露出一种民族文化的保守性的民族主义倾向，也有人抱持着普世主义、世界主义的态度欣然接受。经济全球化背景下世界经济一体化已经是无法回避的环境因素，而正在寻求中华复兴的中国在各种体制、文化、生活方式上该采取什么样的实现方式和策略？有学者指出，中国文化建设正在面临一个无法回避的问题：我们应该把"经济全球化"看成新一轮的"外来文化"影响，还是将之看做中国改革开放、经济迅猛发展所引发的内生性需求？经济的影响必然伴随着文化问题的产生。

包含文化复兴在内的中华民族的伟大复兴，是一百多年来几代中国人的梦想，也是今天民族经济振兴的内在精神支撑和不竭文化动力。伴随经济发展的中国综合国力不断增强，世界了解中国的需求逐渐升温，在文化建设和产业发展中为中华文化和文化产业走出国门、走向国际市场奠定了坚实基础。同时，我国文化发展实际与文化大国相比却存在很大差距，产业化的运作能力和经验还处于起步阶段，我国的文化实力在国际竞争中还处于弱势地位。随着全球文化多元化时代的到来，"文化"越来越多地成为一个国家的"名片"。但在国际文化交流中，中国文化并不具备与我国的大国地位相匹配的话语权，文化产品贸易也长期处于严重逆差状态。因此，不断提升中华文化在世界上的影响力，增强文化产品的国际竞争力，突出文化在综合国力竞争中的地位和作用，使文化发展的水平与我国的经济实力和国际地位相适应，是当下我国增强国家文化"软国力"，塑造国家形象，呼唤促进和谐世界理念的国际政治文化生态的战略举措。如此话语环境下，必须实现面向国际文化市场的涉外文化产业的发展，缩小文化贸易的差距。

20世纪中叶以后，随着发达国家的经济逐步从工业型功能向服务型功能转变，第三产业的比重不断上升，文化产业也得到长足的发展，发达国家的一些"磁石吸引力"城市的文化创意产业发展，在经济增加值和吸纳就业等方面成为增长最快的领域。根据英国文化媒体暨体育部创意工业局局长西奈（Michael Seeney）的分析，在2000年创意产业为英国带来600亿英镑的收入，2001年带来785亿英镑的收入，出口收益达87亿英镑，聘用劳动力达195万人。到2003年，创意产业成为英国仅次于金融业的第二大产业，经济贡献率占到国民生产总值的7.9%，所提供的就业机会则据全国第一位。伦敦已经将创意产业作为核心产业来发展，创意产业的发展也让伦敦这座古老的工业城市重新焕发了活力和光彩。被知识经济所推动的全球化发展正进入"后工业时代"，非物质性的、符号的交换和消费已经成为超越民族国家的典型的增长领域,国际文化贸易在迅速扩张,全球文化市场在迅速形成。按照联合国教科文组织的统计,在过去20年,世界文化商品的国际贸易额呈几何级数增长,从1980年到1998年,文化贸易量增长了10倍,印刷品、文学作品、音乐、视觉艺术、摄影、广播、电视、游戏及体育用品的年贸易额从950亿美元激增至3880亿美元。这个数字还不包括多媒体、软件和其他版权产品的贸易。美国文化产品的出口已占到其外贸总收入的38%。文化产业以其巨大的文化附加值带动了相关产业,并以巨额利润吸引了越来越多的投资者,从而加快了人才流、资金流、物流和信息流的流动速度,加快了与信息化密切相关的全球化进程。

我国经济的崛起呼唤与经济大国相匹配的文化大国,我们必须有自己的文化自觉意识。"经济的文化化"和"文化的经济化"业已成为同一历史进程的两面,产业发展的趋势就是文化、科技、经济的融合,文化创意、技术创新和经济增长已经成为一个统一的整体。文化产业作为一种生产文化意义的"内容产业",正在向几乎所有的产业门类渗透,作为与知识经济和科技产业密切相关的文化产业、创意产业日益成为支柱性产业,文化产业已成为发达国家主要的经济支柱和经济指标,文化产业提供了新的经济增长点和就业机会。20年前,美国文化产业在国民经济之中的比重还排在第12位,现在则上升到第4位。美国影视视听产品(影视和音像)在国民经济中的位置从1985年的第11位跃居1994年的第6位,成为仅次于飞机出口的第二大出口商品,占国际市场的40%。仅美国《读者文摘》杂志社,拥有6000多名员工、以19种语言、48种国际版本在100多个国家编辑出版,总发行量达2800万份,年收入为20亿美元。在日本,1998年娱乐业生产经营收入达40亿日元,超过日本汽车工业的总产值。

现在全球范围内文化产业异军突起,经济形态已经开始在总体上转向以文化意义为基础,在这样的环境下,我们提升综合国力的文化经济发展遭遇了前所未有的压力,起点低产业薄弱但又必须突围,寻求世界范围内的文化资源整合和发展。我们总是强调我国是一个文化资源大国,在发展文化产业方面具有先天的优势,但我们必须清醒地认识到资源优势并不能必然转变为产业优势,美国动画片《花木兰》就是一个典型的个案。美国迪斯尼公司在 1998 年出品了第 36 部动画长片《花木兰》，这是中国民间传说《木兰从军》的美国版。花木兰女扮男装替父出征，这个故事在中国家喻户晓，汉乐府《木兰辞》里，以"唧唧复唧唧，木兰当户织。不闻机杼声，唯闻女叹息。问女何所思，问女何所忆。昨夜见军帖，可汗大点兵……"等美丽词句，塑造了一位女扮男装替父从军的勇敢机智的妇女形象，而成为千古绝唱。迪斯尼重新拍摄《花木兰》，将木兰替父从军的东方传奇与迪斯尼的现代动画艺术相结合。美国版的"花木兰"作为一个东方女孩，不但勇敢善良，武艺高强，热爱祖国、忠于家庭，而且有一个妙龄少女的俏皮和大胆，为此添加了好莱坞式的军营恋爱、宠物相伴、征战传奇、周游天下等趣味内容，以此来适应当代电影观众特别是东西方青少年的兴趣，在全球电影市场上获得很大的成功，也成为迪斯尼创造的一笔巨大的无形资产。动画片《花木兰》是美国人用中国的文化题材、中国的人才、中国的技术、中国的设备、在中国加工制作成的动画片及其他衍生产品，再卖给中国与世界市场。《花木兰》风靡世界，美国人赚了大钱、赚了中国人的大钱。从本质上说经过好莱坞的改造，一个中国题材的故事转化成了一部完全美国式的王子式的英雄、受难的主角式的逻辑模式，中国题材的北美变种已经没有了中国文化的精神和价值内涵。这该让那些因为有深厚丰富的文化资源而太过乐观的国人警醒，资源比较优势不见得会自然转化为产业的竞争优势。美国文化产业的强大与它对世界文化的吸收转化很有关系，主动吸收不同文化的成分融合到自己创造的文化中，然后把打着自己文化烙印的产品"再出口"，变成一种行销世界的大众文化产品，但转换中却不留痕迹地注入了美国文化的精神基因，这也是美国的很多文化产品雄霸全球的成功秘诀。美国的文化产业已经形成了一套成熟的运作模式，在当今 400 家最富有的美国公司中有 72 家是文化企业，美国的音像业已经超过其航空航天业居出口贸易额的第一位，占据了 40% 的国际市场份额。与此同时，美国在发展文化产业上积累了多方面的经验，诸如全球化市场理念，充分吸收世界文化资源和人才，投资主体多样化，大量吸收非文化部门和个人资金，对文化产业进行政策扶持，注重法律规范和道德监督，重世界品牌建设，增强国际竞争力等。仅 2003 年，美国的电影产业在其国内的票房就有 94.4 亿美元收入，海外票房更是高达 108 亿美元，占据了全球市场 60% 的份额。随着全球化进程的加快，国际文化产业的竞争越来越受到人们的重视。美国文化产业经验，无疑对于正在发展文化产业打造文化大国的中国不无启发。

目前，有专家从国家产业安全的视角，表达我国产业发展中企业的竞争力培育问题，"探讨经济全球化背景下的国家产业安全问题，首先要界定两个基本概念：经济全球化和国家产业安全。我认为，经济全球化在资本主义社会初期已经开始萌芽，大体上经过资源贸易、产品贸易、技术贸易、资本输出输入四个层次。产业安全的关键是我们的企业要做强，不断地提高企业竞争力，提高企业人员素质。同时，要加强企业的管理。使我们的企业都努力争取做到国内领先，国际一流。只有这样，才能够真正保障我国产业的安全。"①

在我们的文化自觉意识的带动下，建设文化大国要处理好文化建设的国际关系，最为主要的是处理好引进和输出的关系。我们不仅要善于引进还要善于输出，我们不仅要睁眼看世界，还要能够昂首走向世界。目前，和存在着巨大的外贸顺差相反，我国存在很大的文化贸易逆差。这个反差，要求我们学习和借鉴经济领域促进外贸的一些政策和做法，更多的以外贸的方式来推动中华文化走出去，促进中国文化传播逐步国际化，世界文化贸易份额逐步增加，全面改善与全球各国各民族的文化沟通和情感交流，成为文化输出大国。

文化产业集中代表了现代经济、文化发展日益融为一体的全球性趋势，文化产业在我国的崛起有其客观必然性，显示出蓬勃发展的强劲势头。但文化产品的输出依然非常薄弱，中国现在实际上成为美国、日本、韩国文化产品的加工作坊，中国人挣的是产品加工费。韩国作为一个小国，其文化能够向外传播，得益于全球化这个时代，韩国文化产业的组织运作及其产品确实又具有高位优势，顺应了流行文化的传播由高往低这一规律。据韩国文化观光部统计，从 1997 年起电视节目出口每年以 33% 增长，其中 19% 销往中国。韩国电视节目出口额自 1999 年的 761.5 万美元，提高至 2001 年的 1235.6 万美元，其中 2001 年韩剧出口达 9515 集，出口额约达 790 万美元；2002 年韩剧外销收入达到 1639 万美元，出口集为12363 集；2003 年韩国电视节目出口比 2002 年增长 46%，达 4300 万美

① 成思危：《经济全球化背景下的国家产业安全问题》，《财经界》2006 年第 9 期。

元，进口则约 2800 万美元。在节目出口产品中，韩剧就占 86%（亦即约 3698 万美元），因此韩剧成为韩国最大的电视节目输出品。而且出口市场以中国、日本、新加坡等亚洲国家为主，一些经典剧目还出口到俄罗斯、埃及和阿拉伯半岛。据统计，截至 2003 年，韩国的文化产业总产值已占 GDP 的 5%，2004 年韩国的文化产品已占据世界市场 3.5% 的份额，成为世界第五大文化产业强国。

文化没有政治经济的支撑，就不会有传播力，经济的优势往往使文化拥有了话语权和说服力，这一文化才能够被接受者容纳。韩国作为后发展国家在现代化方面的成功者，其经济确有相对优势，如韩国的汽车、电子、服装、图书出版、化妆品等行业在中国就很有影响力，这是韩国文化产品在中国流行的深层原因。文化资源更是直接成为经济发展的巨大力量，经济发展获得了新的资源与动力，经济与文化的交融与互动实现了前所未有的统一。"没有强大的本土文化产业为后盾，文化外贸就失去了根基，国家文化安全就失去了依托。我们不仅要善于引进来，更要大胆地走出去；不仅要善于引进资金和产品，更要善于引进国际惯例和共同规则，并充分利用这些规则保护我国文化产业，开拓国际文化市场。中国文化企业不能永远只在内河航行，还必须驶向广阔的海洋。只有走出去，才能享受世贸组织的权利；只有大力实施'走出去'战略，才能在世界文化市场占有一席之地。这就需要我们睁大眼睛看世界，了解世界，学习借鉴其他国家的经验，不断增强中国文化产品的'远航'能力。我们的对外文化贸易，不仅要出口低端和初级文化产品，而且要更多地出口附加值大的高端文化产品，积极参与高端文化竞争，把涉外文化产业做大做强。"①

而就我国的文化产业发展程度来看，还处于初级阶段：企业总体规模小，实力弱，市场竞争能力不强，一时难以大范围实现文化"走出去"战略，即以文化产业及产品输出到世界上去。就文化产品的国际化问题而言，存在着两个集中的结构性缺陷，一是文化产品的进出口总额在国家对外贸易总额中的比例偏小，二是文化产品的进出口存在着巨大的贸易逆差。这表明文化产业的整体发展规模和国际竞争能力还亟待提高。只要积极实施文化产品走向世界的合理策略，未来在世界文化市场上必能获得一

---

① 孟晓驷：《和谐世界理念与外交大局中的文化交流》，《求是》2006 年第 20 期。

席之地，推动中华文化走向世界。有学者就认为，中国的文化产品应该在立足本土文化的同时，尽量做到与国际市场接轨，用现代意识来处理传统文化资源，沟通中西文化之间的巨大差异。同时，中国文化产品走入国际市场也必须采取切合文化发展实际的策略：一方面牢牢控制国内市场份额，一方面利用文化亲和力，辐射港台、东南亚华人文化圈，以及韩国、日本等亚洲汉语文化圈，成为区域市场上的强有力竞争者。同时积极培育欧美主流市场，为中国文化产品进入欧美市场铺平道路。

要积极参与国际文化交流与竞争，要实行送去主义与拿来主义相结合。文化的生命力在开放性环境下会因为积极的自觉意识和建设行动而焕发文化的生机。我国当前除了学习吸收世界先进文化的同时，还要向世界展示自己灿烂的文化，将中国优秀文化送到国外，使世界逐渐了解她。因此大力加强中国文化对外传播的力度，积极主动地走向世界，也是一种促进文化产品亲和力、竞争力的手段，营造中国文化的崭新魅力的途径。最近一些年，在文化产业发展的同时，这种跨文化交流中的积极主动行为越来越多，并且逐渐形成一些文化品牌，取得了很好的效果，最典范的莫过于孔子学院的设立、多国互办文化年等集中的文化项目和文化活动的开展。

随着中国国力的增强，中国的国际影响已经成为一个不可忽视的存在，了解中国也成了世界各国迫切的需要。语言是一个国家文明的基础，是了解一个国家的第一工具，"语言从来就是政治、文化斗争的有效工具，获取民族和国家经济利益的重要手段，保持和发展国家—民族共同文化的重要内容。文化安全问题也体现为语言安全和信息安全问题。"① 孔子不仅是中国文化图腾，也是第一个走进西方文明的中国文化符号。从2004 年开始，我国在海外设立了以教授汉语和传播中国民族文化为宗旨的非营利性的"孔子学院"，受到了许多国家和地区的重视，目前已有 80 所孔子学院和孔子课堂在世界 36 个国家和地区落户。中国大办孔子学院，其实也是通过汉语培训同时推销中国文化，树立中国形象。孔子学院已不单纯是汉语教学的场所，而是所在地与中国进行教育、文化、经济、贸易等交流合作的平台。据来自教育部的统计数字显示，目前海外通过各种方式学习汉语的人数超过 3000 万，100 个国家超过 2500 余所大学在教授中

---

① 潘一禾:《文化与国际关系》，浙江大学出版社 2005 年版，第 246 页。

文，英国、泰国、印度尼西亚等许多国家都把汉语纳入了本国正规教育体系。汉语如今在美国成为学习人数增长最快的外语，有 2400 所美国学校计划开设汉语课程。韩国和日本学习汉语的人数超过 100 万。同时，拉美、中东和非洲国家学习汉语的人数也在迅猛增长。这些年伴随中国经济崛起的同时，"中国威胁论"等各种不和谐的声音也甚嚣尘上，中国的形象被妖魔化，外在的原因不谈，也与我们对国家形象公关不足有关。虽然世界已经步入信息时代，但西方人对中国的了解还停留在一条垂落腰际的大辫子。中国功夫、李小龙、瓷器、龙、辫子、孔夫子等等，是许多西方人对中国人的第一印象或精神想象，其中唯有孔子是最值得行销的文化概念。作为已经在整个世界产生深刻影响的思想，"孔子"形象正面，传播广泛，十分方便于国家形象的公关。而孔子提出的中庸思想，他主张的"和谐"、"和睦"、"和平"，以及"和合之境"、"和而不同"等观点，也逐渐成为中华文明贡献于当今世界的重要的文化思想。作为与这种文化软形象的主动推广和传播姿态相联系，我们分别与法国、俄罗斯、意大利、德国、西班牙、爱尔兰等国家互办文化年，在埃及等国家互相永久设立文化中心，致力于塑造具有国际文化品牌的传统春节庆典活动，所有这些都加深了不同国家对于中国文化的认识和了解，增强了中国文化的影响力、亲和力，这种文化传播方式必然促动中国文化产业和文化产品服务的输出，氛围的营造起到了一种"润物细无声"的功效，最近中国出版业在第 58 届德国法兰克福国际书展上的表现，就是一个很好的证明。

多年以来，我国版权贸易一直处于逆差状态，尽管这些年有所缩小，但还是逆差。据国家版权局的不完全统计，2001 年中国图书、报纸、期刊出口额为 1769 万美元，进口额为 6904 万美元，是出口的 4 倍，2005 年我们整个出版物的版权贸易逆差是 7.2∶1，图书的逆差是 6.54∶1。而今年这次书展中国展团首次实现贸易顺差。据统计，本次书展中国展团输出版权 1936 项，引进版权总数为 1254 项。除了版权输出，实现了多层次间的国际合作，与国外出版商针对国际市场，共同策划海外读者关注的、反映当代中国的出版物。书展期间，人民文学出版社的"中国当代文学精品丛书"、商务印书馆的《商务馆学汉语词典》、中国大百科全书出版社的《中国大百科全书》、中华书局的《国史十六讲》等图书，与英、德、澳大利亚等多个国家签约，其中有些书并不仅仅是输出版权，更涉及网络出版等多种形式的合作。通过法兰克福书展,很好地展示了中国出版业的形象,展示了中国出版业最新的成果,也展示了中国文化的崭新魅力。

积极利用文化、外交、传媒等手段来宣传和树立良好国际形象,增强我们自身的"软权力",积极参与国际文化竞争,增强自身文化的影响力和感召力,由文化资源大国成为一个文化产业大国,增强文化产业在国家经济中的贡献力量,成为推动经济发展的支柱产业,是一个系统的工程。文化大国的地位不能够单纯依靠急功近利式的大众文化的产业输出就能奏效,还必须依靠自身文明素质的提高与文化建设的加强,这是我们在企盼文化大国的国际地位时必须端正的一个关键性问题。从国家战略角度看,中华民族历来就是讲信修睦、崇尚和平的。中国历史上的崛起都是和平发展,主要是通过文化的同化和辐射,这已经成为中国国家战略一个非常重要的传统。中国作为发展中的大国,文化的崛起是中华文明复兴的重要内容,文化主权成为建构历史文明大国理念的组成部分。这个宏大目标的实现,将依赖我们内外互动,事业与产业相谐,从而能够在相互的促进中打造世界文化强国。经济全球化的潮流和发展趋势,也逼迫中国文化在经济全球化背景下要采取多种文化战略,以"文化力"提升国家综合竞争力。

Culture Export: Active Attitude and Consistency Strategy of the Rise of "Cultural Country"

Abstract: The economy rise of China needs the establishment of a "cultural country", so self-conscious consciousness of culture is necessary. We should think about the strategic value and practical significance of cultural export deeply on the background of economic globalization, and discuss the strengthen of the capacity building and realization methods of China's cultural export, this is with important theoretical value and practical significance.

Key Words: culture export, cross-culture, cultural industry,

(高宏存　国家行政学院社会文化部　北京　100089)

全球化时代中国跨文化传播的几点原则

敖云波　许小越

摘　要：全球化时代，文化要保鲜必须实现跨文化传播。跨文化传播是全球化时代的一种常态与趋势。中国跨文化传播中必须坚持四点原则，一是理性传播，尊重文化的多样性；二是对等传播，平和地看待文化差异性；三是和平传播，摈弃话语霸权；四是有公信力的传播，切忌急功近利。

关键词：全球化　跨文化传播　文化多样性　理性传播　和平传播　公信力传播

跨文化传播并不是全球化时代的专属现象，它实际上是一个古老的话题。它指的是来自不同文化背景的个体、群体或组织之间进行的交流活动。我国历史上的丝绸之路、玄奘取经、郑和下西洋等都是跨文化传播的典范。只不过全球化为跨文化传播提供了更大的发展空间，让文化的跨界与交流更加成为一种常态、一种趋势，各种文化再不可能画地为牢，它们或主动或被动地碰撞与交融，这或许是保鲜文化生命力的必然。不传播，文化将是死文化。全球化最本质的是文化之间的交流和相互适应的过程。

从世界史的视域来看，全球化早在哥伦布发现新大陆时就已经开始了，而马克思早在《共产党宣言》中就揭示了"资产阶级，由于开拓了世界市场，使一切国家的生产和消费都成为世界性的了"。如今信息技术的飞速发展提升文化传播技术，互联网让全球变成一个村庄，跨文化传播则是"地球村"中人们的一种生活方式，任何壁垒都阻挡不了。

一个国家，只有它的文化和历史活着，这个国家才活着。在全球化时代，中国要与世界接轨，进行跨文化传播，必然还有一个学习、适应的过程，逐步培养我们的全球化意识，提升中国的国家形象，增强中国的国际影响力，为此中国在跨文化传播中必须坚持四点原则：理性传播，对等传播，和平传播以及有公信力的传播。

一　理性传播，尊重文化的多样性

希腊有句谚语：每个故事都能用不同的方式讲述。联合国教科文组织的宗旨更是主张："多种声音，一个世界"。世界因文化多样性而美丽，文化因多样性而有活力。所以，在跨文化传播中，如何理解地球村不同地区的文化，避免文化冲突与误解？有两点非常重要，一是必须积累关于其他文化的知识，二是必须学会尊重他们的文化多样性。

中国著名文化学者马未都先生在反思《奥运会的文化遗憾》"口号"篇中说，"这些口号大都顺拐，有劲使不上。比如：新北京，新奥运。如改为：老北京，新奥运。又上口，又深沉。再比如：同一个世界，同一个梦想。在中国政府提倡多元化的时代，这个想法显得传统了。今天全世界公认的是尊重各民族的价值观，不要求强行统一。这口号改一改可能就比现在更有力量：同一个世界，不同的梦想。这样就体现了中国人民的襟怀，参加奥运会的各国运动员不是每个人都怀揣冠军梦的，每个人因梦想不同走到一起，才凸显奥运会的精神价值。"[①]

可见，在如此重要的跨文化传播平台上，我们还没有真正学会"把中国介绍给世界"，也不大懂得按国际惯例和游戏规则真正与世界沟通、接轨。我们一相情愿地按我们的良好愿望去拥抱别人，结果往往是热脸贴了冷屁股，双方都感觉失望。

中国改革开放30多年来，虽然我们前所未有地打开了国门，拥抱了世界，超越了意识形态的局限，与不同社会制度、不同文化传统的国家和地区有了合作与交往，但我们跨文化传播中的问题，有的比经济问

---

① 马未都：《奥运会的文化遗憾——口号》，新浪博客，2010年8月16日。

题还要严重，这非常影响国家形象。文化的传播能力是衡量国家文化软实力的重要因素，而一个国家文化软实力的重要指标即它文化的影响力和竞争力，则不仅取决于其内容是否具有独特魅力，而且取决于是否具有先进的传播手段和强大的传播能力。不断提升对外文化传播能力有利于塑造良好的国家形象，增强民族国家的综合国力。虽然文化不像政治、经济、军事是国家的三大"硬实力"，文化被称为国家的"软实力"，其实文化"软实力"一点也不软。国家的"硬实力"能让人怕你，而"软实力"却让人服你；"硬实力"施以力，"软实力"施以德，而在国际文化传播中，只有仁者才无敌，真正不战而屈人之兵，"润物细无声"。

国际文化传播中的"仁者"，一定是宽容的、理性的、尊重文化多样性的。所以，中国跨文化传播首先要学会理性传播，尊重文化多样性。在对待外来文化传播时，不能再停留在笼统地谈内外有别和外外有别上，而必须进行细致的、微观层次的、体现跨文化传播差异的各个"基因"研究。只有积累了众多微观的跨文化传播研究成果，中外有别、外外有别才可能不再是我们的直觉认识了，而是建立在科学研究基础上的理性认识了。我们要真正了解外面的世界，就要一视同仁地学习、借鉴、尊重各种文化，从中吸取有利的养分，壮大自己，丰富世界。

同样，中国本土文化对外传播时也要用宽容的心态介绍多元的当代中国文化，当代中国思想界空前活跃，文化出现了多元的景观，传统的"舆论一律"、"众口一词"、"集体思考"等怪现象正在消失。因此，在文化对外传播中，我们要用理性、客观、宽容的心态介绍多元的当代文化，既要介绍主流文化，也要介绍非主流文化，具体分析边缘文化，善于识别各种巧立名目的伪文化、"疑似"文化和低俗文化，① 让世界真实地了解中国文化的多位性、多样性。

在地球村、全球化的背景下，文化不可能再拥有牢固的由地区性和意识形态形成的保护膜，随着国际间的联系越来越紧密，不同的文化被不同的传媒方式联系在一起，它们突破了地区、语言、文化背景等束缚，成为世界性的文化，并在一种灵活多变的文化传播和文化生产机制中相互交

---

① 于文涛：《文化应当成为中国对外传播的强项》，《对外传播》2010 年第 1 期。

杂，兼容并蓄的大众文化时代必然要随着这一大趋势而到来。① 在跨文化传播中，如果还局限于所谓精英文化和先进文化的传播与交流，必将使世界文化陷于死水微澜中。

二 对等传播，平和地看待文化差异性

跨文化传播中，允许文化差异和不同，文化差异才是常态。中国在跨文化传播中，一定要平和地看待文化的差异性，对那些所谓的强势文化，不仰视、不卑躬屈膝；对那些所谓的弱势文化也不俯视、不骄傲自大。我们要自信平和，平视各种文化，不偏不倚，对等传播。"同其他民族文化以及国内其他共文化相互交流的发展，使我们有必要做一番努力，以理解那些也许跟我们有显著差异的人们，并更好地与之相处。"②

正是对文化差异性的关注使人们把文化和传播结合起来并把跨文化传播看做一门独特的研究领域。跨文化传播的使命在于考察那些对不同文化成员之间的人际传播最有影响力的文化因素，而这些独特的文化因素一定是其他文化不可具备的、难以代替的。每一种文化能力经千年而生生不息传播下来，一定有它独特的生命魅力，所谓一方水土养一方人。每个民族、国家都有自己各具色彩的文化传统，正是各具差异的文化养育了各具特色的人类，在某种意义上，人是文化的动物。所以跨文化传播是反对文化虚无主义的。

著名文化学者霍尔认为"在人类生活中，没有哪个方面不受到文化的触动和改变"，文化可以有差异，但无处不在，文化与传播协调工作，两者不可分离。在跨文化传播中，人们将始终面对着两种选择：或采取单向的、以"我"为主导的宣传方式，无视彼此的文化个性差异，一相情愿地表达；或正视这种文化差异，采取双向的、建设性的输出和引导。

跨文化传播中只有承认文化差异，才可能做到文化认同。联合国

---

① 谢新华、耿得安：《大众文化全球传播视域中的民族传统文化》，《内江师范学院学报》第 24 卷第 1 期。

② 拉里·A. 萨默瓦，理查德·E. 波特主编：《文化模式与传播方式——跨文化交流文集》，北京广播学院出版社 2003 年版，第 1—2 页。

《2004 年人类发展报告》序言的结论说，本报告严肃地审视并否决了文明冲突论；我们能接受的是南非大主教图图的一个结论：文明差异让我喜悦。余秋雨教授说，如果冰岛人都能背诵唐诗，南非人都在研究周易、八卦，那就是中华文化的胜利吗？不要那样的世界，因为那是很恐怖的世界，我们生活在差异当中才愉快。南非大主教图图的说法是一种文明的高度，提醒世人从文明冲突的陷阱里边转出来。文化差异不见得就导致文明冲突，亨廷顿提出的文明冲突论夸大了不同文化斗争性的一面，忽略了不同文化还有同一性的一面；文明冲突论是对其他异己文化的提防和不信任，甚至是不认同与不尊重，"非我族类，其心必异"，这种思维逻辑是西方政界和媒体看待中国和东方乃至各种异端文化的根本标准，这也反映了以欧美为首的西方在跨文化传播中的一贯姿态。

中国经过十年"文革"的与天斗、与地斗、与人斗，改革开放后又进入 30 年的市场经济的利益之争，我们文化中也滋生出一股火药味，夸大、敌视差异，对异己文化也容易简单、粗暴地处理。在国内，各种派性林立，你死我活；在国际上，也是资本主义和社会主义两个阵线森严，敌我分明。这种形而上学的绝对不相容的思维是反辩证法的，在这种方法论指导下的跨文化传播，也容易形成有两幅传播面孔：对强者俯首称臣，对弱者骄奢淫逸，很难做到文明的对等传播。

在经济全球化时代，国别文化的存在和国别政治一样，具有独立的"不可全球化"的意义。一个文化自信的国家，它在跨文化传播中，应该平和地对待文化差异，不卑不亢、对等传播。正在崛起中的中国在跨文化传播中尤其要秉承这个原则，切莫重蹈西方大国崛起的文化沙文主义覆辙。

三　和平传播，摈弃话语霸权

实事求是地说，现在国际上的跨文化传播，依然是西方文化主导。不可否认，西方文化确有它的优势和魅力，英语也在跨文化传播中有语言霸权，中文难以抗衡英文。有中国学者认为印度迟早要超过中国，理由就是他们对英文没有一种抵触心态，是真学，学了以后就能赚美国人的钱了；认为中国的全球化和印度的全球化非常不一样，比如说缝鞋，中国的工人把鞋缝完交给工头，工头就直接打包交给外商，好像是全球化，但没有人的接触，只是跟鞋打交道。而印度的全球化却是人的全球化，通过语言就开始有一种文化的交流，所以他们的文化更开放、跨文化传播也更便捷。

话语始终体现为一种关系，它"是联结我和别人的桥梁，如果它一头系在我这里，那么另一头就系在对话者那里。话语是说话者跟对话者共同的领地。"① 没有对话者的话语是没有意义的，也不可能得到传播，话语之中始终具有"我"与"他"之间的关系。当然，对话者与说话者之间并不一定是友善的、平等的对话关系，它们几乎时时刻刻处于紧张的权力关系之中。

中国在全球化的语境下进行跨文化传播，必然要面对文化话语霸权。压制还是对话，一直在跨文化传播中轮番上演。霸权话语是国际政治话语体系中最重要的形式之一。在近代，它主要表现为殖民主义话语如东方主义；在当代，它主要表现为新帝国主义话语，如美国外交中的国家分类学。霸权话语体现了霸权对非霸权的权力关系，霸权话语的目标是压制非霸权话语，使其边缘化，使其沉默无声，但是，霸权话语几乎处处遇到抵抗。文化学者杰姆逊认为，"我们一般把第三世界社会的失败归结于'文化帝国主义'的结果，但文化帝国主义是没有公开代理人的无形影响"②。当今世界是一个对话多于对抗的世界，霸权话语与非霸权话语需要走出压制与抵抗的恶性循环，在沟通与对话中承认差异，达成共识。

正在崛起中的中国呈现在世人面前的形象是和平主义者，尽管有"中国威胁论"的蛊惑之说。很多发展中国家希望中国面对西方可以"强势"一点，但真正的"强"应该讲道理，讲平等，而不是情绪化地恣意妄为。在跨文化传播中，中国一直坚持和平传播、平等传播的理念，真实、诚恳的坚持发展中国家的定位与立场，不摆"大国"的架子，不行使"大国"的特权而向其他文化推行自己的价值观。中国相信文化没有先进与落后，只有适宜与不适宜；文化中心与文化边缘、发展中国家与发达国家只是相对而言。在全球化、信息化的时代，只要链接了互联网，就

---

① 巴赫金：《周边集》，河北教育出版社 1998 年版，第 436 页。

② 弗雷德里克·杰姆逊著：《处于跨国资本主义时代中的第三世界文学》，张京媛译，《当代电影》1989 年第 6 期。

是文化中心。跨文化传播中一定要摒弃话语霸权，不要迷信所谓的世界文化中心或国家文化中心，每一种文化都是独一无二的，都有自己的独特性和不可取代性，都是平等的。跨文化传播只有摒弃话语霸权，真正和平传播，才有利于世界各种文化和谐共处，相融共生。

四　有公信力的传播，切忌急功近利

公信力的丧失是跨文化传播中最大的危机之一。在 2008 年北京举办奥运会的圣火传递中，在"3·14"拉萨事件之后，西方主流媒体有意或无意地扭曲事实、丑化和敌视中国的行为，使得原本崇尚西方价值观、对西方社会抱有很大期望的中国民众感到极度失望；更加令人遗憾的是，当中国民众对西方媒体的不实报道和反华舆论表示困惑、不满和愤怒的时候，西方人又把这些自由表达的言论指责为"民族主义情绪"。这种玩火式的对抗姿态，"无视真相的傲慢与偏见"只能进一步激化中国的"民族主义情绪"，甚至会把中西两个世界推向危险碰撞的处境。假若西方媒体不能意识到这一点，那就很难指望中国民众会改变对西方世界的看法。

西方传媒以恐惧和嫉妒的心态看待中国，一切都变成了扭曲的政治图景。西方城市发生骚乱，那是挑战社会秩序的违法事件；若中国城市发生骚乱，就被不假思索地描绘成追求自由、民主和人权的抗争行动。西方媒体如此缺乏公信力的报道付出的代价是许多中国人不再看《华尔街日报》等报纸了。

众所周知，中国是一个正在快速转型的国家，它的成就与问题一样突出。我们需要世界公正地了解、报道我们的同时，也要把自己放在一个世界史的叙事中来讲述我们的故事。因此，中国在跨文化传播中没有必要掩饰自己的缺陷和不足，我们在 30 年间走完了西方 200 余年的道路，犯错误是很正常的，关键是告诉世界，我们是在怎样努力完善的。中国对外的宣传报道一定要真实，因为只有真实才能打动人。

我们向世界"推广中国"，而不要搞成"贩卖中国"，跨文化传播不要过于商业化。一种文化产品，应该去推广而不是去贩卖。你首先要让人家认同、相信你的文化，不然就算是免费，人家也不要。现在国内很多人在把东西往外推时总是很急功近利，要知道急功近利的东西是不会长久的，要把眼光放长远些去做事情。

不要把国家的"文化软实力"与文化产业简单地混为一谈。文化软实力其实应表现为民族的向心力、文化自尊、文化自信、文化自觉，还有文化创新的整合。至于跨文化传播中输出多少文艺片，生产了多少光盘，创造多少产值，目前来说仍不是最主要的问题。文化软实力最终表现为大国综合的文化自觉和文化自信，代表一个民族整体上的精神支柱，应该成为 21 世纪前半叶中国发展的重中之重，切忌急功近利。

总之，中国在跨文化传播中应该始终坚持理性传播、对等传播、和平传播以及有公信力的传播。

Intercultural Communication in Age of Globalization Some principles

Abstract：The article says the era of globalization, cultural preservation must be cross-cultural communication. Cross-cultural communication is a normal age of globalization and trends. Intercultural Communication in China must adhere to four principles, one rational communication, respect for cultural diversity; Second, peer communication, calm look at cultural differences; Third, spread peace, rejection of hegemony; Fourth, dissemination of credible, should not have quick success.

Key Words：globalization; cross-cultural communication; cultural diversity; rational communication; peace communicaton; credibility of communication.

（敖云波　许小越　北京信息科技大学人文学院　北京　100192）

跨文化交流的使者:密苏里新闻学院的中国石狮子[*]

邓绍根

摘　要：密苏里新闻学院是世界上第一个新闻学院。1931年，中国南京政府实业部长孔祥熙代表中国政府向密苏里新闻学院赠送了一对具有 500 多年历史的石狮子。同年 5 月 3 日至 9 日，密苏里新闻学院举行的第 22 届"新闻周"期间，中国石狮子捐赠仪式在密苏里新闻学院举行。它是跨文化交流的使者，更是中美新闻交流的历史见证者。

关键词：密苏里新闻学院　中国石狮子　友谊

美国密苏里新闻学院与中国新闻界乃至中国政府有着深厚的传统友谊。1931 年 5 月，中国政府赠送一对石狮子给密苏里新闻学院就是最好的证明。每一个到过密苏里新闻学院的人，都要经过安放在该院拱形门入口内的中国石狮子。它们昂首竖尾，瞪着圆眼，热情欢迎着每一位来自世界各国的新闻学子，尤其是远道而来的中国留学生。它是中美跨文化交流的使者，更是中美新闻交流的历史见证者。虽然，关于中国政府向密苏里新闻学院赠送一对石狮子之事，每个去过密苏里大学的中国人都会留下一些记录和回忆；但到目前为止，却没有详细地梳理和介绍这一历史事件的

---

　　* （本文为教育部人文社会科学研究青年项目《美国密苏里新闻教育模式在中国的传播和实践研究》基金资助成果,项目批准号:09YJC860002）

过程。今笔者根据掌握的中外新史料再现历史现场,悉数过程详情,重温中美跨文化交流的历史友谊。

一 中国政府向密苏里新闻
学院赠送石狮子由来

1908 年,密苏里新闻学院创办后,成为世界上第一个新闻学院,在美国声名鹊起。特别是威廉博士,以世界报界大会会长的身份多次巡游世界考察新闻事业,在世界范围内推广新闻教育理念,引领世界新闻教育的潮流。各国学子纷纷前来就读新闻学,密苏里新闻学院成为世界新闻教育的圣殿。在密苏里新闻学院建院 20 周年前后,世界一些国家纷纷向密苏里新闻学院赠送礼物,以表达敬意和增进友谊。

1925 年 11 月 25 日,英国驻美大使埃斯米·霍华德(Esme Howard)先生代表英帝国新闻协会(the British Empire Association)向密苏里新闻学院赠送了一方石器[①]。该石器是英国伦敦圣保罗大教堂(St. Paul's Cathedral)雕像的一部分,于 1724 年开采于波特兰。他在演讲中谈到赠送原因:圣保罗大教堂俯视着英国文学、报纸和出版业的发祥地——旗舰街。在该石器上部刻有美国沿海大地测量调查的子午面盘,显示出密苏里新闻学院到世界主要城市的直线距离。该石器是经退休的密苏里新闻协会主席尤金·俄罗奇(Eugene B. Roach)向英帝国新闻协会建议捐赠的[②]。密苏里新闻学院举行了隆重的捐赠仪式,并将其命名为"圣保罗石"。

1926 年 11 月 9 日[③],日本驻美大使松平恒雄(Tsuneo Matsudaira)代表东京日美协会向密苏里新闻学院赠送了一尊日本石灯。大使希望赠

---

① Earl English. *Journalism education at the University of Missouri - Columbia*. Walsworth Publish Company, 1988, p. 19.

② Robert S. Mann. *Dedication of a Stone from St. Paul's Cathedral*. Journalism Series No. 40 Feb. 7, 1926, p. 5.

③ 该时间在 Earl English. *Journalism education at the University of Missouri - Columbia*. 一书中是 1928 年 11 月 8 日,恐有误。根据 T. C. Morelock. *Presentation of a Japanese Stone Lantern*. Nov. 21, 1926, 时间应为 1926 年 11 月 9 日。现在密苏里新闻学院日本石灯的标识牌上也是这一时间。

送石灯将使美日两国的和平更加持久。① 该石灯深具纪念意义。它原坐落于美国第一任驻日特使汤森·哈里斯（Townsend Harris, 1804—1878）② 在东京建立的使馆区附近的泉福寺（Sempukuji），高近七英尺，由五件花岗岩组成。出席捐赠仪式的《日本广告报》（Japan Advertiser）代表说"作为永久的纪念物赠送给密苏里新闻学院将增进美日的良好关系。石灯作为美好意愿的标志物是最能反映日本艺术的杰作之一，它照亮黑暗，启迪无知"。③

1930 年 5 月 9 日，密苏里新闻学院第 21 届新闻周举行期间，德国驻美大使弗里德里希·威廉冯达·科加弗龙（*Friedrich Wilhelm von Prittwitz und Gaffron*）代表德国新闻协会（the Press of Germany）向世界上最早的新闻学院——密苏里新闻学院赠送了五套古老而珍贵的德国早期的报刊，同时密苏里大学授予他法学名誉博士学位④。这些珍贵的礼物是最具有重要价值的。它们可以追溯到 1527、1530、1561、1564 和 1566 年。毫无疑问，它们能让学生非常好地感知近代新闻事业产生和发展的历史。⑤

在各国争相捐赠礼物的过程中，密苏里新闻学院特别希望得到与他们有密切友谊和特别合作关系的中国的礼物。1930 年上半年，密苏里新闻学院特派《密勒氏评论报》主编鲍威尔，"向我国舆论界及政府方面，商请赠与相当之纪念物，并有希望以旧石器赠与之。"中国政府考虑到"该校人士，对于我国革命，颇多赞助，并为我国政府新闻界造就人才不少"，⑥ 欣然应允，即派专人在南京和上海等处物色石器。但寻觅良久，

① Earl English. *Journalism Education at the University of Missouri - Columbia*, Walsworth Publish Company, 1988, p. 20.

② 汤森·哈里斯，美国商人和外交家。1804 年 10 月 3 日出生于纽约，1817 年他开始在杂货店工作。1840 年当选为纽约教育委员会主席，负责创建纽约自由学院，后改名为纽约市立学院。1847 年，离开加州，开始从事中国和英荷属东印度贸易。1853 年被任命为美国驻宁波领事。1856 年 8 月，抵达日本横滨。1858 年，在他的努力下，美日签订了开放港口的贸易商业条约，他成为美国第一任驻日特使。1861 年辞职返美。1878 年 2 月 25 日在纽约去世。

③ T. C. Morelock. *Presentation of a Japanese Stone Lantern*. Journalism Series No. 43. Nov. 21, 1926, p. 5.

④ T. C. Morelock. *Visit of the German Ambassador and the Gift from the Press of His Country*. Journalism Series No. 61. Dec. 20, 1930, p. 9.

⑤ Ibid., p. 13.

⑥ 《中国赠送美国大学石狮一对经过》，《申报》1931 年 5 月 3 日。

一直没有寻找到"惬意之物"。恰是，南京市修葺大报恩寺，觅得一对石狮子。南京市政府上呈报告，推荐石狮子作为赠送给密苏里新闻学院的礼物。但当时也有不同声音。负责联络此事的密苏里新闻学院校友鲍威尔曾说："获得这两尊雕塑还需要长时间的协商，因为年轻的中国反对将历史遗产运到其他国家去。"但是由于孔祥熙"与蒋介石的南京政府关系非常密切"，"对密苏里大学校友的项目计划非常感兴趣"，"政府要送一批学生去美国的学习机构，这个捐赠计划成为了一个例外。"① 南京国民政府最后批准同意，决定由孔子第 75 代直系后裔、国民政府实业部长孔祥熙代表中国政府捐赠，"借以表扬我国固有之艺术"，② 并通知了密苏里新闻学院。

这对石狮子确实很有中国代表性。狮子是一种"灵兽"，高贵尊严，可护法避邪。在中国古建筑中，人们常常可以看到它们的身影。无论是巍峨的宫阙殿堂，还是肃穆的皇家寝陵，抑或是尊贵的豪宅官邸，其进口或门前，总有一对石狮子威风凛凛地伫立着，为主人看家护陵。石狮子姿态各异，显现了我国古代劳动人民精湛的雕刻技艺，反映出中国人民对石狮子的喜爱。而赠送给密苏里新闻学院的石狮子就更加具有代表性了。它原来坐落于南京中华门外雨花路东侧秦淮河畔的大报恩寺内。该寺由明成祖朱棣（永乐皇帝）为纪念其生母所建③。工程自公元 1412 年始建，由 10 万民工，历时 19 年基本建成。在修建过程中，这对石狮子也从山东曲阜孔庙来到了该寺。古金陵大报恩寺是皇家寺庙，所有建筑皆依皇家规制，曾与灵谷寺、天界寺并称"金陵三大寺"，是明清时期百寺之首，当时掌管全国佛教事务的专门机构"僧录司"设置于此。但该寺于 1856 年 10 月在太平天国"天京事变"过程中，因北王韦昌辉担心翼王石达开部占据制高点向城内发炮而下令炸毁。百年古寺惨遭涂炭。这对石狮子流落民间，当找到它们时，它们被安放在一所学校的校门两侧，守卫着学校。

1930 年 12 月，密苏里新闻学院在其出版的《密苏里校友》杂志上向外公布了这一喜讯，"中华民国政府实业部长孔祥熙已向密苏里新闻学院

---

① *Presentation of Stone Lions from China*, Journalism Series No. 64. Nov. 10, 1931, p. 15.

② 《中国赠送美国大学石狮一对经过》，《申报》1931 年 3 月 5 日。

③ 一说是明成祖朱棣为纪念报答与宣扬其父明太祖朱元璋与嫡母马皇后所建。见经盛鸿《史海闲话》，上海人民出版社 1999 年版，第 148 页。

捐赠了一对石狮子，并通知了威廉校长它们将在 1931 年 5 月 3 至 9 日新闻周捐赠仪式时如期到达。每个石狮子重达 3500 磅。它们已有 500 多年历史，来自孔子故乡曲阜。这对石狮子将被安放在纳夫大楼前，作为中美友好的象征。威廉校长已经邀请了中国官员来到美国代表中国政府出席新闻周并赠送石狮子。"①

随着 1931 年密苏里新闻学院"新闻周"的临近，中国政府托运石狮子，横渡太平洋，向美国密苏里大学进发，并决定派驻美公使伍朝枢作为孔祥熙的代表出席密苏里新闻学院举行的石狮子捐赠仪式。1931 年 3 月，《密苏里校友》杂志上公布了这一细节，提到"新闻周"演讲嘉宾为中国驻美公使伍朝枢博士，公布新闻周期间，星期五"将举行一个正式的石狮子捐赠仪式。这对石狮子雕刻于 531 年前，作为卫兵安放在孔庙前已有 500 多年，今作为中华民国政府实业部长孔祥熙博士的礼物，成为中美友谊的象征"。②

二 中国石狮子的捐赠仪式

1931 年 5 月 3 日至 9 日，密苏里新闻学院举行第 22 届"新闻周"，来自世界各地的新闻工作者欢聚一堂，共商未来新闻发展大计。而中国政府捐赠一对石狮子成为此次"新闻周"的重头戏。

5 月 7 日，星期四下午 3 点 30 分，中国驻美公使伍朝枢在燕京—密苏里交换研究生卢祺新等陪同下，乘车护送石狮子从森特勒利亚（Centralia）到达哥伦比亚市。密苏里大学校长沃尔特·威廉博士立即在校长办公室接见了他。短暂的寒暄后，他们共同出席了校方组织的检阅仪仗队欢迎仪式。

欢迎仪式在杰西大厅（Jesse Hall）和哥伦斯（Columns）之间的弗朗西斯四方半院（Francis Quadrangle）举行。伍朝枢公使由校长陪同，来到由学生会、潘兴来复枪和泰格乐器组成的仪仗队前。仪仗队演奏军乐，鸣

---

① *Chinese Stone Lions for Journalism Week*, The Missouri Alumnus, December, 1930, p. 109.

② *Journalism Week*, The Missouri Alumnus, March, 1931, p. 213.

炮 19 响向他表示致敬,随后演奏了中华民国国歌。他和陆军上校邓莱普一起检阅了仪仗队。

下午 4 点,在检阅仪仗队之后,伍朝枢公使和威廉校长来到纳夫(*Jay. H. Neff*)大厅西门口,与密苏里新闻学院学生、学校教职工、"新闻周"参加者和中国留学生如卢祺新等出席了石狮子捐赠仪式。捐赠仪式由密苏里新闻学院马丁副院长主持。他详细解释了石狮的捐赠情况并介绍了伍朝枢先生[①]。

三　密苏里大学授予伍朝枢公使名誉法学博士学位

5 月 8 日,星期五,上午 11:00,密苏里大学礼堂里举行了特殊集会,颁发给伍朝枢阁下名誉法学博士学位。

密苏里大学各大学院的院长们随同校长沃尔特·威廉和伍朝枢公使,组成了一个队列步入礼堂,在主席台入座,观众在台下入座,礼堂里飘扬着约翰·哈里森指挥的校管弦乐队演奏着"加冕进行曲"。入座完毕,仪式以学术程序开幕。

首先,密苏里大学神学院赫恩教授(Prof. Walter A. Hearn)致辞。

随后,威廉校长致辞,他向与会者介绍了中国公使伍朝枢先生:

我们非常荣幸迎来中国驻美大使作为密苏里大学的客人。他是伍廷芳的儿子,一位有天赋的外交家和政治家。他出生于中国,在美国和英国接受教育,获得了伦敦大学的法学学士学位,在林肯法律研究院获律师资格,作为行政长官和外交官,他在法学和教育学领域作出了引人瞩目的贡献。1915 年,他成为中国议会议员。1917 年,担任中国外交部的顾问。1919 年,是中国出席巴黎和会的代表。后来,成为外交部部长和司法院院长。自 1925 年开始,在华盛顿出任中国驻美大使。我向你们介绍一个教育领域的学生、作家和引领者,我们

---

① *Presentation of Stone Lions from China*, Journalism Series No. 64. Nov. 10, 1931. p. 9.

的友邦中华民国的公使，伍朝枢阁下。[①]

下面，我们以热烈的掌声欢迎他为我们进行演讲，题目是：中国新思潮（The New Chinese Mind）。

接着伍朝枢公使以流利的英语开始演讲：

中国新思潮

一代又一代的中国青年被谆谆教诲，要服从权威，接受过去先生传授的真理。他们被教导，要注重自我分析和内省，而不是关注身体和物质环境。然而，西方的影响以及随之而来的政治、物质和经济影响使得有思想的中国人开始稍微调整这种看待事物的方式。

这样的结果会培养起一种质疑的精神。当今的青年要求眼见为实，而这种思考方式是所有优秀的密苏里人所同情的。看起来是进步的而非倒退的，包容的而非排他的。尽管这并非是打破旧习，当所见是无用的或者令人不满的事物时，人们也不会退缩，而是去改变它。

这种新思潮的表现在很多方面都可以被感知。1911 年，统治中国长达四千年的君主专制被推翻了，震惊世界。幸运的是，中国人是天性的民主主义者，因为这是一种被称为无秩序的民主。他们需要学习的是如何使用好现代民主的工具。他们还需要时间去学习。就像法国的情况一样，在它成立第三共和国之前，花了 80 多年的时间来试验共和制和君主制。我们自信，中国会花更少的时间，就像 20 世纪的事物比 18 世纪和 19 世纪的事物发展更快一样。

中国的新思潮同样也在经济领域发挥着功能，近些年来已经大踏步前进了。但是在 55 年前，一段很短的铁路被当局拆除以免铁路的振动惊扰了上天和土地的安宁。如今铁路在各地受到了热烈的欢迎，并在资金和资源的允许下修得尽可能快了。如果政治的结果稍微减缓了那里的物质化进程，毫无疑问得出的最快结论是经济的结果……

新思潮的成果在其他的社会领域也很明显。即使没有得到普遍承认，的确中国妇女比其他东方国家的女性具有更高的地位。尽管如

---

① *Presentation of Stone Lions from China*, Journalism Series No. 64. Nov. 10, 1931, p. 6.

此，必须承认两性之间还没有完全的平等。然而国民党已经制订了计划来实现在法律、社会和经济等方面男女完全平等。官方说法已经逐步完成，我们拥有女法官、女议员，以及在党和政府委员会高层的女性……①

演讲结束后，学校管弦乐队演奏起格拉祖诺夫的"Interludium"乐曲。伴随着悠扬的音乐，名誉学位委员会曼福德（Dean F. B. Mumford）主席向威廉校长提出了授予伍朝枢公使法学名誉博士学位请求。他说道："校长先生，我非常荣幸向您推荐他作为法学名誉博士学位的候选人。他经学校教职工举荐，大学理事会选举产生。名誉学位委员会批准授予伍朝枢阁下法学博士学位。"②

威廉校长站到主席台前，向伍朝枢公使授予法学名誉博士学位，并发言说："中国驻美公使阁下，在法学领域取得了卓越成就，成为推动国际间和平友好活动领导者，有着显著的外交才能，是教育界的友好伙伴。凭借密苏里大学理事会给予我的权威，授予您法学博士荣誉学位以及与之相关的权利和特权。"③

密苏里大学代表库尔索特（J. H. Coursault）博士给伍朝枢公使戴上了博士帽，仪式随之结束。赫恩教授发表祝词之后，艺术学院院长詹姆斯·夸尔斯（James T. Quardles）带领与会者齐唱校歌"古老的密苏里"。

仪式结束后，伍朝枢公使乘车前往密苏里州府杰斐逊市，拜访州长亨利·考菲尔德（Henry S. Caulfield），受到了热情的欢迎接待。

5月8日密苏里大学在罗斯维尔体育馆举行了隆重的"新闻周"宴会。威廉校长主持了宴会。

宴会开始，作为"新闻周"活动的贵宾，伍朝枢公使在发表了题为"国际关系中的报人"（*Newspaper Men in International Relations*）的演讲。与会者给予雷鸣般的掌声，为他的精彩发言而喝彩。接着，其他近十位发言者陆续登台演讲。

---

① *Presentation of Stone Lions from China*, Journalism Series No. 64. Nov. 10, 1931, p. 23.

② Ibid., p. 7.

③ Ibid..

演讲完毕，威廉校长请出席者全体起立，管弦乐队演奏起中美两国国歌，举起酒杯，为中美领导人祝酒，宴会随之开始。随后，威廉校长向与会者宣读了中国政府实业部部长孔祥熙和外交部长王正廷发来的贺电。在电报中，他们对赠送石狮子的重大意义进行了很好的诠释。

四 中国政府向密苏里新闻学院 赠送石狮子的影响和意义

密苏里新闻学院对这件中美友好交往的盛事，非常重视。除中国政府赠送石狮子的活动主题（捐赠仪式、授予伍朝枢法学名誉博士学位、演讲主旨）外，处处精心布置，细密安排，呈现中国元素和特色。具体表现在：第一，伍朝枢来到密苏里大学之前，已经专门成立接待委员会，由来自中国的第一位燕京—密苏里交换研究生卢祺新负责，专程乘车前往森特勒利亚（Centralia）迎接他来到密苏里大学。第二，在密苏里新闻学院门上悬挂中美两国国旗，且这面中国国旗大有来历。这面特殊的中国国旗是中国政府主席蒋介石赠送给《纽约时报》驻华记者米色维兹（Henry Misselwitz），他又转赠给母校的。密苏里新闻学院在中国节日中第一次升起中国国旗，这是外国国旗第一次在校园里飘扬。[1] 第三，欢迎仪式上，奏响中华民国国歌。第四，在"新闻周"宴会上，威廉校长主持宴会上使用的木槌，也是来自中国的礼物。它是北京燕京大学馈赠给密苏里新闻学院的礼物。采自燕京大学附近的碧云寺的木料制作而成。碧云寺曾是孙中山先生的遗体未运回南京陵园时的暂时存放地。小木槌的头部就是仿碧云寺主要建筑而制，手柄的一块木料是来自寺庙内屋顶的横梁，已有300多年的历史。[2] 不仅如此，宴会还有鲜美的中国菜肴以及燕京大学捐赠的中国石狮子的铜版仿制品。

---

[1] *China at the University of Missouri*, The China Weekly Review, Vol. 56, No. 1, May 16, 1931, p. 371.

[2] *Presentation of Stone Lions from China*, Journalism Series No. 64. Nov. 10, 1931. p. 7.

　　密苏里新闻学院对中国政府和人民捐赠石狮子增进中美友谊的国际意义给予了高度的评价。在该学院主办的报纸《哥伦比亚密苏里人》上，专门发表社论《中国狮子和虚构的龙》（*Chinese Lion and False Dragons*）阐释中国礼物的意义。社论开门见山地指出了此次捐赠的深刻意涵："石狮子身上蕴涵着基督教主要教义的标志和我们时代最需要生发的理念——友谊、世界和平和对人类的友好意愿。"对孔祥熙赠送石狮子的义举也进行了高度的赞誉，"孔子的后代、中国政府的实业部长孔祥熙将中美友谊的标志物（石狮子）送给新闻学院。孔博士将它们送过来是因为新闻学院的创建者对国际友好关系的贡献。他最大的成就恐怕就是将美国和密苏里的友谊传递给世界，并且送出了一批年轻的报人去世界各地，解释着那里的事件和民族。"① 然后对如何增进国际间的交流和了解，消除互相的误解进行了阐述，"国家间的误解并非来自于一个对另一个做了什么，而是来自于一个国家如何看待另一个国家。如果我们能够一直对其他民族和政府所发生的事件的真相保持国际化的看法，我们就能够确保世界和平。我们应该强调那些将人们联合起来的因素，而不是分离他们的因素。""只有当我们在国际事务、道德和生存的奥秘上获得了理解，我们的观念将不再是唯一正确的，对国际和谐的实质贡献也是非常重要的。"并举用孔子的名言"学而不思则罔，思而不学则殆"、"君子和而不同"② 建议国家间互相学习，相互理解，消除隔阂和误解，增进交流和感情。社论最后，再次阐述了中国狮子的意义，"中国石狮子已经500多岁了，它们的寓意却依然清晰，即国际友谊，对虚构的龙的敌意警告。"最后希望"密苏里的青年们能够看到古老符号中蕴藏的对民族友谊的希望和理解，能够意识到孔博士赠送给密苏里大学这件礼物的行为的重大国际意义，就领会了世界和平的真正内涵。在这个动荡不安的时代，基督徒的理想可能是走出国门，走向世界的男女青年的精神血肉。在这样一种生动的教育当中，拥有一些这样的历史世界观将会成为国际协商、世界和平和永恒生命的关键。这样一种基督教的时代已经成熟了。"③

---

① *Presentation of Stone Lions from China*, Journalism Series No. 64. Nov. 10, 1931. p. 18.

② Ibid..

③ Ibid., p. 19.

社论发表后，美联社等一些美国主流媒体发表文章报道此事，也引起了广泛的国际影响，后来被多份中国报纸的美国通讯员转译成了中文，并在亚洲得到广泛传播。

1931 年 5 月，密苏里大学主办的《密苏里校友》杂志也在当期刊登了两张照片，一张是伍朝枢公使检阅仪仗队，另一张是伍朝枢公使和威廉校长及马丁副院长站在石狮子旁举行捐赠仪式①。同期杂志还向校友报道了密苏里大学授予伍朝枢公使法学名誉博士学位的消息。②

同年 11 月，密苏里新闻学院编辑密苏里新闻丛书时，第 64 本 *Presentation of Stone Lions from China*，*Journalism*，就详尽记载了此次中美友好标志（石狮子）捐赠活动，并配发了伍朝枢公使、石狮子、捐赠仪式等五幅图片，为这段中美友好交往的历史留下了宝贵的资料。

中国的媒体也对此事进行了积极的报道。1931 年 5 月 16 日，鲍威尔主编的上海《密勒氏评论报》发表文章《中国在密苏里大学》（*China at the University of Missouri*），图文并茂地详细介绍了此次活动详情，也高度评价其历史意义。文章开头就写道，"虽然中国与美国密苏里远隔千山万水，但在上周密苏里大学里遥远的中国却异常显著"。③ "这有利于增进密苏里大学与中国联系，促进两者间以前达成的密苏里新闻学院和燕京大学新闻学系交换学生和教授的合作安排的开展。"④

鲍威尔还专门撰写文章《狮子》（*The Lion*），首先详细介绍中国石狮子的情况，"这对'野兽'的中国名字是'石狮子'，字面上就是'石刻的狮子'的意思。它们由石头雕刻而成，加上基座每一个接近 5000 磅。它们是中国政府的一名高级官员亲自捐赠给密苏里大学的，矗立在新闻学院的 Jay H. Neff 大厅西入口。"⑤然后介绍了自己负责孔祥熙此次捐赠活动的过程，还介绍了关于石狮子的一些传奇故事。特别将狮子和好运气挂钩，"中国苦力用手揉搓一只手掌，认为这样可以在他被看不见的恶魔或

---

① *The Missouri Alumnus-May*, 1931, p. 261.

② Ibid., p. 277.

③ *China at the University of Missouri*, The China Weekly Review, Vol. 56, No. 1, May 16, 1931, p. 370.

④ Ibid., p. 371.

⑤ *Presentation of Stone Lions from China*, Journalism Series No. 64. Nov. 10, 1931. p. 14.

者愤怒的恶龙缠住时增加勇气和力气,并且带来好运。"① 这种"好运"的兆头似乎在密苏里新闻学院也得到了体现。

当时,美国深陷世界经济危机之中,密苏里新闻学院的发展也大受影响。密苏里新闻学院经费预算减少了10%,教员数量也减少,一位没有续聘,3位离岗出外深造,研究生助教从3位减为1位,141位毕业生仅有14位找到了新闻相关的工作②。甚至威廉博士作为密苏里大学的校长主动将年薪从12500美元降至10000美元,与学校共渡难关。③ 在如此艰难时期,密苏里新闻学院特别期待这对石狮子的到来会给他们带来好运气和极大鼓励。

1932年,主持捐赠仪式的密苏里新闻学院马丁副院长就起程前往中国北京,成为第一位燕京大学新闻学系交换教授,而燕京大学新闻学系主任聂士芬前往密苏里新闻学院交换,这使密苏里新闻学院与燕京大学新闻学系的合作计划向深层次发展。1933年,密苏里新闻学院25周年院庆,700余人参加庆贺;1934年,密苏里新闻学院培养出的第一位博士毕业;1935年,威廉校长去世后,筹措到资金15000015美元,威廉大楼破土动工,1936年,威廉夫人来华,成为第二位燕京大学新闻学系交换教授。1937年5月,威廉大楼落成,它和原来的纳夫大楼相接,形成了密苏里新闻学一道拱门。中国石狮子也得到了精心呵护,不用在露天之下雨淋日晒了。密苏里新闻学院将这对石狮子安放在新闻学院拱门内,作为新闻学院的守护神,迎接着前来求学的学生和来访的远方客人;同时也激励着密苏里新闻学院的学子们前往东方,报道中国,传承友谊。美国著名记者、密苏里新闻学院毕业生西摩·托平④(Seymour Topping)曾经说:"那对石狮子对我来说非常重要。我每天都要经过石狮子,是它让我与中国产生

① *Presentation of Stone Lions from China*, Journalism Series No. 64. Nov. 10, 1931, p. 15.

② Earl English. *Journalism Education at the University of Missouri - Columbia*, Walsworth Publish Company, 1988, p. 36.

③ http://journalism. missouri. edu/2008/1930 - 1939/11a - enlarge. html.

④ 西摩·托平于1921年12月11日出生在纽约。1943年毕业于密苏里大学新闻学院。托平先生是普利策奖评委会主席,同时也是美国哥伦比亚大学新闻研究院从事国际报道研究的教授。托平先生也曾经做过《纽约时报》的执行编辑与海外编辑。在托平于1959年加入《纽约时报》的时候,他已拥有长达13年的驻外记者的经历。从1959—1993年,他在《纽约时报》的各个不同的岗位上都工作过。1972年,托平出版了《新旧中国的旅行》。

了最初的联系，并带我走进中国，当了一名记者。"①

　　密苏里新闻学院认为："中国政府赠送的这对拥有531年悠久历史的石狮子礼物，是学校萧条时期中为数不多的亮点之一。"② 在密苏里新闻学院的历史记载中，这对中国石狮子屡屡被提及，成为其与中国乃至世界友好合作和交流的历史性标志性事件。这对中国石狮子及照片也常常出现在密苏里校友杂志和档案之中，仅校友杂志就提及了20余次。这对中国石狮子的图片如今成为密苏里新闻学院网站上的标识，只要点击该网站，就能看到这对中国石狮子。在2008年，密苏里新闻学院百年纪念之际，密苏里新闻学院教授 Steve Weinberg 出版的院史 *A Journalism of Humanity, a Candid History of the World's First Journalism School*，其封面两张照片，其中一张就是新闻学院拱门下的这对中国石狮子。

　　中国石狮子不仅成为密苏里大学校园的标志性景观，而且是该校中国留学生回忆母校的感情桥梁，成为中美关系友好的历史见证者。1941年，密苏里新闻学院将"密苏里荣誉奖章"颁赠给中国重庆《大公报》，密苏里新闻学院校友马星野在文章《密苏里之荣誉奖》中，就提道："在纳富大厦的门口，是一对中国石狮子。这是民国二十年该院新闻周由伍朝枢博士代表孔祥熙院长送给该校的。"③ 1948年9月，余予在马星野主办的《报学杂志》上发表文章《全球最早之新闻学院》，曾记载："密苏里新闻学院与中国有着与众不同的情谊。校园的石狮子是最好的证人。1932年，我国驻美国大使伍朝枢博士，代表政府，把这件纯东方式的礼品赠给该院。十六年来，它昂首竖尾，瞪着圆眼，立在纳夫楼前，看祖国的人来人往。似不胜祖国之思。"④ 密苏里新闻学院校友、著名翻译家高克毅（乔志高）也曾回忆说："留学的同胞不多，则一晤面就好似'他乡遇故知'，不大的功夫大家召集起来，走到新闻学院聂夫堂 Neff Hall 侧门的石狮前拍照。

---

　　① 《襄樊缘·跨国情——与奥黛丽·托平夫妇谈朗宁家族的中国传奇》，《襄樊晚报》2008年10月17日。

　　② 1931：Stone Lions from China Dedicated，http：//journalism. missouri. edu/2008/1930 - 1939/11a-enlarge. html.

　　③ 马星野：《密苏里之荣誉奖》，《大公报》1941年4月21日。

　　④ 余予：《全球最早之新闻学院》，《报学杂志》创刊号，1948年9月。

讲起这对石狮，又是密苏里与中国感情融洽的一个具体象征，是一九三一年中国政府由孔祥熙部长出面，已故伍朝枢公使代表，赠送给密苏里新闻学院的。来而不往非礼也，该届密苏里毕业礼特送伍公使名誉博士学位，伍氏接受演讲英语之流利，至今密苏里中传为美谈。"①密苏里新闻学院校友、台湾著名文学家尹雪曼记载：密苏里有两大名胜——接吻桥（Kissing Bridge）与石狮子。叙述了他和同学苏珊谈论这对中国石狮子的情况，"石狮子已在前面了。在夜色中，这两只石狮子一左一右地蹲在纳夫楼的侧门外，静静地，望着前面的草坪、树林、马路、夜色。它们在想什么？故乡？祖国？我听说它们是孔夫子家乡来的。当我们走到那只石狮子跟前时，苏珊就去抚摸那一只抚弄绣球的公狮。他一边抚弄一边说：这是这样吗？是。我说，并指了附近墙上的一块铜牌。'它们是从孔夫子的家乡——山东曲阜运来'。只因装运不小心，碰坏了这一只狮子的腿。瞧，不是用水泥糊起来的吗？苏珊说：它们雕刻得如此精美，我真是太喜欢了，你们中国人都喜欢石狮子吗？我想是的。我说，石狮子是中国建筑的一部分，它代表威仪，所以是皇宫，达官贵人，寺庙门前不可缺少的点缀。同时，它还有一点镇邪作用。"②1993年，密苏里新闻学院校友、台湾著名传播学者王洪钧曾撰文说："连接密苏里大学新闻研究院和我国深厚关系的，除了众多有成就的校友之外，还有一对由孔祥熙博士捐赠、由我国驻美公使伍朝枢博士代表致送给密大新闻研究院的一对石狮子……1931年迄今，已逾一甲子，这对石狮乃雄踞于密大新闻学院拱形建筑前，象征密大与我国的关系，如石之坚。"③笔者认为正如王洪钧先生这篇文章的小标题"石狮相赠象征友谊如石之坚"，最充分反映了中国政府向密苏里新闻学院捐赠这对石狮子的意义。

———————————

① 乔志高：《密苏里新闻学院》，《纽约客谈》，远东出版社1976年版，第123—124页。

② 尹雪曼：《接吻桥与石狮子》，《尹雪曼自选集》，黎明文化事业股份有限公司1982年版，第292—293页。

③ 王洪钧：《我笃信新闻教育》，正中书局股份有限公司1993年版，第119页。

The Historic Witness of Sino-US Journalism: a Pair of Stone Lions in the Missouri School of Journalism

Abstract: The Missouri School of Journalism is the world's first journalism school, and it has having a profound traditional friendship with the Chinese government and media. H. H. Kung to, Minister of Industry of the Chinese Republic, on the behalf of the Sino Government donated a pair of stone lions with the 500 history of years to the Missouri School of Journalism in 1931. The Missouri School of Journalism held the donation ceremony of Chinese stone lion During the 22nd annual Journalism Week, May 3 – 9. It has become a symbol of Sino-US friendship, but also the historitic witness of Sino-US journalism exchange.

Key Words: the Missouri School of Journalism, Stone Lions, friendship

（邓绍根　北京大学新闻与传播学院　北京　100871）

孔子学院:跨文化传播的实践

何颖利

摘　要：孔子是中国古代文化的代言人之一，与中国传统文化存在着不可分割的关系。孔子学院在海外的成功创办开辟了中外文化交流的新路子，这种传播模式在全球化发展日益密切的时代背景下赋予了中国传统文化新的生命力，凸显了中国文化日益增强的输出力和渗透力，为贯彻落实中国"和平崛起"、构筑"和谐世界"的发展战略发挥了独特作用。

关键词：孔子　孔子学院　文化　传播

一　作为文化品牌的孔子学院与中国传统文化

(一) 作为文化品牌的孔子学院

孔子学院是以中国古代著名思想家孔子的名字命名的在世界范围内以传授中国语言为主要内容的文化交流机构。之所以以孔子名字命名，从中可以看出孔子与中国传统文化之间蕴涵的丰富内容。众所周知，国外有关对中国的研究基本上都是把孔子作为中国古代文化的代言人。这或许有助于我们理解为什么将在世界范围内以教授汉语和传播中国文化为宗旨的非营利性组织命名为孔子学院。换句话说，孔子及其学说在世界范围内已经成为了代表中国传统文化的品牌。这个品牌所蕴涵的潜在能量早在两千多年前就已经在世界范围内特别是东亚地区发挥作用，至今仍是长盛不衰。

作为一个文化品牌，孔子学院自身所具有的鲜明特征是显而易见的：

首先，孔子学院代表了中国文化的广泛性和典型性，是打造中国软实力的最佳品牌。文化是国家软实力的重要组成部分，而文化离开了语言则就成为了"谎话"。因此，语言作为形成文化的重要因素，其作用不仅仅在于表达思想或描述一些客观事实，更重要的是语言构建了各种各样的社会关系，其中包括群体共有的思想及人的身份。同样，语言离不开文化作为支撑。特别是对于完全陌生文化背景下的语言学习，如果不了解这种语言所处的文化环境，即便是在学习过程中努力了，最后收到的效果也难免是"鹦鹉学舌"。

其次，综合性是孔子学院的又一特点，这为促进孔子学院在海外的迅速发展提供了条件。从目前孔子学院在国外的运转情况看，其办学模式灵活，不仅提供汉语学习，而且还提供中国文化、历史等方面的知识性服务，有的还提供如何在中国开展商务活动的知识等，以满足不同领域人士对中国了解之需要。孔子学院与其他国家如德国"歌德学院"、法国"法语联盟"及西班牙"塞万提斯学院"等在海外推广学习本国语言的模式不同，因为这些办学模式基本上都是由本国政府在国外全面投资兴建办学场地，因而收效虽然明显，但是投入比较大，周期也长。

（二）中国传统文化核心价值观的主要内容

中国传统文化的核心内容就是以"和平主义"为代表的价值取向。英国著名哲学家罗素在其所著《中国问题》一书中曾经指出：中国人向以博大精深的文化为荣，而中国文化的核心精神在于追求自由而非支配别人。正如罗素所言："它们追求的只是自由，而不是支配……中国虽是两千年帝国的后裔，然而对帝国的热衷却已极其淡漠了。"① 罗素的观点无疑是对中国传统文化核心价值观中崇尚和平理念的精辟概括。对此，德国社会学家马克斯·韦伯也曾经有过类似的论述。他说："尽管中国战事频繁，但进入历史时代后，即逐渐成为和平化的世界帝国。"② 中国数千年

---

① 罗素：《中国问题》，秦悦译，学林出版社1996年版，第154页。
② 马克斯·韦伯著：《儒教与道教》，洪天宝译，江苏人民出版社1997年版，第30页。

的文明史也充分表明:中华民族确实是一个崇尚和平的民族,和平主义一直是中国传统文化的核心价值取向。其中"和为贵"、"和而不同"、"以人为本"是这种和平主义精神的突出表现。这种以"和平"为核心价值观念的传统文化精髓,是中华民族在漫长的历史发展过程中逐渐积累而沉淀下来的精神财富,它已经深深地镶嵌在民族大众的心理的、知识的、生活的结构中,并不断通过人们的政治社会化过程而得以延续。不仅如此,从历史角度看,中国传统文化的形成、发展及发扬光大有其历史的必然性,而且在世界范围内特别是东亚地区的影响也是显而易见的。这种传统影响的魅力就在于促使人类追求善的力量,追求不同理想、观念、传统和文化的和平共处及相互交融。总体上,中国传统文化核心价值观体现在以下几个方面:

首先,从整体上讲,"和为贵"所体现出来的和合文化表达了中国传统文化一以贯之的整体思想系统。所谓"和"即和睦、平和、和谐等,同时"和"也是涵盖自然、社会、心理等层面与各领域的基本原则,是传统文化的精华和一种崇高的民族精神。千百年来,以"和为贵"为核心的文化体系衍生出了"与人为善"、"仁者爱人"等渗透于中国不同文化派别的主流思想之中,成为人们普遍接受和认同的人文精神及道德原则。

其次,"和而不同"也是中国传统文化中的一个重要理念,它强调文化的包容性、开放性,重视吸收其他文化的有益成分,不断创新、发展和形成时代需求的文化理论体系。从这个意义上讲,"和而不同"的"和"就是多样性的统一,是融合与创新。因此,"和而不同"是中华民族得以形成的重要思想基础,也是中华民族的凝聚力和吸引力所在。

再次,"天人合一"思想反映了中国传统文化追求人与自然的和谐,强调调整天人关系、人际关系和各种意识形态的关系,以建立起和谐的、可持续发展的社会秩序。这种思想还表现出中国人对自然环境及其规律的尊重,反映了人对天道和永恒的感悟,从根本上揭示了人与自然的关系及宇宙中万事万物都要遵从宇宙的特性及其永不停息的运行规律。

最后,中国传统文化的优势就在于从哲学的、科学的角度揭示宇宙、社会、人生的本质和意义。这就使它与宗教文化明显区别开来,一般宗教都要借助于一个虚幻的主观世界对比现实社会,从而激发人的信仰虔诚。

而中国传统文化产生并扎根于可以证实的客观规律并符合人类思维逻辑，因而其自觉柔性教化社会的功能就更加强大。

二 孔子学院传承中国传统文化核心价值观的传播学思考

（一）孔子学院传承中国传统文化的自觉性与必要性

孔子学院作为中国文化活跃在当今世界上的一个品牌，既是国家软实力的体现，也是沟通世界不同文明相互借鉴、吸纳不同优秀文化成果的重要平台。孔子学院自身蕴涵的文化魅力已经远远超越了国家与地域的界限，成为人类文明发展史上的一朵奇葩。也就是说，以孔子学说为代表的中国传统文化已经成为人类共享的思想精华。但是，任何文化只有与外界保持持续的接触和交流才会产生吸引力。从深层次讲，能否保持文化的先进性和创新能力，对文化能否产生和保持吸引力至关重要。由于历史传播手段及现实意识形态的原因，中国传统文化在世界范围内的传承仍然非常有限，这既与这种文化自身所具有的优秀品质不相符合，也与拥有这种文化的中华民族在世界上发挥作用的地位不相符合。同时，语言的传播和发展同样离不开文化的输出和渗透。全球化作为世界发展的趋势，在人类经济不断融合的同时，不同文化间的相互理解和交融也是大势所趋，只不过这种融合是多元性基础上的融合。此外，这种交融也必须建立在尊重不同文明成果、民族传统、自觉接受的基础之上。因此，孔子学院传承中国传统文化特别是这种文化的核心价值观既是时代发展的需要，也是人类共享文明成果的需要。从另外一个方面来说，孔子学院在对外传承中国传统文化的过程中也会吸纳其他文化中的精华，从而不断丰富和发展中国文化的内涵，真正达到不同文化、文明之间的相互交流与融合。所以，孔子学院在教授语言学习的同时，也有必要和义务传承中国传统文化中有益于全人类共同发展的核心价值观。

与此同时，孔子学院传承中国传统文化核心价值观是自觉的文化输出和渗透。首先，这种输出和渗透是异于中国传统文化的其他文化的需求。

伴随开放而导致的中国经济蓬勃发展和中国在国际事务中的"利益攸关方",世界需要了解中国,而了解中国的一个重要手段就是文化交流,因为中国传统文化特别是其核心价值观在某种程度上反映了中国在国际事务中的行为方式。从传播学角度说,孔子学院传承中国传统文化价值观满足了传播客体的客观需求和自觉接受,在一定程度上增强了中国传统文化的输出力和渗透力。其次,孔子学院传承中国传统文化是在尊重异族文化传统、满足世界全面了解中国愿望的基础上实施的。因此,这种传播无论从主体还是客体及传播手段来讲都是一种理性的自觉行为,与通过暴力或强制性的文化输出及渗透完全不同。历史上特别是近代以来,西方国家通过殖民或战争形式输出并渗透其文化传统的事情屡见不鲜。而在和平与发展成为世界两大主题的今天,如何避免西方传统的文化输出方式,孔子学院的创立和发展给出了理想的答案。正如孔子学院海外合作者普遍反映的,孔子学院不仅为他们提供了汉语学习教育的平台,同时也为他们了解中国过去的历史、文化和当代发展中的中国及未来中国的发展,包括如何掌握与中国进行经济、贸易往来等方面的知识提供了令人满意的渠道。

(二) 孔子学院传承中国传统文化核心价值观的传播学思考

孔子学院对中国传统文化核心价值观的传播一方面向世界更加明确表达了中国对构筑和谐世界发展理念的基本立场,同时也为世界理解中国为什么要构筑和谐世界及构筑和谐世界的历史的、哲学的传统文化背景提供了可供世界及中国相互对话的舞台。需要指出的是,利用孔子学院对中国传统文化核心价值观进行传播绝非是变相地进行所谓"政治制度"或"意识形态"的输出和渗透,而是让世界从根本上了解中国传统文化中"和为贵"、"和而不同"、"天人合一"等优秀价值理念及这些理念对于解决世界上存在问题和分歧所提供的有益启示,以便世界更好地理解中国现代化发展的愿望及中国"和平崛起"的文化支撑基础和现代化发展战略。众所周知,近年来,随着中国经济的发展及国际地位的不断提升,海外所谓"中国威胁"的论调一直不绝于耳。保罗·肯尼迪在其《大国的兴衰》一书中称中国在全球化进程中的获益将威胁到美国的利益;耶鲁大学商学院教授杰弗里·嘉顿在《商业周刊》曾撰文指出,美国经济的

"生命线"一旦因为中国经济受到战争、社会动乱、自然灾害的打击就可能被掐断。毫无疑问，这些论调是对中国"和平崛起"发展战略及构建"和谐世界"理念的错误理解和严重歪曲。从根本上说，"中国威胁论"的出现反映了国外相当一部分人对中国传统文化的无知或狭隘的理解。

因此，孔子学院传承中国传统文化核心价值观不仅为世界了解中国提供了平台，也为中国更好地走向世界探索出了一条切实可行的路径。从传播学角度看，这条路径既反映传授者与接收者之间的平等互利关系，也在传播路径上开辟了一条传播主体与客体同时互动的模式，避免了常规传播中客体被动接受的局面。从现实情况看，孔子学院将传授语言学习与传播中国传统文化相结合能够使学习者从中更好把握中国文化产生的人文思想根源。从传播效果看，与传统传播模式不同，孔子学院作为一种文化品牌，实际上构成了中国活跃在国际舞台上的软实力，这种软实力与中国日益强大的硬实力相得益彰。尤其需要强调指出的是，孔子学院以语言教育的形式在那些曾对中国持有偏见的国家传播中国传统文化，使当地民众对中国文化从不接触、不了解到主动学习，这种潜移默化的变化正是中外民间交流不断增强、进而促进相互理解的体现，为民间外交注入了新的内涵。由于孔子学院采取外方作为办学主体，中方合作承办的模式，所以对于调动所在国地方政府、社区居民及和当地华人社会的力量有着重要意义。它突出了以文化的功能促进和改善中外友好合作关系，有利于中国在国际舞台上掌握更多的话语权。但是，不可忽视的是，个别对中国持有异议或别有用心的人将这种文化交流错误解读或故意渲染成所谓中国的"政治制度"及"意识形态"输出与渗透。因此，如何发挥孔子学院文化品牌优势因势利导、因材施教，有效开展海外汉语言教育和对中国传统文化的传播，仍是目前孔子学院发展壮大的关键。

三 结 论

孔子学院在海外的成功举办开辟了中外文化交流的新路子，它已经作为国家软实力的一部分以自觉、合理的方式对外传承中国传统文化核心价值观，为正在崛起的中国在国际舞台上发挥作用而树立独特的国际形象。

孔子学院利用中国优秀传统文化对外提供语言学习和文化交流服务，不仅使中国文化发扬光大，也使中国文化在对外交流过程中不断吐故纳新。从传播学意义上讲，孔子学院既是传播的主体，也是传播的客体。这种传播模式在全球化发展日益密切的时代背景下赋予了中国传统文化新的生命力，凸显了中国文化日益增强的输出力和渗透力，为贯彻落实中国"和平崛起"、构筑"和谐世界"的发展战略发挥了独特作用。作为一种新的传播模式，孔子学院在对外文化交流过程中不可避免地也会遇到各种意想不到的问题和困难，关键在于如何改进和完善这种传播机制。

Confucius institute the pratice of
intercultural communication

Abstract: Confucius is one of spokesman for ancient Chinese culture and is closely related to the Chinese traditional culture. A new way for the Sino-Foreign culture exchanges is developed with the success of Confucius Institue in the overseas. A new life-force of Chinese traditional culture is proved in this Globalization development era by this communication mode. It plays a unique role in the realization of developing strategy for chinese peaceful rising and constructing the harmonious world.

Key Words: Confucius, Confucius Institue, culture, communication

（何颖利　北京信息科技大学人文学院　北京　100192）

浅析五四时期的东西文化论争[*]

石桂芳

摘　要：长期以来，五四时期的东西文化论争一直是学者十分关注的话题，并且形成了批判中学、追求现代化与继承中学、反省现代化的尖锐对立。事实上，以陈独秀为代表的知识分子在激烈地批判传统、追求现代化的同时，并没有全盘否定传统，他们与以梁漱溟为代表的知识分子所主张的继承传统，发展我们民族自己的新文化的观点有许多相通之处。因此，五四时期，追求现代化与反省现代化、批判与继承并生互动，相辅相成，共同构成了五四新文化运动的内在张力，为 20 世纪 20 年代马克思主义在中国的传播，特别是马克思主义中国化创造了必要的思想前提。

关键词：五四运动　　现代化　　马克思主义中国化

五四作为一场伟大的思想启蒙和思想解放运动，一直是知识分子深情缅怀的精神家园，时常给予我们精神之光的照耀。在当今世界文化由对立走向对话的大背景下，重温这段历史，对于我们建设有"中国特色"的社会主义新文化，构建和谐社会，具有极大的启发与指导意义。长期以来，五四时期的东西文化论争一直是学者十分关注的话题，并且形成了批判中学、追求现代化与继承中学、反省现代化的尖锐对立。事实上，以陈

---

* 北京信息科技大学基金项目：马克思主义中国化与传统文化关系前期研究。代码：50260 10959。

独秀、胡适为代表的知识分子在激烈地批判传统、追求现代化的同时，并没有全盘否定传统、亦没有彻底抛弃，他们与以梁启超、梁漱溟、杜亚泉为代表的知识分子所主张的继承传统，发展我们民族自己的新文化的观点有许多相通之处。同时，长期被斥为新文化运动反对派的梁漱溟、杜亚泉等亦高举"科学"与"民主"的大旗。

因此，五四不仅属于激进的"新青年"，也属于温和的调适派。

五四的无穷魅力，恰恰在于多元，在于其复杂的包容性与多元性，即追求现代化与反省现代化、批判与继承、转化与调适并生互动，相辅相成，共同构成了五四新文化运动的内在张力，为20世纪20年代马克思主义在中国的传播，特别是马克思主义的中国化创造了必要的思想前提。

一　反省现代化本身即为新文化运动的有机组成部分

长期以来，以梁启超、梁漱溟、杜亚泉为代表的知识分子，被包括新文化派在内的许多人斥为新文化运动的反对派，事实上，他们主张在批判传统的基础上继承传统文化，发展我们民族自己的新文化。因此，反省西方现代化本身即为新文化运动的有机组成部分。

1923年，梁漱溟曾在北京大学作题为"答胡评《东西文化及其哲学》"的演讲，其中对胡适、陈独秀将自己及张君劢斥为新文化运动的反对派、障碍物，作了辩驳。他说：

"照这样说来，然则我是他们的障碍物了！我是障碍他们思想革新运动的了！这我如何当得起？这岂是我愿意的？这令我很难过。我不觉得我反对他们的运动！

我们都是一伙子！……我总觉得你们所作的都对，都是极好的，你们在努力，我来吆喝助声鼓励你们！因为，你们要领导着大家走的路难道不是我愿领大家走的么？我们意思原来是差不多的。这是我们同的一面。

我们的确是根本不同。我知道我有我的精神，你们有你们的价值。然而凡成为一派思想的，均有其特殊面目，特殊精神……各人抱各自那一点去发挥，其对于社会的尽力，在最后的成功上还是相同的——正是相需的。我并不要打倒陈仲甫、胡适之而后我才得成功；陈仲甫、胡适之的成功便也是我的成功。所以就不同一面去说，我们还是不相为碍的，而是朋友"。①

因此，国人反省现代化本身即为新文化运动的有机组成部分。梁启超、梁漱溟、张君劢等，原本是坚定的现代性倡导者，后来转而皈依反省现代性，但是，这并不意味着他们离开了现代社会的"原则"，他们反省现代性的本意在消解现代性的弊端，并非为倒脏水连盆中的孩子也要倒掉。

二　追求现代化与反省现代化的交叉与互补

众所周知，五四期间，在中西文化观上，杜亚泉、梁启超的见解（顽固守旧派不在讨论之列）与新文化运动的主流派陈独秀、胡适等最为隔膜，二者时常处于激烈的冲突与对峙中。前者主张在继承传统的基础上融合中西，后者主张激烈地批判传统，反对中西融合。两种视角、两种主张，似乎格格不入、水火不容。事实上，从大范围看，批判与继承、现代化与反省现代化并未构成悖论，并非启蒙与反启蒙的对立，而是启蒙阵营中的分歧，二者之间不仅存在着冲突，也存在着交叉、互动与互补。

（一）在宗教与情感的问题上，陈独秀由批判转而肯定

作为新文化运动的"总司令"，陈独秀高揭"科学"与"民主"的大旗，激烈地批判传统，废除宗教，忽视人的情感和精神生活。他说："宗教之为物，将于根本上失其独立存在之价值矣"，"若论及宗教，愚一切皆非之"。② 道理很简单，随着科学的发展，人类社会的"一切人为法

---

① 梁漱溟：《答胡评〈东西文化及其哲学〉》，《梁漱溟全集》第4卷，山东人民出版社1989年版，第743—744页。

② 陈独秀：《答俞颂华》，《独秀文存》，上海亚东图书馆1926年版，第673—674页。

则"，终将为自然科学法则所代替，"然后宇宙人生，真正契合"。所以，他主张"以科学代宗教"。① 在"科学万能"思想的指导下，陈独秀相信，宗教固然无须存在，人类的情感也贬值了，因为人不单没有灵魂，"生时一切苦乐善恶，都为物质界自然法则所支配"，② 情感同样也是可以由科学来支配的。

不过，五四之后，他在宗教与情感问题上的观点却发生了根本性的改变。1920 年 4 月，陈独秀发表《新文化运动是什么?》，其中就明确宣布了放弃此前自己在宗教与情感问题上所持的观点。他说："宗教在旧文化中占很大的一部分，在新文化中也自然不能没有他。"在人类的行为中，"知识固然可以居间指导，真正反应进行底司令，最大的部分还是本能上的感情冲动。"社会还需要宗教，反对是无益的，"只有提倡较好的宗教来供给这需要"。有人以为宗教只有相对的价值，没有绝对的价值，但是世界上又有什么东西有绝对价值呢? 现在主张新文化运动的人，既不注意美术、音乐，又反对宗教，不知道要把人类生活弄成怎样"机械的状况"。"这是完全不曾了解我们的生活活动的本源，这是一桩大错，我就是首先认错的一个人。"③ 在这里，宗教不再被斥为应当废除的东西，相反，却被强调为"新文化中也自然不能没有他"；情感也不再被贬为知识的附属物，相反，却被尊为甚至较后者更为重要的人性构成。陈独秀放弃"以科学代宗教"的主张，转而公开接受蔡元培一直倡导的"以美术代替宗教"的观点，足见后者对他的影响仍然是深刻的。

由此观之，也是最重要的一点，陈独秀在宗教与情感问题上认识的根本改变，鲜明地表现出了与西方反省现代化思潮间的契合。

(二)"三分洋货七分传统"

新文化运动倡导者激烈地批判传统，他们相信，传统可以像一件旧衣服一样脱去，新文化可以在理性主义的建构下平地而起。问题只是在于，

---

① 陈独秀：《再论孔教问题》，《独秀文存》，上海亚东图书馆 1926 年版，第 91 页。

② 陈独秀：《人生真义》，《独秀文存》，上海亚东图书馆 1926 年版，第 125 页。

③ 陈独秀：《陈独秀文章选编》（上），三联书店 1984 年版，第 513—514 页。

我们是否真有勇气与传统作彻底的告别。胡适当年就是一个最激烈的转化论者。在几十年的东西文化论战中，胡适的基本立场无疑是"西化"。但后人却认定其为人为学均"三分洋货七分传统"。事实上，胡适与江冬秀的婚姻，有的学者称之为"民国史上的七大奇事之一"，"奇"就奇在一位新人物与一位"小脚太太"的结合。其实这是五四时代相当普遍的现象。在新文化的许多先驱者中，如陈独秀、李大钊、鲁迅、郭沫若、茅盾、郁达夫、朱自清、徐志摩以及梁宗岱等，都是旧式婚姻，他们的夫人也都一致小脚，胡适仅是其中一例而已。然而他们各自情况也并非完全相同，有的包办婚姻"碰得不坏"，和睦幸福，同偕到老；有的反抗挣扎，追求自由爱情和婚姻。这两类情况似乎比较少有。第三类占多数，是在忍受包办婚姻的同时，内心充满矛盾，行动上多有挣扎以致反抗。

（三）东西文明如"车之两轮，鸟之双翼"

新文化运动的主流派坚持，新旧绝分两途。但《新青年》同仁李大钊于 1918 年发表的《东西文明根本之异点》[①] 一方面尖锐地批判传统文化的"劣根性"和主张向西方学习；另一方面，李大钊同杜亚泉一样，将中西文化归结为"静的文明"与"动的文明"。指出："东洋文明主静，西洋文明主动。"二者是世界进步之二大机轴，如"车之两轮，鸟之双翼，缺一不可，此二大精神之自身又必须时时调和，时时融合，以创造新生命而演进于无疆"。[②]

这些见解与杜亚泉显然是相似的，因为在此之前，杜亚泉也将东西文化划归为"静的文明"与"动的文明"，并且肯定东西文化存在"类"的分别与调和的必然性。杜亚泉的文化观与新文化运动发生交叉与互动，由此可见一斑。当然，李大钊毕竟不同于杜亚泉。他的上述见解是以纵向上肯定中国文化落后于西方为前提的，而杜亚泉正缺乏这一基本前提。他认为中西文化"乃性质之异，而非程度之差"。即从根本上否认了中国文化落后于西方文化的事实。

---

① 李大钊：《东西文明根本之异点》，《新青年》第 5 卷第 1 号。
② 同上。

（四）高举科学与民主的大旗

科学与民主是新文化运动的两面旗帜，杜亚泉、梁启超对此并无异议，而且，终其一生，始终没有放弃科学与民主的立场。

杜亚泉自幼聪慧好学，先后自学了数学、物理、化学、植物学、动物学等，从而奠定了坚实的理科功底，毕生致力于近代自然科学的传播。1900 年，杜亚泉在上海创办了《亚泉杂志》，所载文章大都是数理化的论文，是科学界公认的近代中国最早的科学杂志。1904 年，他进入商务编译所任理化部主任，主持编著出版了轰动科学界的《植物学大辞典》、《动物学大辞典》和《小学自然科辞书》。这三部辞书在我国都具有开创性的意义。被誉为 19 世纪末 20 世纪初介绍西方科学"成绩卓著的人物之一"。并且终其一生，"先生始终没有放弃科学的立场"。[①]

杜亚泉同样主张人格独立与个性解放。他说"不自由毋宁死"代表了欧人的思想；国人不学习西学则已，否则，"非在思想上根本改革"，接受此种思想不可。这即是说，他同样是站在科学与民主的基础之上。

梁启超是引爆五四运动的重要人物。第一次世界大战结束后，他以出席巴黎和会中国代表团顾问与"国民外交协会"代表的身份赴欧考察。并将英法美意四国政府首脑秘密会议决定把德国在山东的侵略权益全部转让给日本的消息致电给他的密友汪大燮、林长民。由此引爆了五四运动。

五四前后，梁启超一直是倡言民主的，特别是欧游归国之后，其说愈鲜明。他指出：法国的"人权宣言""为 19 世纪民权国家成立之总发动机"。"自由平等两大主义，总算得近代思潮总纲领了"。[②] 辛亥革命的历史意义就在于促进了国人的两大自觉：一是"民族精神的自觉"，二是"民主精神的自觉"。[③] 中国要建立现代社会，教育首先要教国人"学做人——学做现代人"，"过德谟克拉西生活"，具备"德谟克拉西精神"。

---

① 胡愈之：《追悼杜亚泉先生》，《东方杂志》第 31 卷第 1 号。
② 梁启超：《欧游心影录（节录）》，《饮冰室合集》专集之二十三，中华书局 1989 年版，第 15 页。
③ 梁启超：《辛亥革命之意义与十年双十节之乐观》，《饮冰室合集》4，文集之三十七，中华书局 1989 年版，第 10—12 页。

梁启超同样大力倡导科学。在《欧游心影录》中就指出,"科学万能论"虽告破产,"但科学依然在他自己的范围内继续进步"。① 梁启超提醒国人不能"轻蔑"科学,要成为"科学国民"。② 作为著名的中国科学社的董事,他曾在年会上作题为《科学精神与东西文化》的讲演,其中说,欲救中国,"除了提倡科学精神外,没有第二剂良药了"。③ 梁启超终其一生都在提倡科学,维护科学的权威。晚年他成为重大医疗事故的受害者,舆论哗然,以致有"科学杀人"的说法。但病中的梁启超却发表文章,主动为科学辩护:"科学呢,本来是无涯的……我们不能因为现代人科学智识还幼稚,便根本怀疑到科学这样东西。""我盼望社会上,别要借我这回病为口实,生出一种反动的怪论,为中国医学前途进步之障碍。"④ 由此可见,梁启超同样高揭民主与科学的大旗。

三 五四运动的多元启蒙促进了 马克思主义在中国的传播

综上所述,五四时期,国人反省现代化与追求现代化一样,都是一股思想启蒙与思想解放的潮流,而反省现代化的本意在消解现代化的弊端,其本质正在于批判资本主义。梁启超诸人普遍关注西方社会劳资尖锐对立和工人阶级的悲惨命运,并对社会主义与俄国革命深表同情。梁漱溟指出:"这种经济制度和我倡导的合理人生态度,根本冲突。在这种制度下,难得容我们本着合理的人生态度去走。""只有根本改革这个制度,而后可行"。"这便是中国虽没有西洋从工业革新以来的那一回事,而经济制度的改正,依旧为问题的意义了。所以社会主义的倡说,在中国并不能算是无病呻吟"。⑤

---

① 梁启超:《饮冰室合集》专集之二十三,中华书局1989年版,第20页。
② 梁启超:《饮冰室合集》专集之三十四,中华书局1989年版,第79页。
③ 梁启超:《饮冰室合集》文集之三十九,中华书局1989年版,第9页。
④ 夏晓红:《追忆梁启超》,上海人民出版社1991年版,第487页。
⑤ 梁漱溟:《答胡评〈东西文化及其哲学〉》,《梁漱溟全集》第4卷,山东人民出版社1989年版,第738—739页。

因此，不难理解，此种反省现代化与五四运动后马克思主义、社会主义思潮在中国的传播，不仅不是对立的，而且实际上为后者作了必要的思想铺垫。这样看来，五四实际上是一个多元的、各种现代性思潮互相冲突的启蒙运动。现代性与反省现代性并生互动，相辅相成，构成了新文化运动的内在张力。

Controversies over East Culture and West Culture in the May 4th period simply

Abstract：Since a long period of time, the controversies over east culture and west culture in the May 4th period are always topics that scholars especially pay attention to and form a sharp opportunism of criticizing oriental culture and pursuing modernization and inheriting east culture and introspecting modernization. In fact, while they drastically animadverted tradition and pursue modernization, Chen Duxiu, as delegates of intellectuals, didnot thoroughly deny tradition, because their ideas had many similar aspects between Chen Duxiu and Liang Shuming, as delegates of intellectuals, who claimed to inherit east culture and develop our new ones. Therefore, in the May 4th period, their adnation and interaction formed inherent tention of The May 4th new civilization movement together between pursuing modernization and introspecting modernization, animadversion and inheritance, so as to create a necessary ideaistic premise for the spread of Marxism in china, especially Sinicization of Marxism.

Key Words：The May 4th movement, Modernization, Sinicization , Marxism

（石桂芳　北京信息科技大学人文学院　北京 100192）

美国主流文化和非裔文化的对话[*]

——《推销员之死》和《篱笆》中的家庭关系比较

王　晶

摘　要：美国当代戏剧《推销员之死》和《篱笆》在故事情节、人物关系和主题方面惊人地相似，后者甚至被称为前者的黑人版。然而，两剧对于家庭关系的差异性表述体现了美国主流文化和美国非裔文化的差异。两剧中的父子关系体现了两种文化对父亲/男性身份的不同定义：主流文化所推崇的温情、忠诚的父亲在非裔文化中严重缺失，在后者的文化体系中，严苛和缺场的父亲得以正名。在夫妻关系和母子关系方面，与主流文化中"家中天使"的形象不同，非裔文化中的女性/妻子/母亲更具力量，具有种族文化传承功能。可以说，《推销员之死》和《篱笆》是基于相似主题平台上的美国主流文化和非裔文化的跨时空对话。

关键词：家庭关系　美国主流文化　美国非裔文化　差异性

美国剧作家阿瑟·米勒的《推销员之死》和奥古斯特·威尔逊的《篱笆》因其颇为相似的故事情节和人物关系，经常被剧评家和读者相提并论，甚至有人认为《篱笆》是黑人版的《推销员之死》。然而，这种比

＊ 本文是 2010 年黑龙江省教育厅人文社会科学项目"当代英美戏剧（1950 年后）"的阶段性研究成果，项目编号：11554098。

较未免过于简单化，它停留在主题层面，而忽视了两剧所隐含的文化内涵。实际上，这两部作品可以分别被看做是美国主流文化和美国非裔文化的代表。两剧所描述的家庭关系的差别明显体现了美国主流文化和美国非裔文化的差异。可以说，《推销员之死》和《篱笆》是基于相似主题平台上的美国主流文化和非裔文化的跨时空对话。

一

被称为美国三大剧作家之一的阿瑟·米勒虽然是犹太后裔，但其作品并没有浓厚的犹太文学和文化色彩，而是旨在反映人类的普遍经验和问题。他的《推销员之死》更是被称为一个普通美国人的悲剧。因此，他的作品，尤其是《推销员之死》（以下简称《推》），可以被看成美国主流文学的代表，是美国主流文化的载体。美国黑人剧作家奥古斯特·威尔逊获得一次托尼奖和两次普利策奖，被称为"当代美国剧作家中唯一能与最杰出的戏剧大师奥尼尔、威廉斯或米勒相提并论者"（Plum 566）。他试图通过书写黑人历史重塑非裔美国人的身份；通过黑人记忆连接美国黑人的过去、现在和将来。他的作品始终强调非洲黑人文化的传承对当代美国黑人的重要意义。被公认为其核心之作的《篱笆》（以下简称《篱》），无疑深烙着美国非裔文化的印记。

这两部作品的情节、人物关系和主题都极其相似。两剧都讲述了男主人公追寻个人价值，寻求所谓"美国梦"的努力、挫折和失败；都描写了父亲和两个儿子之间的矛盾冲突；两个男主人公都背叛了善解人意、忠实勤劳的妻子，有了婚外情；两人都或多或少地生活在现实和虚幻之间，言语激狂，类似疯癫，却又勇担重责，坚韧不拔；两人都在剧终死去，他们的死亡都引起家人，尤其是儿子对他们的缅怀及对自身和未来的思考。在表述寻求"美国梦"和确立个人身份（identity）主题的同时，这两部剧都体现了资本主义商业发展对人的异化和个人理想与社会严酷现实的矛盾冲突。这些主要是通过主人公与家庭成员之间的关系来体现的。

《推》剧描述了推销员威利·洛曼美国梦的破灭和与两个儿子之间，尤其是和大儿子比夫之间的矛盾冲突。威利一直梦想成为一名伟大的推销员，可以坐在家里打个电话就把生意搞定。但事实上，他的事业逐渐走下坡路，客户减少，入不敷出，生活难以为继。他一心想成为被人尊重的大人物，却经常被人嘲笑，最终甚至被为之工作了三十多年的公司开除。理想和现实的差距使他经常陷入精神恍惚，时常梦呓般地自言自语，自吹自擂，但又自相矛盾。两个儿子由于他错误观念的灌输，同样生活在梦幻中，认为自己总有一天可以干成一件了不起的大事。可是，比夫由于盲目自信，无法与人合作、受人差遣，再加上偷盗的恶习因屡被父亲纵容而变本加厉，总是因此失业，甚至入狱。小儿子哈皮声称自己是家大公司的推销员，甚至要朝经理职位冲击；而实际上，他只是推销员的小助理，终日无所事事，收入菲薄。威利似乎将所有希望寄托在比夫身上，因为他在高中时橄榄球打得好，很有希望上大学。然而，由于数学不及格，比夫失去了上大学的资格，就此沦落。而他放弃补考的原因是无意中发现了父亲的婚外情，父亲在其心目中的高大形象瞬间崩塌，两人之间的肢体冲突导致比夫被赶出家门。即使比夫之后偶尔回家，对彼此的失望仍导致父子间争执不断。最后，比夫试图从以前的老板处借钱做体育用品生意的努力失败了，这成了压垮威利的最后一根稻草。怀着让比夫拿着两万元人寿保险金干件大事的梦想，威利牺牲了自己的生命。在威利的葬礼上，颇受震撼的两个儿子似乎都对父亲有了某种程度的理解和掺杂同情的尊重。

《篱》剧的中心人物是特洛伊·马克森，该剧主要围绕他追求自我价值的实现和个人成功，以及和两个儿子之间与此有关的矛盾冲突展开。在他幼年时，父亲严苛粗暴，甚至在特洛伊14岁那年强暴了他的女友。狂怒的特洛伊与父亲展开殊死搏斗，并愤然离家，只身北上。在北方，他早早结婚成家，为生计辛苦奔忙，甚至被迫偷盗、抢劫，并在抢劫中因过失杀人入狱15年。在狱中，他学会了打棒球，出狱后加入了黑人棒球联盟，显示出极好的天赋。但种族隔离制度（和自身年龄限制）将他挡在了白人棒球联赛之外，他的棒球梦就此破灭，成了一名垃圾装卸工。年轻时的挫折使他看不到时代的变化和黑人处境的改变，一意孤行地阻挡小儿子考利的自我实现之梦。考利因在橄榄球队的出色表现获得了大学的体育奖学金，只要特洛伊在申请表上签字，他就可以进入大学。然而，特洛伊拒绝签字，固执地认为白人不会让黑人打球，只有做个垃圾工或技工才有可能养活自己。父子之间因此爆发冲突，考利被赶出家门，后来加入海军。大儿子莱昂斯是特洛伊和前妻的孩子，他和父亲的矛盾没有那么激烈，但他沉湎于音乐梦想，没有合适的工作，常从父亲处借钱，因此总是受到父亲的讽刺和谩骂。特洛伊的婚外情人因生产而死，特洛伊将遗腹女瑞芳抱回家交给妻子罗斯抚养，并因此被妻子鄙弃。在本剧结尾，特洛伊去世，考利仍对父亲心怀怨恨，拒绝参加葬礼，最后在罗斯的规劝下和瑞芳一起唱起父亲生前常唱的蓝调歌曲《蓝狗》，原谅了父亲的过失。

二

  家庭关系历来是戏剧创作的重要主题。在古希腊罗马时期，亚里士多德便提出，"那种发生在近亲之间，而不是仇敌之间或非亲非仇之间的惨痛事件最会使人产生畏惧和怜惜之情"。从莎士比亚的悲剧如《李尔王》，到易卜生的现实主义戏剧如《玩偶之家》，再到奥尼尔的自传性戏剧如《进入黑夜的漫长旅程》，乃至品特的荒诞派戏剧如《回家》，家庭无疑是这些剧作最重要的主题和剧作家借以表达创作理念、进行技巧实验的载体。《现代美国戏剧中的家庭》一书的作者哈库塔尼甚至认为，家庭关系也许是美国戏剧作品最核心的主题。在所有家庭关系中，最为戏剧家们所青睐的是父子关系、夫妻关系和母子关系。《推》和《篱》不约而同地涵盖了这几对家庭关系，并体现了其中蕴涵的各自的文化特征。

  《推》中的父子关系看似和《篱》中的相似，两者都是讲述父子之间的矛盾，甚至都有父子之间决战似的肢体冲突。然而，《篱》并非是《推》的翻版。类似的剧情掩映着美国主流文化和美国黑人族裔文化对父亲/男性身份的不同定义，以及对父子矛盾的不同理解。

  《推》剧中，父亲威利一直生活在成功的幻梦里，并以此影响着两个儿子的生活观。最终，父亲以幻象打造的小船在现实的泥沼中沉没，父子都无法接受自己和对方一事无成的事实，矛盾不断激化。比夫更因知晓父亲的婚外情而与之反目。剧中，儿子们对父亲缺乏尊敬，称他为"老伙计"，对父亲梦呓般的自言自语深以为耻，哈皮甚至告诉外人他只是个过路的。威利似乎是个典型的失败父亲的形象。然而，值得注意的是，比夫从未质疑父亲为家庭生计所做的努力，没有放弃对父亲的爱。当林达告诉他威利企图利用煤气自杀时，他受到强烈震撼，偷偷将那小截煤气管拿走。当别人质疑威利是他的父亲时，比夫愤然为父亲正言，说他是个"品格高尚，受尽折磨的了不起的人，……讲义气，一辈子都为孩子操劳"。

威利虽然入不敷出，捉襟见肘，但他一直在辛苦劳作，试图在经济萧条的大背景下养家糊口。他的努力得到了妻子和儿子的认可，他们并不认为威利在这一点上是个不称职的父亲。同时，从威利对过去父子关系的回忆中可以看出威利对孩子的关爱：他了解孩子的喜好，出差回来会带回他们心仪的礼物；他和孩子一起玩耍，一起擦车；他告诉孩子如何才能成功。可以说，他一直是个有责任感、慈爱、勤于教化的父亲，虽然他的观念过于不切实际，且导致了孩子成年后的失败。比夫与父亲的矛盾虽然与父亲不切实际的教育和虚妄的期待有关，但导致他们关系裂变的直接原因是威利的婚外情。正是由于比夫发现了父亲另有情人，且把本来买给林达的袜子送给情人，父子关系才急转直下。但无论威利是否达到了儿子对父亲的评判标准，我们对当时美国主流文化对父亲的要求却可以一窥究竟。很明显，传统父亲的标准包括对家庭负责，养家糊口，疼爱、关怀、教育子女和对家庭忠实。在剧中，似乎威利最无法让人原谅的是对家庭的不忠。而这种对父亲/男性婚外情的介怀在黑人家庭关系中却被相对弱化。此外，威利因感应到比夫对他的爱而深受感动，为了让比夫干番大事业，为了重新获得比夫的崇拜，他以自杀换取两万元保险金。可见，白人父亲的情感关怀是主流文化对父亲的定义所必不可少的。然而，父亲的温情在非裔文化中却可以严重缺失。

《篱》中的特洛伊也是个尽责的父亲。他每天辛苦劳作，每周五把工资交回家，忠实地履行着养家的义务。然而，与威利不同的是，他和儿子的关系从始至终都是疏离的。他对儿子没有任何友好的表示，总是恶语相向，不是讽刺莱昂斯借钱不还，就是催促考利干活，甚至让考利像听从上级命令一样回答"是，先生"，以致考利见了他就害怕，甚至怀疑父亲是否爱过他。实际上，"粗暴的父亲"是美国非裔文学中常见的父亲形象。剧中特洛伊的父亲是这一形象的极端代表：他经常打骂小特洛伊，甚至在强奸儿子的女友后将特洛伊打得气息奄奄。实际上，粗暴的父亲源于美国黑人自种植园时代起世世代代所受的奴役和压榨：黑人男子在艰辛的环境中求生存，已经无暇顾及温情。威尔逊认为，黑人父亲的严苛是出于对儿子的爱和保护；父子之间的冲突是"健康的和富于正面意义的"（Rodane 139）。正如特洛伊为自己辩解的说辞，"当他进入到外面那个世界，没人能够牵着他的手。他得完全靠自己"（Wilson 39）。一些黑人父亲认为他们"对儿子的恶劣为其步入社会后面临的残酷作了充分准备"（Shannon 100）。他们所作的一切只是想让儿子有足够的能力"与父亲熟知的那个社会角力"。

除了粗暴的父亲，《篱》中还有《推》中所没有的另一种典型的黑人父亲形象：缺场的父亲。特洛伊的好友波诺对特洛伊为家庭的付出和坚忍异常钦佩。他从不记得父亲长什么样，他的父亲像其他黑人父亲一样，抛开妻子儿女，"从一个地方到另一个地方……从一个女人到另一个女人"（Wilson 50）。这种不负责任的父亲如此常见，以至于波诺不敢生育孩子，因为不确定自己是否会步他们的后尘。罗斯对特洛伊的忠诚在很大程度上来源于她的认知：离开他意味着她将遇到"一连串暴虐的男人"并生育"他们的孩子"（Wilson 5）。可见，抛弃家庭的不在场的父亲是美国黑人家庭特有的现象。这些黑人父亲的逃离有其深层原因。一是源自奴隶时期黑人不固定的伴侣关系：奴隶不断被买卖，家庭关系无法稳固；二是源于黑人来到北方后，在种族歧视和生活困顿的重压下身心俱疲，很多黑人不堪重负，离家逃避责任。

可见，《推》和《篱》在父子关系方面的差异是由历史和社会因素导致的主流文化和非裔文化差异的再现。由于黑人在美国的特殊历史经历，美国非裔文化对父亲的角色表现出更高的宽容度。由于父子关系中温情的缺失和不在场父亲的存在，在非裔文化中，父亲作为联系家庭成员之间的纽带的作用没有白人家庭那么重要。与此相适应，母亲在非裔家庭中的地位便被凸显，从而在婚姻关系和母子关系方面体现出与主流家庭迥异的文化特征。

三

安·达丽在《发现母性》中指出，20世纪上半叶的美国社会将母亲角色理想化，母亲被描写成虔诚的信徒和育化责任的化身，而这完全是基于维多利亚时期的评判标准（转引自 Hakutani 45）。根据这种标准，女性必须生育子女并承担抚育和教化责任（nurturer）；必须承担家庭事务如做饭、清洁、购物等（domestic provider）；必须为家人提供安慰（comforter）（Hakutani 46–7）。这种对母亲的定位实际上界定了女性的多重身份，将女性、妻子、母亲身份三位一体。《推》创作于 20 世纪 40 年代末，虽未交代故事的发生时间，但评论一般认为它影射了 20 世纪 30 年代的美国生活。《篱》写于 1985 年，但讲述的是 20 世纪五六十年代的故事。两剧中所反映出的对女性/妻子/母亲的定义正是这段时期美国主流文化的反映。同时，《推》和《篱》中的林达和罗斯在妻子/母亲角色上的不同反映了美国主流文化和非裔文化的差异。

林达似乎是 20 世纪上半叶女性/妻子/母亲的典范。丈夫威利称她为他的"基石"和"依靠"（米勒 10）。在儿子心目中，她是个"了不起的女人"（米勒 50）；哈皮的择偶标准是"找一个人格高尚的，经得住考验的！像妈妈那样的人"（米勒 17）。她似乎具备所有那个时代对女性的要求：她养育了两个儿子，与他们关系融洽；她仔细操持家务，任劳任怨，精打细算；她关心丈夫温饱，理解他的困境，忍受他的无理要求和偶尔的恶语相向；她在丈夫和儿子陷入困境时不断给予安慰，在父子间调停矛盾，促进理解。她甚至在丈夫去世后仍然习惯性地为他守候。她的角色几乎就是"房子里的天使"。在与丈夫的关系中，林达明显处于从属地位，她对丈夫的要求言听计从，对丈夫的疯言痴语任意纵容，甚至在丈夫意识到自己的生活态度可能存在问题时，仍强化他的错误观点，目的只是让他好受些。在丈夫去世后，她反复呢喃："我不知道为什么……我不明白。"（米勒 111）她"房子里的天使"的视野只能使她充当家庭中的调解员，而非主心骨。可以想象，在威利去世后，在今后的母子关系中，她几乎不可能真正承担起正确引导孩子的重任，只可能是继续给予他们所谓的理解和实际上的纵容。她这种弱势的、从属的家中天使正是那个时代主流社会对女性的标准定位。在这样的文化背景下，男性才是家庭中的主宰。而《篱》中的罗斯在其与丈夫和子女的关系中则体现了非裔文化中女性的力量和传承功能。

罗斯与林达一样，作为母亲，她忠实地履行了生育、教养的职责；她与孩子，包括丈夫前妻的孩子相处融洽，甚至同意抚育丈夫与情人的女儿，并视如己出。她作为养育者的母性身份在剧中似乎得到某种程度的强化；几乎每次出场，她都会向谈话对象——丈夫、孩子、朋友、丈夫的兄弟——提供食物，似乎她才是家中的食物供应者。这种类似于（男性）养家者的角色定位贯穿了该剧的始终，赋予了罗斯某种无名的力量和主流社会女性角色之外的地位。而这种力量和定位随着剧情的发展逐渐明朗。

虽然罗斯对丈夫而言是个难得的好妻子，波诺甚至认为特洛伊娶了罗斯是他这辈子最正确的决定。然而，与林达不同，罗斯对于丈夫不切实际或混淆事实的说法一向毫不留情：或戳穿他的谎言，或指正他的错误。她不断提醒特洛伊时代变了，应该给考利机会去打橄榄球，并指出当年不是白人不让特洛伊进入全国联赛，而是因为他老得不适合打球了。可以说，虽然特洛伊是家中的主宰，但罗斯并非完全处于从属地位。面对特洛伊拿夫妻性事与波诺开玩笑，罗斯总是愤然喝止。当特洛伊向她坦诚婚外情和私生子时，罗斯义正词严地指责他的不忠，并历陈自己为家庭的付出，表明自己也有情感，也有几乎坚持不下去的时候。可见，她并不是一个逆来顺受的羔羊。相反，她告诉丈夫：她可以抚养瑞芳，但他从此失去了妻子。

罗斯接受丈夫外遇的事实并非是软弱的表现，她的谅解源于非裔的历史文化事实。与白人家庭不同，受奴隶制时期和大迁徙时期动荡的家庭关系的影响，很多非裔男女都拥有多个性伴侣，婚外情司空见惯。与白人家庭同一血缘不同，非裔家庭多是同父异母或同母异父的多血缘家庭。正如罗斯所说："我的整个家庭都是有一半血缘的。每个人的爸妈都不一样……我的两个姐妹和一个兄弟。几乎分不清谁是谁。根本不可能坐下来谈谈爸妈。总是你爸爸，你妈妈，我爸爸，我妈妈"（Wilson 68）。因此，接受配偶的婚外情似乎是每个黑人妻子的必修课。罗斯在谴责丈夫的背叛时，最感气愤和伤心的是，他居然在这个年纪发生这种事，如果发生在十年或十五年前，似乎对她的打击更小些。可见，罗斯同其他黑人妻子一样，比白人女性更容易接受丈夫的婚外情，这是美国非裔家庭中所特有的文化现象。

罗斯对特洛伊的话宣布了两人之间地位的变化。原本就不算屈从的罗斯，现在在和丈夫的关系中占据了主动，特洛伊成了被孤立的弱势角色。事实上，罗斯这种在家庭中的主导性地位是有其非裔文化根源的。奴隶制时期的法律规定，无论父亲的身份为何，孩子的身份随母亲的身份而定（Elam 76）。可见，黑人母亲在家庭中的地位一直书写在美国非裔文化传统中。此外，贝尔认为，男性的生理优势并不能保证男人的主导地位。由于在反抗奴隶制和种族主义的进程中所遗留下来的惯例，男性从来就不是黑人家庭的主宰。他还认为，家庭的主宰者应该是家中最重要的人，即他必须是情感、经济和道德的来源，并致力于关注和保护全家人的福祉（Bell 38）。在情感方面，罗斯无疑是家中成员情感向心力的来源；在经济方面，虽然特洛伊仍然是赚钱养家的人，但罗斯作为食物和生活的供给者的形象越发凸显；在道德方面，罗斯作为忠贞的妻子、尽责的母亲和虔诚的信徒，无疑是家中美德的象征。因此，罗斯无疑成了家中的主宰。

然而，罗斯作为家庭中心的女性/妻子/母亲的身份并非是非裔家庭与主流家庭的主要区别，非洲女性所承载的家族和种族的历史传承性，对子女的救赎性教育功能是主流文化中的家中天使们所不具备的。特洛伊去世时，瑞芳已七岁，罗斯是她唯一接受教化的来源。考利回到家里，却仍对父亲心怀怨恨，拒绝参加父亲的葬礼。是罗斯苦口婆心地教导他原谅父亲的过错，拥抱父亲的价值，认识到父亲其实是自己难以抹去的一部分，进而摆脱父亲阴影的羁绊，建立真正的自我。这时的罗斯俨然是非裔文学作品中常见的"非洲母亲"的形象。"非洲母亲"具有为周围的人提供"母性的力量、食物、贤明的建议"等功能（刘凤山 57），还承担着非洲文化的启发传承性功能。罗斯的提醒使考利如梦初醒，与瑞芳唱起祖父和父亲经常哼唱的蓝调歌曲《蓝狗》。威尔逊认为蓝调歌曲有"教诲和联系"的功能（转引自 Gantt 75），它"联系着黑人的过去和现在，现在和将来"（Plum 561）。这首歌融会了马克森一家三代的声音，歌声中三代人达成了和解，完成了家庭中黑人历史的传承。罗斯这个"非洲母亲"无疑起到了对孩子进行启发和教诲的作用。

可见，《推》中的女性形象反映了美国主流文化对女性/妻子/母亲的要求。她们必须严格遵循维多利亚时期的女性标准，成为家中的天使、丈夫的附庸、孩子的物质和感情提供者。而与此相较，《篱》中的女性/妻子/母亲在非裔文化的背景下不仅是家中的天使，还拥有更多的力量：她们与丈夫相对平等，甚至有超越丈夫成为家中主宰的可能。对于孩子，她们不仅是食物和感情的提供者，更是孩子思想的启迪者，非洲思想文化传统的教导者和传承者。处于不同文化体系下的女性／妻子／母亲的特质反映了美国主流文化和非裔文化的巨大差异。

四

综上所述,《推销员之死》和《篱笆》对家庭关系,主要是父子关系、夫妻关系和母子关系的描述,展现了美国主流文学和族裔文学对相似题材的处理方式。这种处理方式的异同揭示了隐藏在相似情节和主题下的美国 20 世纪上半叶主流文化和非裔文化之间的文化共性和各自的独特性。两种文化的相同点显示了主流文化和非裔文化的共生共融,以及族裔文化对主流文化的趋同和吸收;两者的差异表现了在美国主流文化的大背景下,两种文化各自相对独立的存在状态。非裔家庭关系中所展现的非裔文化独有的特点显示了少数族裔文化的旺盛生命力和历史传承性。

参考文献:

1. Bell, Bernard W. *The Contemporary African American Novel.* Beijing: Foreign Language Teaching and Research Press & University of Massachusetts Press, 2007.

2. Elam, Harry J. "*Gem of the Ocean* and the Redemptive Power of History." in *The Cambridge Companion to August Wilson.* Christopher Bigsby ed. Cambridge: Cambridge University Press, 2007.

3. Fishman, Joan. "Developing His Song: August Wilson's *Fences*." in *August Wilson: A Casebook.* Marilyn Elkins ed. New York: Garland Publishing, Inc., 2000.

4. Gantt, Patricia. "Ghosts from 'Down There': The Southernness of August Wilson." in *August Wilson: A Casebook.* Marilyn Elkins ed. New York: Garland Publishing, Inc., 2000.

5. Hakutani, Yoshinobu. *The Family in Twentieth-Century American Drama.* New York: Peter Lang Publishing Inc., 2003.

6. Plum J. "Blues, History, and the Dramaturgy of August Wilson." *Afri-*

can American Review, 1993, 27 (4): 561 – 569.

7. Rodane, Matthew. "Safe at Home: August Wilson's *Fences.*" in *The Cambridge Companion to August Wilson*. Christopher Bigsby ed. Cambridge: Cambridge University Press, 2007.

8. Shannon, Sandra G. *The Dramatic Vision of August Wilson*. Washington: Howard University Press, 1995.

9. Wilson, August. *Fences*. New York: Plume, 1986.

10. 刘风山:《奥古斯特·威尔逊的非洲中心美学》,《外国文学》2008 年第 2 期。

11. 米勒著:《推销员之死》,英若诚等译,上海译文出版社 2009年版。

12. 周宁:《西方戏剧理论史》上册,厦门大学出版社 2008 年版。

A Dialogue between American Main Stream Culture and African American Culture
——A Comparative Study of the Family Relationship in *Death of a Salesman* and *Fences*

Abstract: The contemporary American plays *Death of a Salesman* and *Fences* are so strikingly similar in plot, character relationship, and theme that the latter is even called the black version of the former. However, the different presentations of family relationship in the two plays reflect the differences between American main stream culture and African American culture. In the two plays, the father-son relationship serves as a manifestation of how the two cultures define the father/male identity: the loving and loyal father adored by the main stream culture is absent in African American culture, in which the harsh and absent father is more willingly justified. As for the spousal relationship and mother-son relationship, different from the "Angel in the house" in the main culture, the female/wife/mother in African American culture is more powerful and performs the function of cultural inheritance. In this regard, *Death of a*

Salesman and *Fences* without doubt conduct a dialogue between American main stream culture and African American culture.

Key Words：family relationship，American main stream culture，African American culture.

（王晶　哈尔滨工业大学外国语学院　黑龙江哈尔滨　150001）

跨文化视域下的中庸思想初探[*]

刘永成

摘　要："中庸"的含义一是"执两用中"，一是"守常"。在"中庸"思想的基础上，孟子提出了"时中"的思想；古希腊哲学家亚里士多德则将类似中庸的思想表述为"中道"；将"时中"表述为"实践智慧"。毛泽东又将中庸之道与"质、量、度"规律联系起来。黑格尔则将"度"理解为"规律"，这使"中庸之道"与辩证法联系起来，从而发展了中庸的思想，洗去了中庸的消极色彩。

关键词：中庸之道　亚里士多德　质量互变规律

一　中庸与中道

中庸之道，更多的时候被人们理解为一种处理问题的方法。作为方法，中庸之道的含义之一即是"执两用中"。

据说，"中庸之道"是尧在临死前传给舜的治国大法。《中庸》中说"子曰：'舜其大知也与！舜好问而好察迩言，隐恶而扬善，执其两端，用其中于民，其斯以为舜乎！'"[①]

＊ 本文受到北京市教育委员会人文社会科学研究计划面上项目支持（项目编号：SM200711232003）。

① 《中庸》，山西古籍出版社 1999 年版，第 92 页。

意思是说：舜这个人很聪明。这个人好问而且能够体会到问题的细微之处，能够隐恶扬善，不走极端，采用"执两用中"的方法，治国时只用温和的"中道"于民，所以他才成为舜。

"执其两端，用其中于民"，简单地说就是"执两用中"。也就是说，"中庸"最原始的含义是"执两用中"。《中庸》中记述孔子的话说"子曰：'道之不行也，我知之矣，知者过之，愚者不及也。道之不明也，我知之矣，贤者过之，不肖者不及也。'"①

孔子认为他的"大道"之所以不能实施的原因是因为人们不能恪守"中庸之道"。"贤者过之"——贤者走过了头；"愚者不及"——愚者又做的不到位。所以，既不能"过头"，也不能"不到位"，要不左不右，不前不后。

何谓"执两用中"？所谓"执两用中"就是在充分认识到两个极端状况弊端的基础上，采用折用其中的方法，取得最佳的效果。

孟子说："杨子取为我，拔一毛而利天下，不为也。墨子兼爱，摩顶放踵利天下，为之。子莫执中；执中为近之。"

杨朱奉行"毫不利人，专门利己"的哲学，拔下一根汗毛就对天下人有利，也不干；墨子主张"毫不利己，专门利人"的哲学，即使为天下人把自己弄得遍体鳞伤，也要干。鲁国人子莫，持中间态度。孟子认为，子莫的中间态度是接近正确的。因为，客观上每个人视自己的利益重于他人的利益；关注自己的亲人重于关心他人。如果每个人视自己的父母亲人如常人一般，孟子认为，这样的人是无父无母。

从一个极端跳到另一个极端，这是人们思维习惯中易犯的毛病。"执两用中"的意思就是要避开两种极端的情况："执两"，就是要把握两个方面的四种状态——既要把握"左倾"的积极方面和消极方面，也要把握"右倾"的积极方面和消极方面；其结果就是"用中"——抛弃掉极端的方法与手段，而只用其各自"温和"的"中道"。

与中国儒家的中庸思想相对应，古希腊哲学家亚里士多德在他的道德学说与政治学说中分别提出了"亚里士多德式"的"中庸之道"——"中道说"。亚里士多德的道德学说认为："美德是一种适中"，"过度和不

---

① 《中庸》，第90页。

足是恶行的特性。而适中则是美德的特性。"① 所以，美德就在于对激情的控制、支配，既不是完全清除它，也不是听任放纵它，而是舍两极端而执其中，也就是要遵循"中道"。他举例说，鲁莽和懦弱是过分和不足，而勇敢则在两者之间；慷慨在浪费和吝啬之间；自尊在傲慢和自卑之间；温良在暴戾和委靡之间；文雅在粗野和卑屈之间；谦恭在无耻和怕羞之间；节制在放纵无度和麻木不仁之间；等等。

更值得我们注意和思考的是亚里士多德政治学说中的"中道说"。他提出"中等阶级统治的国家最好"。他认为，在任何国家中，总有三种成分：一个阶级十分富有，另一个十分贫穷，第三个则居于中间。既然已经认为居中适度是最好的，所以很显然，拥有适度的财产是最好的，因为，在那种生活状况中，人们最容易遵循合理的原则。而那在美貌、体力、家世或财富各方面大大胜于他人的人，或者反之，那非常贫穷或孱弱或非常不体面的人，就觉得很难遵循合理的原则。中等阶级最不会逃避治国责任，也最不会对国家权力抱有过分的野心。其次，那些享有太多的幸运、体力、财富、朋友及诸如此类的东西的人，是既不愿意也不能够服从政府的。这种病根是从家庭中开始的；因为当他们还是小孩子的时候，由于他们生长在那种豪华奢侈的环境中，他们就从来没有学到服从的习惯，甚至在学校中都没有学到。反之，那些十分贫穷的人，他们处于完全相反的地位，则只知道服从。因此，一个阶级不能服从，而只能够专横地统治；另一个阶级不懂得如何指挥，必须像奴隶一样受统治。

虽然亚里士多德的论述存在着明显的阶级或等级偏见，但他的"中等阶级统治的国家是最好的"的思想是值得我们重视和思考的，是有现实意义的。我们在建设小康社会的过程中特别强调要增加中等收入群体的数量，而中产阶级数量最大的"橄榄"形社会又是最稳定的社会，这与亚里士多德的观点有异曲同工之妙。或者也可说是"中庸之道"在治国理政方面的体现。

从"执两用中"的角度理解和运用"中庸"的方法，"中庸"有时就等同于消极和保守。如日常生活中一些人所奉行的"上游有风险，下游有危险，中游最保险"的明哲保身的哲学，以及人们日常生活中讲的

① 《西方哲学原著选读》上卷，北京大学哲学系编译，商务印书馆1989年版，第156页。

"人怕出名，猪怕壮"、"木秀于林，风必摧之"、"树大招风"、"出头的椽子先烂"、"枪打出头鸟"等正是"中庸"在这种意义上的消极作用。

从"执两用中"的角度理解"中庸"，"中庸"既有其积极的作用，也有其消极的作用，其作用是积极的还是消极的则因事因时而异。

二　中庸与守常

"庸"的另一意思是"常"，即"常规"、"规范"、"庸常"。如果将"中"理解为动词，则中庸的意思就是尽可能按常规、正常的方法来办。从这个角度认识"中庸"的思想，则"中庸"又具有"守常"的含义。这正是"中庸"的另外一层意思。

孔子说："君子依乎中庸，遁世不见知而不悔，唯圣者能之。"① ——君子依常规行事，不为外在的功名利禄诱惑，始终坚持按规范办事，即使自己的才能一辈子显露不出来，也不乱来，不走歪门邪道。

还说"君子居易以俟命，小人行险以侥幸"。② ——君子永远心态平和地等待着机会的到来，而不会违反常规地"侥幸"冒险。

《孟子·尽心上》说："孔子岂不欲中道哉？"赵岐注："中道，中正之大道也。"

或许正是由于"中庸"有"按常规行事"的含义，所以，在革命的时代，"中庸"往往意味着"保守"，"守常"也就变成了"守旧"。从这个意义上理解"中庸"，"中"是不偏不倚；"庸"则是指"常"。常规的事称为"庸"，这就是所谓"庸德之行，庸言之谨"。在这种标准和要求下，人们都安于他们的现状，"素富贵，行乎富贵；素贫贱，行乎贫贱；素夷狄，行乎夷狄；素患难，行乎患难""正己而不求于人，则无怨。上不怨天，下不尤人"。也就是说，富贵了就过富贵的日子，贫穷了就安于贫穷的日子，属于夷狄就安于夷狄的身份，处于患难之中，就安于患难的处境。无论在什么情况下，都端正地行事，按规矩办，而不怨天尤人。

---

① 《中庸》，第100页。
② 同上书，第108页。

显然这与"革命"或"革新"的精神是相反的。革命，是暴力，是要打破既有的常规和秩序，就是偏激，就是矫枉过正；如果总是"不偏不倚"，总是"上不怨天，下不尤人"，总是安于贫贱，还"革"什么"命"?! 但和平年代不同，和平年代则需要维护常态，所以"中庸"的思想在和平年代就有了生命力。笔者认为，大凡一个事物，在强调"变革"、"革新"，甚至"革命"时，"中庸"的思想主要是消极的；在强调"静止"、"和平"、"稳定"时，"中庸"的思想主要是积极的。

三　中庸与权变

应该说，将"中庸"确立为儒家的一个思想原则主要是孔子的贡献，而孟子则在"中"的思想基础上提出了"时中"或"权"的思想。

孟子赞扬孔子说："孔子，圣之时者也。"① 因为孔子"可以仕则仕，可以止则止，可以久则久，可以速则速"② 意思是说孔子能够做到因时而行，顺时而为，所以是圣人。

在一些地方，孟子又将这种"因时而中"的思想表示为"权"。他说："子莫执中，执中为近之。执中无权，犹执一也。所恶执一者，为其贼道也，举一废百也。"③ "执中无权"，意思是说只守中道，不懂通达权变，即不能因时而行中道，其结果是固守一种模式，反而破坏了"道"，会"举一而废百"。

他举例说："男女授受不亲，礼也；嫂溺则援之以手者，权也。"④ 男女授受不亲，这是封建道德原则的坚定性，是常规；碰到有女性溺水，该救还要救，这是原则的灵活性，是权变。没有灵活性，就破坏了原则性，甚至是更高层次的原则性。

佛教的一故事说：一个小媳妇过不了河，急得直哭。旁边的两个和尚看到了。大和尚跑过去背着小媳妇过了河。小和尚蹚水过了河，嗔怪大和

---

① 《孟子全释》，鲁国光，马智强译注，江苏古籍出版社 1998 年版，第 165 页。
② 同上书，第 48 页。
③ 同上书，第 225 页。
④ 同上书，第 122 页。

尚说："你怎么能背她呢?! 她是女人! 我们可是出家人。"大和尚说："我早已把她放下了，你怎么现在还'背'着她呢?!"在这里，"背"有近"色"之嫌；"不背"又不是以慈悲为怀。为了大的原则性，牺牲掉一些小的原则性，这就是孟子所讲的"权"或"权变"。

有趣的是，在西方哲学家亚里士多德的"中道"学说中也有类似的"权变"思想，不过，与孟子不同，亚氏将这种权变思想称之为"实践智慧"。如上所述，亚氏将美德视为一种"中道"，那么人们如何来掌握这种"中道"呢? 也就是说怎样才能获得这种美德呢? 他认为，这种中道决不是机械的算术的中项，如6为10和2之间的中项，是相对的，要受时间、地点、条件等的制约，因人因环境的差异而有所不同。在这件事、这个人身上是中道，在另一件事、另一个人身上就可能不是中道。中道并没有一个绝对的标准。因此，要掌握中道就要靠每个人的智慧、见识，亚里士多德称之为"实践智慧"。他认为，这种"实践智慧"是在不断的实践活动中训练出来的。人们在实践中不断摸索，就可以找出中道的分寸来，由习惯而成自然。正如人们因为从事建筑而成为建筑家，同样，"我们也是由于行为公正而成为公正的，由于行为有节制而成为有节制的，由于行为勇敢而成为勇敢的。"① 所以，实践智慧也就是人在活动中的选择、决定善恶时的一种智慧。人们根据这种智慧，就能找到一种"合理原则"，他们的行为就合乎中道，就是美德。

亚氏这种认为"中道"是相对的，是受时间、地点、条件制约的，即认为现实中的"中道"是一种实践智慧，而非僵化的教条的思想无疑就是孟子"因时而中"的"时中"思想。

"时中"的思想使"中庸"在一定程度上摆脱了僵化，但这并不能使中庸之道在革命和创新的事物上摆脱其保守的性质。因为，包括"时中"思想在内的中庸之道，其根本的出发点是维护旧有事物，是以维护旧事物的框架为前提的。所以，当一个事物已然趋于没落、腐朽时，革命或革新成为事物发展的主题时，以旧事物为框架前提的中庸之道则是保守甚至是反动的。当然，当稳定、和谐是事物发展的主题时，能够维护稳定的中庸之道，其作用则主要是积极的。

---

① 《尼各马可伦理学》第2卷第1章。

四　中庸之道与辩证法的三大规律

如前所述，"中"的含义是"执两用中"，"庸"的含义是"守常"。"用中"与"守常"是"中庸"思想中两层不同的含义。

可贵的是，深谙中国哲学思想与马克思主义的毛泽东将儒家"中庸之道"中"执两用中"与"守常"的含义进一步统一在马克思主义及黑格尔哲学中的"度"及"质量互变规律"中，一洗"中庸之道"的保守色彩。

毛泽东说："'过'的即是'左'的东西，'不及'的即是右的东西。依照现在我们的观点说来，过与不及乃指一定事物在时间与空间中运动，当其发展到一定状态时，应从量的关系上找出与确定其一定的质，这就是'中'或'中庸'，或'时中'。说这个事物已经不是这种状态而进到别种状态了，这就是别一种质，就是'过'或'左'倾了。说这个事物还停止在原来状态并无发展，还是老的事物，是概念停滞，是守旧顽固，是右倾，是'不及'。孔子的中庸观念没有这种发展的思想，乃是排斥异端树立己说的意思为多。然而从量上去找出与确定质而反对'左'右倾则是无疑的。这个思想的确是孔子的一大发现，一大功绩，是哲学的重要范畴，值得很好地解释一番。"①

毛泽东认为，"左"倾是人们的认识超越了事物发展的客观阶段，所以是"过"；而右倾则是人们的认识落后于事物发展的客观阶段，还停留在过去，所以是"不及"。认为应从"质、量、度"，即"质量互变原理"的角度来认识"中庸之道"，这为我们从一个全新的角度审视"中庸之道"掀开了帷幕的一角。

毛泽东将中庸之道归结为马克思主义及黑格尔哲学中的"度"，而黑格尔自己则将"度"理解为"规律"。

文艺复兴之后，哥白尼提出，包括地球在内的各个行星都是围绕太阳旋转的。他在《天体运行论》中说，在运动着的天体中，第一是土星，

---

① 《毛泽东书信选集》，第146—147页。

三十年绕日一周;第二是木星,十二年一周。第三是火星,两年一周。第四是地球和月球,每年一周……。黑格尔认为,认识到星球之间的距离,即"确定的量",固然是一个伟大的功绩,但更伟大的功绩则是刻卜勒把从对"定量"的认识提高到对规律或度的认识上。

刻卜勒在前人观测资料的基础上概括出行星运动三定律。有了行星运动三定律,只要我们知道某一行星的公转周期就可以计算出该行星的轨道半长轴。

黑格尔认为,刻卜勒从对行星相互距离的经验数的认识,提高到用定律来表示的对规律或度的认识,也就是从对量的认识提高到对质的认识,换句话说,是从质的方面把握了量的规定性,达到了对"度"的认识。黑格尔在这里把度和规律等同起来,认为规律和度对事物、现象等都具有决定作用,违反规律和度,事物就要遭到破坏。

如前所述,孔子"中庸之道"的"庸"有"常"的含义;毛泽东则将"中庸"或"常"与质量互变规律及"度"联系在一起;黑格尔又将"度"理解为"规律"。按照这个思维逻辑推论,"庸"中所包含的"常规"的含义也就有了"规律"的意思。"中庸之道"也就与辩证法的三大规律联系起来,这为发展"中庸"思想打开了广阔的空间,也进一步洗去了"中庸"的保守色彩。

如果说辩证法三大规律之一的"矛盾规律"从某个方面可以归结为"对立统一"或"一分为二"的话,那么,"中庸之道"、"执两用中"则包含着"合二为一"的思想;如果说,"执两用中"是"中庸之道"的静态表现的话,那么,或许我们可以在事物"否定之否定"规律所表述的事物发展的"正—反—合"的路径上找到其动态表现的身影。不过这应是另一篇文章所论述的内容,笔者不再赘述。

On the Doctrine of the Mean

Abstract: One meaning of the Doctrine of the Mean is only to use the mean; Another meaning is to follow the old routine. Mencius proposed the norm of the mean in the situation. Ancient Greek philosopher Aristotle also proposed the Golden Mean. Mao associated the Doctrine of the Mean with principle of dialectics in Marxism and Hegel philosophy, developed the Doctrine of the Mean into more motive situation.

Key Words: the Doctrine of the Mean, Aristotle, Dialectics

（刘永成　北京信息科技大学人文学院　北京　100192）

英国创意产业发展对北京文化创意产业发展的启示

王英红　王　晶　佟　岩

摘　要： 英国文化创意产业在管理体制、融资方式、人才培养、发展模式等方面取得了成功的经验，目前北京文化创意产业发展面临市场竞争力不强、人才缺乏、文化创意产业原动力不足、融资渠道单一等问题。总结分析英国创意产业发展的成功经验对解决目前北京文化创意产业的发展所面临的问题具有重要的意义和价值。

关键词： 英国　文化创意产业　启示

英国是最早提出创意产业概念并率先系统地推动创意产业成为国家经济发展动力的国家。1998 年，英国创意产业特别工作组首次对创意产业进行了定义，将创意产业界定为："源自个人创意、技巧及才华，通过知识产权的开发和运用，具有创造财富和就业潜力的行业。" 根据这个定义，英国将广告、建筑、艺术和文物交易、工艺品设计、时装设计、电影、互动休闲软件、音乐、表演艺术、出版、软件、电视广播等行业确认为创意产业，文化遗产与旅游产业列为重要的相关创意产业。经过十余年的发展，英国成为仅次于美国的世界第二大创意产品生产国。

一　英国创意产业发展的经验

英国的创意产业环境成熟、运作机制科学、产业结构上中下游完整，成为世界创意产业发展的典范，其经验可概括为以下几点。

（一）构建科学的创意产业管理体制

1997 年 5 月，布莱尔当选英国首相后，为振兴当时低迷的英国经济，调整产业结构和解决就业问题，决定将创意产业作为国家重要产业加以重点政策支持，把推行创意产业作为拯救英国经济困境的有效办法。为此，布莱尔上台后大力进行了一系列的文化管理体制改革。

首先，成立文化媒体体育部作为创意产业的中央一级管理机构。1997 年布莱尔当选首相的当年将"国家遗产部"更名为"文化媒体体育部"，它的职责是：制定宏观文化政策；负责政府对文化事业的拨款；直接管理国家级的文化事业单位并协调与非政府文化公共机构的合作。

其次，依靠地方政府及非政府公共文化执行机构推进地方层面的创意产业管理工作。英国创意产业中间管理机构是地方政府及非政府的公共文化执行机构，即各类艺术委员会，例如，苏格兰艺术委员会、工艺美术委员会、博物馆和美术馆委员会等。这些非政府公共文化管理机构代表政府具体管理文化事宜，负责向政府提供政策咨询，文化拨款的具体分配和评估，协助政府制定并具体实施相关政策。各类非政府公共文化机构通过具体分配拨款的形式资助和联系全国各个文化艺术团体、机构和个人，从而形成了对创意产业的管理网络体系。这种管理不但保证了文化经费的客观公正的分配使用也保证了文化机构和文化团体的独立运作。

最后，发挥基层管理机构在政府与文化创作者之间的协调作用，推动创意产业的发展。英国创意产业的基层管理机构是地方艺术董事会、各种行业联合组织。民间组织之间相互合作、推动、交叉设奖促进了文化创意产业各行业的发展也协调了政府与文化创作者之间的关系，共同推动了创意产业的发展。

（二）注重创意产业的研究及规划，指明创意产业的发展方向

1997 年，英国文化媒体体育部成立了创意产业工作组，负责跟踪国际文化创意产业发展的最新趋势，规划英国文化创意产业的发展方向，制定吸引文化创意产业投资的税收优惠条款，实施帮助创意产品和创意企业走向世界的国家整体营销和品牌战略，并且大力引进国际资本和创意企业共同发展英国文化创意产业。1998 年和 2001 年分别出版了《英国创意产业专题报告》，这两份报告分析了英国创意产业的状况，提出发展战略，确定创意产业发展的一些关键性因素。1998 年出版了《创意产业纲领文件》，以统计数据描绘创意产业概况，研究个别产业的发展趋势，提出发展政策。1998 年出版了《出口：我们隐藏的潜力》研究创意产业的出口政策和做法；1999 年发布《关于区域》研究创意产业的地区发展状况；2000 年，《下一个十年》从教育、扶持个人创意以及接触创意 3 方面，研究如何帮助公民发展及享受创意；2004 年 8 月出版的 *Creative Industries Economics Estimates*（创意产业经济估算统计公报）公布了创意产业产出、出口、就业等统计数据，介绍了产业的发展现状。所有这些研究为英国政府制定有效、连贯、一致的创意产业政策提供了完整的信息支持，正是在这些研究的基础上，英国出台了创意出口推广、教育及技能培训、协助企业融资、税务和规章监管、保护知识产权等方面的政策，保证了创意产业的健康发展。

（三）积极拓展创意产业多元化投资渠道

英国的创意经济能获得成功的另一重要原因是除了政府的文化拨款外，英国政府还与行业共同推出了众多的基金，建立了政府、银行和行业基金与创意产业之间紧密的融资网络，为英国创意产业的发展奠定了资金基础。目前，英国文化发展的资金既有来源于各级政府的文化拨款，准政

府组织资助、基金会提供的文化投资，彩票发行筹集的文化基金，欧盟的发展基金等公共资金，也有来源于银行贷款和私人基金的私人投资等。这种多样化的融资渠道，较好地解决了由于创意产业的企业规模较小、风险较高的特点，容易出现的资金短缺、研发投入不足的问题。

（四）注重知识产权的保护

创意产业是以知识产权保障收益、以知识产权为核心资产的行业。英国专利局制定了完善的法律体系来保障多方面的知识产权，并设立了一个独立的知识产权网站，提供使用者和创作者关于版权、商标、专利及设计等信息，宣传保护知识产权的知识、法规、方法，并提供在线服务。另外2004年由贸易产业部和文化媒体及体育部专利办公室联合组建了"创意产业知识产权论坛"，负责推进创意产业新商务模式、关于知识产权的教育与交流。

（五）抓住创意持续发展的核心，增强教育及技能培训

英国文化、媒体和体育部推动成立了创意产业高等教育论坛，实施了设计与学校联系计划、创作伙伴计划等，促进了教育与创意产业建立商业联系，同时根据业界需求，高校也增设了与创意产业接轨的新课程，探索业界与高校的合作，发掘学生的创新才能，培养创意氛围，从而为创意产业的未来造就一大批潜在的人才。为推动文化与创意的融合，并使其成为国家的战略核心，使创意产业成为英国经济的主导，2008年2月，英国文化传媒体育部会同商业、企业和管理改革部与创新技能部共同起草了"创意英国——新经济中的新天才计划。"提出了26条详细行动计划和相应目标，包括针对下一代的"寻找你的才艺"项目；联络教学机构与有技能的人才的"学术社群"项目；"创意接班人"项目；为有音乐方面才华的孩子提供的学习创造自己的音乐事业的培训项目。这些活动大部分的目标群体瞄准了对国家未来20年发展的生力军的指引和教育。

（六）实施创意产业的国家整体营销战略

英国政府特别注意创意产业对国际市场的开拓。1998 年，英国政府成立了创意产业输出顾问团，调查政府政策对创意产业产品出口效益的影响情况，提出改善建议，努力协调不同部门创意产业的出口活动。这不仅加强了创意产业与政府的合作，还促进了金融机构与国会对创意产业的了解，为创意产业提供了海外发展的必要援助。此外，英国政府根据 1998 年 *Exports：Our Hidden Potential* 的研究结果成立了设计伙伴（Design Partners），结合商界、贸易组织及贸易投资人来推动出口。2002 年，由部分创意企业、文化传媒体育部和英国贸易投资局等机构联合组建了"创意出口集团（CEG），旨在使创意产业与海外市场更好地连接起来。英国贸易与投资部与英国文化协会还共同设立了创意出口网站，向出口及海外投资业务的创意企业提供市场信息、商业机会及专家咨询。政府与非政府组织还通过各种活动，积极向世界各国推介英国的创意产业和企业及其产品，帮助他们开拓海外市场，这些国家整体营销战略推动了英国创意产业的出口。英国文化传媒体育部官方网站的统计数据表明，2000—2006 年，英国创意产业中仅服务贸易出口额（不包括产品出口额）就从 95 亿英镑增加到了 160 亿英镑，年均增长9.1%。英国在把本国文化推向世界的同时也通过创意产业进入国际市场赚取了很高的收益。

二　北京文化创意产业发展及存在的问题

2005 年北京市政府工作报告中提出要发展北京文化创意产业。2006年 10 月，北京市发布中国内地第一个关于文化创意产业的分类标准《北京市文化创意产业分类标准》，对文化创意的内涵和分类有了详细的规定。该文件将文化创意产业界定为"文化创意产业是以创作、创造、创新为根本手段，以文化内容和创意成果为核心价值，以知识产权实现或消费为交易特征，为社会公众提供文化体验的具有内在联系的行业集群。"

据此定义，结合北京市文化创意产业的重点发展方向，确立了北京市文化创意产业：文化艺术，新闻出版，广播、电视、电影，软件、网络及计算机服务，广告会展，艺术品交易，设计服务，旅游、休闲娱乐，其他辅助服务9个大类。2006年11月发布《北京市促进文化创意产业发展的若干政策》，内容包括政府每年安排5亿元专项资金用于扶持符合重点支持方向的产品、服务各项目，2007年政府发布了《北京市"十一五"时期文化创意产业发展规划》。另外，各区县根据自身的情况，也纷纷制定各自的文化创意产业综合和专项政策。目前北京在文化创意产业方面陆续出台了市区两级、包括总体规划、行业发展、集聚管理、投融资引导、税收等领域的一系列政策，初步形成了宏观指导和具体操作相互支撑的全面的政策体系，这些政策对推进北京文化创意产业的发展起到了指导和导向作用。北京市统计局、国家统计局北京调查总队的调查显示2009年全市文化创意产业实现增加值1497.7亿元，高于全市GDP现价增速4.4个百分点。[①] 但目前北京市的文化创意产业发展还处于初级阶段，还存在着很多不足，主要表现为以下几点：

（一）文化创意产品和服务在国外的市场竞争力还不强

北京文化创意产业的产品和服务在全球竞争力较弱，以版权为例，版权是创意成果拥有者依法取得的权利，版权合同登记数量反映了著作权交易情况；作品自愿登记数量反映了创意成果生产情况。根据北京市新闻出版局公布的北京地区输出和引进版权统计数据，2007—2008年，北京地区作品版权登记数量由11万多份上升到100多万份，但版权合同的登记数量基本维持在6000多份，这说明大量的作品并未转化为商品入市流通。另外，2005—2008年版权的引进数量分别是版权输出数量的8.38倍、6.96倍、4.33倍、5.3倍。并且版权输出主要集中在图书，期刊、录音制品、电子出版物、软件、电影、电视节目的输出为空白，这说明北京的版权的国际竞争能力和水平还很低。

---

① 引自《2009年北京市文化创意产业发展逐步加快》，《前线》2010年第4期。

（二）政府引导规范作用不强，很多政策有待逐步完善

目前北京文化体制改革还相对滞后于文化创意产业的发展，文化创意产业与文化事业的管理职能没有完全分离；文化市场按部门、行业和区域条块分割，导致多头管理，政出多门，一定程度上造成了文化市场管理的混乱。另外，由于文化创意产业的政策落实环节涉及文化创意产业的主管部门、税务、人事等诸多单位和部门，管理协调机制还没有建立起来，导致税收优惠和引进人才等政策措施落实困难。

（三）文化创意产业原创力不足

北京在信息传输、计算机服务和软件业方面的产值高，2008 年实现增加值 976.7 亿元，占地区 GDP 的 9.3%。相比之下，文化、体育与娱乐业合计增加值 293.9 亿元，占地区 GDP 的 2.8%。北京市文化创意产业的骨干企业主要集中在信息传输、计算机服务和软件业。文化创意产业虽然借助高科技可实现对传统文化资源的再创造、再提高，但原创研发薄弱，导致价值链高端资源汇聚度不足，文化生产制作中间环节大而不强。

（四）缺乏专业的创意人才

创意出自人，因此培养一流的创意人才，增强创意产业高端人才与团队是培育创意产业的关键。然而北京文化创意人才的总量、结构、素质还不能适应创意产业快速发展的要求。据慧博研究院 2006 年对公司注册地在北京区域的文化创意企业调查所发布的《文化创意产业人力资源现状调研报告》显示，目前北京文化创意产业还没有形成产业独立的人才自我培养机制和系统，人才来源还需要从传统产业转移过来，尤其是具备创意、策划和经营管理能力的复合型人才的缺乏，这一现象说明北京文化创意产业与教育脱节现象严重。

（五）融资渠道单一

目前北京文化创意产业的融资体系主要以间接融资为主，银行贷款是文化创意企业融资的重要途径，无形资产通常需要文化创意产业提供实物抵押或个人连带责任担保，然而随着生产的发展，扩大再生产需要的资金投入频繁，此种方式难以适用于北京文化创意企业的融资。北京创意产业应建立多元化的融资渠道。

三 英国创意产业发展经验对北京文化创意产业发展的启示

英国创意产业的发展经验对于北京探索发展文化创意产业模式，解决目前文化创意产业发展中存在的问题，实现经济增长方式的根本转变具有十分重要的借鉴意义。

（一）开展文化创意产业国际化研究，制定国际化发展战略

北京应借鉴英国在发展文化产业的同时注重扩大文化贸易，积极拓展国际市场并加强在国际上的影响力的成功经验，开展文化创意产业国际化研究，制定国际化发展战略，明确政府促进产业国际化的整体思路，加快国际合作渠道建设，建立政府、机构和企业等多层次的国际合作体系。建立出口支撑平台，拓展国际影响力和海外销售渠道，扩大文化创意产品海外市场的占有率。

（二）加快政府职能的转变

从英国的实践来看，政府通过完善的政策和制度安排，通过自律的行业协会，以市场规制的方式进行管理。北京文化创意产业发展政府首先要实现由管办一体向管办分离转变，由主导生产、分配监督等功能向提供政

策环境和维持市场规制等保护性、服务性功能转变。制定有针对性的产业政策，制定促进创意产业发展的战略规划和行动计划，引导文化创意产业实现持续、快速、协调、健康、发展。

（三）发挥各行业协会的作用

英国政府在促进国际间、政府各部门、政府与业者及业者间良好的沟通与合作是英国创意产业成功发展的要素之一。目前北京市除了政府组织的文化创意产业研究小组等几个专业性组织，相比发达国家而言，专业性组织和专业性服务队伍总量上甚少，不利于文化创意企业的健康成长。北京文化创意产业要积极发展独立公正、规范运作的专业化市场、中介服务机构的作用，加强行业协会和市场中介机构建设，为政府和企业提供专业化、社会化的服务，提高文化创意产业的市场化程度。

（四）增强文化创意产业的原创力，培养专业的创意人才

人力资源成为英国创意产业健康发展的重要因素，也是英国创意产业持久竞争力的来源。北京现阶段文化创意产业的人力资源缺乏导致北京的创意文化产业就没有形成较强的竞争力。英国通过众多机构和项目探索业界和高校的合作，发掘学生的创新才能，培养创意气氛为创意产业的未来早年造就一大批潜在人才的做法值得借鉴，北京应重视创意人才的培养和教育，应把企业和高校两种力量结合起来发挥各自优势，尽快提高从事创意产业员工的文化和专业素质。

（五）融资渠道要多元化

北京在解决企业的融资问题时可以借鉴英国的做法，学习英国多渠道融资的方式，在政府引导下把公共资金和私人投资引导投入发展创意产业中。建立对股本进行投资的创意卓越基金，以及对中小企业提供风险融资的地区创业资本基金；对小型公司从银行或其他财务机构获得贷款提供贷款保证计划；还可以通过发行国家彩票为创意产业创造大笔经费，有力地

推动创意产业的发展。

参考文献：

1. 张文杰：《英国创意产业的发展及启示》，《云南社会科学》2005年第 2 期。

2. 佟贺丰：《英国文化创意产业发展概况及其启示》，《科技与管理》2005 年第 1 期。

3. 张京成：《中国创意产业发展报告》，中国经济出版社 2009 年版。

4. 毕佳：《英国文化产业》，外语教学与研究出版社 2007 年版。

UK Creative Industries' Inspiration to Beijing Cultural and Creative Industries

Abstract：UK creative industries in the management system, financing, personnel training and development model have achieved a successful experience. Beijing cultural and creative industry development is facing many problems such as market less competitive, shortage of talents, Lack of cultural and creative industries driving force and Financing single channel. Analyzing the success of the UK creative industry experience has an important meaning and value to solve the problems in Beijing cultural and creative industries.

Key Words：United Kingdom, cultural and creative industries, Inspiration

（王英红　王晶　佟岩　北京信息科技大学人文学院　北京 100192）

从亨德尔到海顿

——当英国照亮欧洲

李 征

摘 要：英国在西方音乐历史中的地位很特别。普赛尔之后，英国本土作曲家就此沉寂下去，但这却并没有阻止英国对欧洲音乐产生深刻而持久的影响。亨德尔、海顿都在英国创作出巅峰之作：亨德尔从对意式歌剧的探索转向清唱剧，《弥赛亚》的成功体现了作曲家在欧洲融合理念下建立起来的卓有成效的对话，同时更扎根于英国传统，树立起英国音乐鲜明的文化身份；海顿则在访英期间创作出十二首《伦敦交响曲》，以结构完备的交响乐体裁形式的确立将西方音乐带入新的发展阶段。是亨德尔、海顿这两颗泰晤士河上升起的异国明珠创造了英国音乐的黄金时代，同时带给跨文化传播以深刻启示。

关键词：英国音乐 亨德尔 海顿 欧洲融合 清唱剧 交响乐体裁

2009 年对于西方古典音乐来说具有不同寻常的意义，因为这一年既是亨德尔逝世 250 周年，又是海顿逝世 200 周年。这两位在西方音乐史上举足轻重的作曲大师都曾在英国生活、奋斗过，并在那里达到各自音乐事业的顶峰。这是历史的巧合，还是天才的巧合？当我们站在 21 世纪追溯他们当年的足迹时，也是对英国一段近一个世纪的音乐演变、发展历程的回顾。

　　17世纪，意大利得益于其歌剧而在欧洲音乐领域居于支配地位，其他国家的音乐家们也致力于将歌剧这一音乐体裁与本民族传统、社会、政治相融合，以期与意大利式歌剧相抗衡。法国发展了重文学与舞蹈的歌剧样式，与意大利歌剧以歌唱为先形成鲜明差异。英国则从为伊丽莎白式戏剧（指1559年伊丽莎白女王开始统治英国至1642年英国第一次内战爆发之间莎士比亚等英国戏剧家的剧作，也被称做英国早期戏剧）而作的戏剧配乐出发，寻找自身独特的发展道路。亨利·普赛尔（Henry Purcell，1659—1695）以其49部戏剧配乐、若干部半歌剧与一部歌剧树立起英国音乐的民族性。但随着普赛尔的去世，英国本土作曲家就此沉寂下去。到了18世纪初，英国在经济上的繁荣与统治者实行的开放政策使大不列颠向外国艺术家敞开了大门。即威尼斯画家安东尼·贝里格里尼（Giovanni Antonio Pellegrini，1675—1741）与佛罗伦萨著名建筑师加利莱（Alessandro Galilei，1691—1736）在英国声名远播之后，一大批杰出的外国建筑师、画家、雕塑家、音乐家涌入英国。英国本土艺术家也不断对外国艺术家的创作观念与手法进行吸收，使得外国艺术家在英国的地位更加不可替代。在音乐领域，许多意大利与德国的作曲家在英国受到欢迎，但对英国产生深刻影响的第一个外国人则非亨德尔莫属，是他打破了普赛尔身后英国音乐界的停滞。

　　亨德尔在21岁时就离开了家乡德国来到意大利，旅居佛罗伦萨，探寻意大利人创作音乐的"秘籍"。1709年，亨德尔在威尼斯上演了他最早的意大利歌剧之一——《尼禄》，并大获成功，成为那里知名的歌剧作曲家。1710年年末他首次访问伦敦，与意大利人在英国的歌剧舞台上展开角逐。应皇后剧院新院长阿龙·希尔之约，亨德尔根据意大利诗人塔索（Torquato Tasso，1544—1595）的史诗《被解放的耶路撒冷》创作了歌剧《里纳尔多》，是返始咏叹调与干宣叙调交替的正歌剧。该作品情感表现丰富，如表现阴谋诱惑的第一幕的 Furie terribili、表现疯狂愤怒的第二幕最后一支咏叹调 Vo'far guerra、表现勇敢无畏的第三幕 Or la tromba。配器也很多样，如第一幕 Augelletti 中的直笛与短笛的二重奏、第二幕 Ah！Crudel, il pianto mio 中的大管、双簧管与低音提琴等。这部歌剧是亨德尔为当时几位意大利歌剧名伶"量身定做"的作品，再加上装饰布景豪华，因而在皇后剧院的演出颇为圆满，使意大利式歌剧在伦敦保持了30年的辉煌地位。亨德尔遂以"歌剧作曲家"的身份定居伦敦，在英展开创作生涯。

在宗教音乐方面，当亨德尔来到伦敦时，基督教圣公会已经成为英国的国教。为尊重英国新教教徒与该教宣扬的上帝之间的神圣交流，他在圣公会赞美歌、经文歌、仪式终始曲等宗教音乐创作中减弱了情感的张扬，且不失自身独特性，体现出非凡的适应能力。亨德尔还在英国皇室的许多重大事件上留下印记：为英王乔治二世（1727—1760 在位）的加冕礼（1727）创作四首赞美歌，其中著名的《祭司撒督》此后在每任英国国王的加冕礼上都被演唱；为卡罗琳皇后的葬礼创作赞美歌（1737）；为庆祝在奥地利王位继承战争中英军对法军在德廷根的胜利，创作《德廷根感恩赞》（1743）……

但是，在汉诺威王朝（这里指 1714—1901 年间统治英国的德国王朝）的统治下，宫廷不再是英国音乐生活的中心，随着音乐场所的发展，它已经转向民间的商业性公开音乐会与文艺资助人支持的其他音乐演出形式。事实上，17 世纪中叶后，音乐虽然在英国社会得到重视，但与同时代的其他欧洲国家相比，英国宫廷对文艺事业的投入却不如其他国家慷慨。当时在德国与法国，作曲家大多受雇于某一贵族，以贵族仆从的身份从事创作活动，而在英国的作曲家却必须面对已然成型的所谓音乐市场，因而面临更加激烈的生存竞争。在法国歌剧演出仍然是一项宫廷娱乐项目，而在伦敦早已是彻头彻尾的一项公开的赢利性艺术活动。亨德尔既是作曲家，又是独立的歌剧产业经营者，在两方面都兼具天才与勤奋的资质。

1724 年亨德尔在伦敦上演了他的新作《朱利奥·凯撒》，标志着他的意大利正歌剧创作达到顶峰。亨德尔在音乐创作上的独树一帜得益于他对法、意、德不同音乐风格的融合与兼收并蓄。他的世俗音乐作品与圣乐作品的序曲中展现了吕利在凡尔赛宫发展起来的抒情悲剧的典雅华贵与庄严气势，尤其在寓言式清唱剧《圣塞西利亚节的颂歌》（1739）的序曲及著名的《水上音乐》、《皇家焰火》中体现出对法国风格的借鉴；亨德尔的音乐在声乐表现上则受到意大利巴洛克风格的影响。如在诗篇圣歌《天主如是说》（1707）中，他前所未有地将弦乐合奏的写作技法与声乐炫技手法相结合，使该作品既具有意大利色彩，又超越同类作品具有清新的独特性。在其中最后的赋格 *Et in saecula saeculorum* 中，亨德尔将被德国作曲家与管风琴家从一种风格手法发展成为一种独立的音乐表现形式的赋格与意大利合唱写法相结合，产生了新颖的音响效果；他的音乐作品中的乐队部分体现出威尼斯的合奏音乐风格，常常可以听到木管与铜管的明亮音色。亨德尔的音乐扎根于意、法、德文化，在欧洲不同国家之间建立起音乐上的对话。随着这位他乡人在英国的声望不断传播到大不列颠岛之外，英国俨然成为欧洲融合的一面镜子。

1741 年当歌剧《戴达米亚》的第三次上演落下帷幕，亨德尔宣布这是他的最后一部歌剧作品。从 1711 年至此时，亨德尔在伦敦一共创作了 35 部歌剧，为何决定放弃呢？首先，观众的审美品位随着时间的推移已经发生改变，对歌剧里常常出现的骑士冒险、历史故事已感到十分疲倦；其次，亨德尔领导的皇家音乐协会为了与对手剧团争夺歌剧观众，不得不增加预算，争相聘请意大利身价高昂的歌唱家担当角色，造成财政上的困难，使亨德尔思考转向耗费较小的一种音乐体裁的创作——清唱剧；况且，时年 56 岁的亨德尔认为自己已经到了从专注于历史传说过渡到对形而上学的坚贞信仰的观照中去的时候了，身为路德教派信徒（基督教新教流派之一）的他希望以《圣经》为题材的戏剧作品感化民众，使他们的心灵更加纯洁。但是，当时亨德尔还不确定作为英文清唱剧作曲家的发展道路是否可以行得通。

同年夏，亨德尔决定根据查尔斯·詹宁斯（1700—1773，英国文艺资助人）的一个剧本创作一部清唱剧。此前，他曾为该作家的另两部作品配过乐，但这一次的作品内容比较特殊，取材于《圣经》的《旧约》与《新约》，主要涉及耶稣降临的预言、耶稣的诞生及为全人类的牺牲，不过在歌词中没有叙述者的介入。这部为亨德尔开辟了作曲新道路的清唱剧就是——《弥赛亚》（题目意为"基督"）。他仅用了三个星期的时间就完成了该剧的创作，作品时长约三小时，于 1742 年 4 月在都柏林首演，将亨德尔在那里的演出季推向高潮。报章专栏对此的报道记载了演出所取得的巨大成功："没有语言可以表达它给观众们带来的惊叹、喜悦与陶醉。雄伟、壮丽、细腻、温柔的音乐与高尚、庄严、感动人心的歌词结合在一起，使听觉愉悦，使内心激荡。"回到伦敦后，《弥赛亚》在英国的第一次演出并未取得如在都柏林时一样的成功。根据剧作家的意见，亨德尔将该作品修改后重新上演，而且每演出一次都重新充实、润色一次，同时也将担当角色的演员作为重要的考虑因素。因而，这部清唱剧史上的伟大作品实际上是由不断改进（1745—1749）的多个版本组成的。《弥赛亚》的主题虽然来自《圣经》，却是一部世俗性质的音乐作品，就像其剧作者描述的那样——是"一部优美的嬉游曲"，它是为剧院、音乐厅而写的，而不是为教堂。

《弥赛亚》的成功使亨德尔坚定了创作英文清唱剧的信心。他一生创作了 32 部清唱剧，其中有 14 部取材于圣经故事。这些清唱剧与歌剧具有一定的相似性，宣叙调与咏叹调相间，同样也具有强烈的戏剧性。亨德尔常以庄严雄壮的合唱加强清唱剧的戏剧表现效果，他之所以被称为"清唱剧大师"就在于革新了在清唱剧中对合唱的运用：一方面，体现出德国路德教派合唱音乐与德国南方天主教教堂音乐的影响；另一方面，亨德尔将其掌握的北德对位法的坚实技艺与意大利式抒情巧妙地结合起来，又一次体现出他的欧洲融合的创作理念，使其清唱剧超越了同时代的路德教派康塔塔、法国大经文歌、英国圣公会赞美歌的地方主义的限制；更重要的是，亨德尔继承了英国的合唱传统，吸收、借鉴了普赛尔的圣公会赞美歌与清唱剧的许多风格特点，以独特的方式重新赋予英国音乐以鲜明的自身文化身份。1784 年，为纪念亨德尔，在其被埋葬的威斯敏斯特大教堂上演了《弥赛亚》，演出规模空前，这位德国作曲家成为英国音乐历史上一座不朽的丰碑。

1762 年，另一位德国作曲家约翰·克里斯蒂安·巴赫（1735—1782，约翰·塞巴斯蒂安·巴赫最小的儿子）也来到伦敦，与阿贝尔（1723—1787，德国作曲家）合组"阿贝尔—巴赫音乐会"，在伦敦演出符合当时审美品位的交响曲与协奏曲。有些英国本土作曲家也创作了若干歌剧与交响曲，但他们都未能接过亨德尔手中的火炬，直到海顿于 1791 年踏上伦敦的土地。

1790 年，海顿为之工作了 30 多年的匈牙利亲王埃斯特哈奇家族的尼古拉斯公爵去世，海顿成为"自由人"。此时的他已经 58 岁，其声望早已越过奥地利的国界，是欧洲各地乐谱出版商推崇的杰出作曲家。在伦敦小提琴家兼乐团经理萨洛蒙的热情邀约（一部歌剧、六部交响曲、20 场音乐会、一场个人作品音乐会等）下，海顿终于开始了他的伦敦之行。

与亨德尔不同，海顿没有在英国定居下来，而是曾两度访英：1791年1月至1792年6月首访伦敦。之后回到维也纳，有感于在英国时听到的亨德尔的《弥赛亚》，开始创作清唱剧体裁的另一名作《创世纪》。1794年2月至1795年8月二度访问伦敦。两次在英逗留期间，写下很多音乐作品，其中以12部《伦敦交响曲》（也称《萨洛蒙交响曲》）最为著名。前六部作于第一次访问伦敦期间，后六部作于第二次访问期间。伦敦之行既使海顿获得艺术上的成功，又使其达到个人作曲职业生涯的顶峰。《伦敦交响曲》以其丰富多样的配器、大胆自由的和声与优雅灿烂的旋律成为其交响曲体裁的集大成之作，也是封笔之作。其中《惊愕》、《军队》、《伦敦》等使海顿在英国几乎尽人皆知，他使伦敦一些原来不为人注意的音乐厅变得生机勃勃。在英国，海顿得到的欢呼喝彩的强烈是他在任何其他地方都未曾体验过的，这与他此前在奥地利与匈牙利潜心于创作实验的清苦生活有天壤之别。

海顿作为维也纳古典乐派的代表人物之一，对于西方音乐最大的贡献在于他通过自己的创作探索使交响乐与弦乐四重奏从近乎萌芽的状态发展成为完善的音乐体裁。正如古希腊美学的推崇者——黑格尔提出的那样，古典主义主张构思与形式的和谐。古典主义艺术旨在解决构思与现实之间，即主体与客体之间的矛盾。在音乐领域，维也纳古典乐派的这一愿望表现在对一种完美的音乐形式的追求上。在这一完美形式中，可分析性的音乐材料可以得到充分的发展。海顿确立的奏鸣曲式使来源于直觉的主题材料所蕴涵的无穷创造性与强烈的理性控制之间达成平衡，使情感表现在精致的逻辑结构框架下得以发挥。他将"主题构思"的观念引向"动机构思"，后者既取决于受灵感支配的、未经加工的原始元素，同时也依赖于作曲家对其的处理与发展。这一革命不仅影响到器乐语言，甚至决定了此后整个西方音乐历史的发展方向。海顿的伟大在于，当欧洲人将启蒙思想的智慧投注在未来的各领域时，他对新的音乐体裁形式发起挑战，新的材料丰富了新的体裁形式，反之亦然。

12部《伦敦交响曲》十分珍贵地具有雅俗共赏的特征。器乐的新颖构思深受普通音乐爱好者的喜爱：如 n°96 与 n°104 的慢乐章中管乐的华彩、n°100 中的土耳其军乐、n°103 中的定音鼓独奏等。新奇的诗意中又不乏喜剧性效果，如 n°93 的慢乐章中大管的演奏、n°92 "惊愕"

因之而得名的第二乐章开头几小节之后那个出人意料的和弦营造的奇特瞬间……；精通音乐的内行人士则更为关注海顿在这些作品中对音域、力度、音色等参量的革新以及对转调技术的发挥。乐队编制的扩大使配器更加丰富，音响组合的对比性成为配器的重要考量，并以管乐器加以强调。《伦敦交响曲》建立在形式革新的基础上，同时又重视幽默与趣味，既新颖又尊重原则，因而非常适合既保守又追求现代的英国观众的审美品味。

虽然《伦敦交响曲》不能涵盖海顿在伦敦期间的所有创作，却以其平衡、控制、洗练的美学特征与丰富而多样的想象力成为其最伟大作品中的一部分，开启了他的创作新阶段。海顿以往的某些作品与同时代的莫扎特的作品风格较为接近，而《伦敦交响曲》却凭借其实验性的意趣与坚定果断的音响凸显出鲜明的独特性。特别是将乐队的辉煌技巧、形式上的高度自由、结构的和谐统一与强烈的情感表现相融合，体现出敢于冒险的创新精神。从本质上讲，它是写给一个新兴社会阶层的音乐。它标志着古典主义的顶峰，同时在某种程度上亦具有前浪漫主义特征。

从亨德尔到海顿，代表了英国音乐生活的黄金时代，他们的成功带给跨文化传播以深刻启示。纵观英国音乐历史，其发展速度较欧洲其他国家快得多，它一次次成为欧洲现代性的灯塔，只是它的光源则往往来源于他处。

参考文献：

1. Pierre DEGOTT, *Haendel et ses oratorios：des mots pour les notes*, Paris, L'Harmattan, 2001.

2. Michel HONAKER, *Le musicien des princes*, Paris, Rageot, 1997.

3. Charles ROSEN, *Le style classique*, Paris, Gallimard, 2000.

4. Brigitte François-SAPPEY, *Histoire de la musique en Europe*, Paris, Presses universitaires de France, 2005.

5. Marc VIGNAL, *Haydn et Mozart*, Paris, Fayard, 2001.

From George Frideric Handel to Franz Joseph Haydn-when British music shone Europe

Abstract: The British music is unique in the Western music history. After Henry Purcell's death, the British native composer went silent. However, the British music still keeps a far-reaching and permanent influence on Europe. Both Handel and Haydn reached the summit of their art in Britain: Handel made a transition from Italian opera to oratorio, and success of *Messiah* reflected the communication under the background of European fusion while also taking root in the British tradition and having vivid cultural identity of British music. Haydn's visits to England inspired some of his best-known works, including the *London symphonies*, and by establishing the complete structure of the symphony genre, he brought the Western music into a new stage of development. Handel and Haydn, two pearls on the River Thames, created the golden age of the British music, and at the same time they also brought the significant enlightenment to intercultural communication.

Key Words: British music, George Frideric Handel, Franz Joseph Haydn, European fusion, oratorio, symphony genre

（李征　巴黎第一大学　法国巴黎　75015）

论宋代茶文化及传播[*]

张云筝

摘　要：宋代形成了丰富多彩的茶文化，精工细作的贡茶、分茶与斗茶的茶道、茶文化与诗、书、画相融合。都市茶肆更为茶文化提供了一个发展的场所。繁荣的茶文化随着宋代对外交往、茶马互市向周边地区的传播，加强了中原王朝与周边国家的关系，丰富了少数民族的日常生活。

关键词：宋代　茶　文化　传播

如果说唐代是酒的时代，宋代则是茶的时代，"茶之尚，盖自唐人始，至本朝为盛，而本朝又至祐陵时益穷极新出，而无以加矣!"[①] 宋代的茶叶生产空前发展，宫廷饮茶成风，逐渐影响至民众，形成了独特的茶文化，并且在对外交流中，将茶文化不断传播至周边各地。

一　宋代茶品制作精细，品种繁多

宋太祖赵匡胤有饮茶癖好，后继的皇帝又把这种爱好进一步地发展，

---

　　[*] 本文获北京市属高等学校人才强教深化计划中青年骨干人才项目支持，项目编号：PHR201008438。

　　① 蔡攸：《铁围山丛谈》卷6，中华书局2006年版。

群臣互为效仿，又传至民间，宋初茶已经成为普通民众日常生活中的必需品。自宋代始，"盖人家每日不可阙者，柴米油盐酱醋茶。""夫茶之用，等于米盐，不可一日以无。"① 宋代茶品制作精细、品种繁多，贡茶可称得上珍品。北宋文学家欧阳修在《龙茶录·后序》中记载："茶为物之至精，而小团又其精者，录叙所谓上品龙茶者是也。盖自君谟始造而岁贡焉，仁宗尤所珍惜，虽辅相之臣未尝辄赐，惟南郊大礼至斋之夕，中书、枢密院各四人共赐一饼，宫人剪金纸为龙凤草贴其上。两府八家分割而归，不敢碾试，相家藏以为宝，时有佳客，出而传玩尔。"② 从中可以看出贡茶量之小，作之精。贡茶的种类很多，如龙团胜雪白茶、龙凤团茶、密云龙茶、滴乳茶、岳麓茶等。贡茶在焙制过程中，要求极为严格。按照不同品目，将已研好、制成不同等级的茶膏盛于薄厚、规格不同的"铐"内，在适当的火温下进行烘焙。焙制贡茶，程序繁多，一般有：拣茶、蒸茶、榨茶、研茶、造茶、过黄等多道工序。在拣茶时，茶工要精心剔除影响茶味和茶色的紫芽、白合和乌带。然后再从中分出水芽、小芽和中芽。贡茶的种类也很多，如龙团胜雪白茶非常消耗工时，先以蒸熟之茶芽，置于盆中，分团酌水研磨，按不同品目，水次均有十六水；"拣芽为六水；小龙凤为四水；其余贡茶品目皆为十二水。自十二水以上者，身强力壮的研工每日只能研一团；自六水以下者，每日研三至七团。要求每水"必至于水干茶熟而后已。水不干，则茶不熟，茶不熟则首面不匀，煎试易沉。故研夫贵于强而有力者也。③" 而研茶所用之水，是取自凤凰山凤凰泉（一名龙焙泉、又名御泉），其泉水清且甜，昼夜酌之不竭。

再如"龙凤团茶"的制作，宋初期的太平兴国三年（978），宋太宗遣使至建安北苑，监督制造一种皇家专用的茶，因茶饼上印有龙凤形的纹饰，就叫"龙凤团茶"。北苑龙凤团茶有着独特的制作工艺，《东溪试茶录》有着详细的记载。总的要求是"择之必精，濯之必洁，蒸之必香，火之必良"。④ 北苑贡茶烘焙时间长短，是按照不同品目来确定的，有的经过六宿火至八宿火，烘焙时间最长的贡茶，要经过 15 个昼夜。火候既

① 王安石：《临川文集》卷 70，吉林出版社 2005 年版。
② 欧阳修：《茶典·龙茶录》后序，山东画报出版社 2004 年版。
③ 陶宗仪：《说郛》卷 93 下，中国书店 2006 年版。
④ 宋子安：《溪试茶录》，文渊阁四库全书影印本，台北商务印书馆 1983 年版。

足，出焙后即过汤上初色。贡茶龙团、凤饼等均在茶面上涂以色油谓之"上初色"。初色之后，置于密室，以扇扇之，则其色彩才能自然光莹。至此，便算完成了精美绝伦的贡茶制造过程。北苑龙凤团茶用工巨大，价高惊人。宋真宗咸平年间，丁谓至福建任转运使，精心监造御茶，进贡龙凤团茶，大约八饼一斤。庆历中，蔡襄任转运使，专门监制了一种小龙团茶，为二十饼一斤，比龙凤团茶更加精美。《归田录》记载："茶之品，莫贵于龙凤，谓之团茶……庆历中蔡君谟为福建路转运使，始造小片龙茶以进，其品绝精，凡二十饼重一斤，其价值金二两。然金可有而茶不可得，每因南郊致斋，中书、枢密院各赐一饼，四人分之。"① 神宗熙宁末年，贾青任福建转运使，又创制了密云龙茶，愈加精小、雅观。至徽宗宣和年间，转运使郑可闻别出心裁，创制出银丝水芽——"以茶剔叶取心，清泉渍之，去龙脑诸香"，从而保持了茶的自然香味。北苑生产的龙凤团饼茶"极世间之工巧，而心犹未厌"。② 其采制技术精益求精，声誉超过以前名茶珍品，花样年年翻新，名品达数十种之多。

二 "分茶"与"斗茶"文化形成

为了评比茶质的优劣和点茶技艺的高低，宋代盛行分茶与"斗茶"。宋代分茶步骤有三：第一要严格选茶，即茶取青白色而不取黄白色，取自然芳香者而不取添加香料者。第二要对选好的茶叶进行炙烤碾罗再加工，即将取用的团茶先行炙烤以激发香气，然后进行碾罗。碾与罗是冲泡茶的特殊要求，即用净纸密裹团茶将其捶碎，再进行熟碾与罗筛。第三步是点汤。点汤要选好茶盏的质地、颜色，控制好茶汤与茶末的比例，掌握好投茶注水顺序和水温以及击拂的手法。宋人直接描写分茶的文学作品，以杨万里的《澹庵坐上观显上人分茶》为代表，诗道："分茶何似煎茶好，煎茶不似分茶巧。蒸水老禅弄泉手，隆兴元春新玉爪。二者相遭兔欧面，怪怪奇奇真善幻。纷如辟絮行太空，影落寒江能万变。银瓶首下仍尻高，注

---

① 欧阳修：《归田录》卷5，中华书局2006年版。
② 朱弁：《曲洧旧闻》卷3，中华书局2006年版。

汤作字势嫖姚"，① 经过人分茶的技艺，兔毫盏中的茶汤幻化出了各种想象，为欣赏者开拓出了一片想象的空间。

斗茶始于唐末福建一带，"斗茶"，又称"茗战"、"点茶"、"点试"、"斗试"、"斗碾"等。斗茶过程一般为：列具、炙茶、碾茶、罗茶、汤瓶煮水至二沸、盏、置茶、调膏、冲点击拂、观赏汤花、闻香、尝味等。"斗茶"所用茶叶为饼茶，将研细后的茶末放在茶碗中，注入沸水，把茶末调匀，然后徐徐注入沸水，调成膏状，冲点击拂是一边冲沸水，一边用茶筅击出汤花，要求茶汤泡沫均匀，从茶汤、泡沫的颜色和茶叶的香气、滋味来评比高低。斗茶技法要求一赏汤花，要求汤花"色白、行美、久而不散"，二闻茶香，三尝滋味。苏轼有诗云："蟹眼已过鱼眼生，飕飕欲作松风鸣。蒙耳出磨细珠落，眩转绕瓯飞雪轻。"② "斗茶"既是比试茶质的优劣，也是在比试点茶技艺的高低。

三　茶与诗、书、画的融合

宋代的画家们也绘制了许多反映茶事的绘画作品，流传至今的如《清明上河图》反映当时首都汴京临河的茶馆景象，宋徽宗赵佶反映斗茶场面的《文会图》，描绘卢仝饮茶的《卢仝烹茶图》等。

歌咏茶事的诗词较之唐代大有增加。社会名流如欧阳修、梅尧臣、王安石、苏轼、黄庭坚、杨万里、陆游、辛弃疾等写有大量的茶事诗词。对茶的赞美，代表了宋代文人对饮茶的共同看法。苏轼认为饮茶是一种精神境界的标志，他的《叶嘉传》，富有新意，妙趣横生，为历代所罕见。这些诗词是我国古茶文化宝库中的珍贵遗产。苏轼曾在黄、湖两个产茶州做过官，对茶事有所接触。在朝廷任职，喜北苑茶、双井茶，有"一吸三月夸"的赞誉。他连做梦也在饮茶，醒后用回文写下《记梦回文二首》。在另一首诗里，表示"他年犹得作茶神"，他独钟武夷岩茶，把茶拟人化，写成了著名的《叶嘉传》，赞誉武夷岩茶，是"天下英武之精"，"风

---

① 杨万里：《诚斋集》卷2，文渊阁四库全书影印本，台北商务印书馆1983年版。
② 苏轼：《东坡全集》卷3，吉林出版社1986年版。

味恬淡，清白可爱"，"容貌似铁，资质刚劲"。他在《寄周安孺茶》中称："大哉天宇内，植物知几族，灵品独标奇，迥超凡草木。"① 文章自由表达，夹叙夹议，联想丰富，表现了他对茶的深情厚谊，也表现了他的为人处世和道德品行，成为传诵千年的佳作。

宋代有了茶叶科学技术研究和茶学著述的专著。《茶录》、《东溪试茶录》、《大观茶论》、《宣和北苑贡茶录》、《北苑别录》等的印行，无疑是宋代茶叶科学研究的丰硕成果。宋徽宗撰写的《大观茶论》，是我国五千年来第一个封建皇帝的茶学专著。是否出御笔，尚有待考证。这篇著作前有序，后分地产、天时、采择、蒸压、制造、鉴别、白茶、罗碾、盏、筅、瓶、构、水、点、味、香、色、藏焙、品名、外焙计20篇，在序中宋徽宗提出了"致清导和……励志清白"的论点，指出饮茶能培育人们高洁、清廉、和谐的道德情操。选水提出了"清轻甘洁"四字标准。色莹澈而不驳，质填绎而不浮，定为鉴别要点。蘸墨最多的是"点茶"，对"七汤"的描述为"量茶受汤，调如融胶，环注盏畔，勿使侵茶"，"珠星皎月，灿然而生，则茶之根本立矣"。② 对"七汤"描述真是惟妙惟肖，淋漓尽致，颇具匠心。

四　茶肆的增多

宋代饮茶风气的兴盛还反映在都市里的茶馆文化非常发达。茶馆早在唐代就已出现，到了宋代则更为兴盛，且装饰雅致，各有特色，茶具精美，茶叶品质众多，乐曲声悠扬，已具有浑厚的文化氛围。

茶馆文化的生机盎然打破了我国自古以来城邑坊市制度，促进了商业的发展。宋代大城市增多，市场日趋繁荣，茶馆业应运而生，而且摆脱了唐代"投钱取饮"的局面，茶馆不是单一的饮茶场所，而是具有结合娱乐、德化为社会服务的多种功能。我们从《东京梦华录》、《梦粱录》可以窥见一斑。当时的开封和杭州，随着城市经济的繁荣，店铺林立，货物

① 苏轼：《东坡全集》卷27，吉林出版社1986年版。
② 赵佶：《茶经》，引自《大观茶论》，中国纺织出版社2006年版。

充市，生意兴隆，各种类型的茶馆蓬勃发展。

宋代茶肆不同季节，售卖的各种茶品和饮料也随着变化。比如冬天到来时，茶肆要根据季节增添"七宝擂茶、馓子、葱茶"等适宜冷天食用的饮料和食品，有时还售卖用豆子加工成的"盐豉汤"，以增加消费者购买的热情。夏天到来时，茶肆又会根据暑期天热的特点添卖冰镇梅花酒或其他清凉健脾的饮料。为了增加收入，不少茶肆还利用"车担设浮铺"，即来用推车、挑担等流动茶摊的办法到夜市去兜生意。为了吸引顾客，售卖时不但要一面敲打着碗盘一面吟叫，有的销售人员头上还插上花朵。茶肆一时间宾客云集，形成一道亮丽的都市文化风景。

五　宋代茶文化的传播

宋代的经济力量强大，有着先进的科学与文化，成为中世纪东亚的一个强国。宋代的茶文化，随着宋朝廷的对外交往、茶马互市，逐渐传播到周边各地。

（一）宋代茶品对外回赐、赠馈范围广、品种多

宋代茶品精工细作，在对外交往中有着重要作用。茶品是宋朝廷对外回赠、回赐的重要物品。如宋太宗淳化五年（994）十二月，辽国皇帝生日，宋朝给辽圣宗的贺礼有乳茶十斤、岳麓茶五斤[①]等。英宗治平元年（1064）六月十七日诏唃厮啰每年赐大彩一百匹，角茶二百斤，散茶三百斤[②]。这种回赐一直延续到北宋末年。宋代甚至把绵与茶作为官俸，来拉拢边地的少数民族首领，把一些首领或家人加封为防御使，把茶作为俸禄的主要组成部分。如英宗治平元年（1064）加封唃厮啰董毡为防御使，每月添大彩五匹、角茶五斤、散茶十斤。[③] 神宗熙宁十年（1077）十二月

---

① 李焘：《续资治通鉴长编》卷61，中华书局2008年版。
② 李焘：《续资治通鉴长编》卷202，中华书局2008年版。
③ 同上。

封鬼章首领阿裹骨为刺史，每月各支大彩十疋、角茶十斤、散茶二十斤①。同月，西蕃邈川首领董氈进贡，进的是珍珠、乳香、象牙、玉石和马，而宋的回赐是金腰带、银、绵与茶等，元丰五年（1082）十二月董氈又来进贡，宋廷不但把董氈加封为武威郡王，每年的赐赠大彩五百疋、角茶五百斤。② 宋代茶品成为一个重要的对外交流工具，周边地区深受影响，他们对茶叶有着刚性需求，茶甚至作为俸薪的重要组成部分，几乎起到了银两的作用。

（二）宋代饮茶方式的传播

饮茶不可缺少茶具，精美的茶具成为茶文化的一部分。宋代对外回赐与回赠中也有不少茶具。淳化五年（994）十二月，契丹主生日，宋朝廷除赠送精良的茶品，还赠送了金酒食茶器共计三十七件③。乾兴元年（1022）二月，宋廷让度支副使户部郎中薛田等出使契丹，礼物记录的仅有两件，一是金饰品，另一件就是白玉翠石茶器，可见宋政府对茶器的重视。

宋代的茶具在周边国家与地区流传，日本僧人把中国茶具以及喝茶的方法带到日本，至今仍把黑色建盏称之为"曜变"，日本一些博物馆里留存着宋代建窑的黑色曜变茶碗，日本静嘉堂文库美术馆收藏的宋代建窑"鹧鸪斑"碗，日本腾田美术馆收藏的宋代建窑曜变碗，大阪市立东洋陶瓷美术馆藏的建窑黑釉油滴碗等，这些茶碗虽然数量极少，但成为中国茶文化传播至日本的一个"活"的见证。

随着茶文化在日常生活的普及，茶文化也渗透至对外交往的礼仪中。如果有国家来宋进奉财物，宋廷押伴官同进奉使先是在大厅对着站立，由客省互相介绍，礼仪要求他们先互作揖，再各自赴坐，然后点茶。茶成为招待外国使臣的一个官定程序。这些使臣在宋廷观点茶的艺术，饮精致茶品，回去时往往又能得到宋廷回赐的茶品，饮茶的文化也被他们带到了不

---

① 徐松：《宋会要辑稿》蕃夷六之十三，中华书局1957年版。
② 李焘：《续资治通鉴长编》卷323，中华书局2008年版。
③ 李焘：《续资治通鉴长编》卷61，中华书局2008年版。

同的地区。

宋代的茶道流传至辽，著名的河北宣化辽代监察御史张世卿墓群（建于辽政和六年，即 1116 年）中，发现了规模宏大的壁画图，其中包括一幅惟妙惟肖的茶道图。图中人物分为两组，一组在沏茶，一组是主人在接待贵客，沏茶的人中有用茶碾研磨的，有准备上茶的，也有用吹管向执茶壶的火中吹气的，而两名衣着华丽的贵客，手持茶托、茶杯在品茶。从图中可以看出，宋传入辽国的茶文化，非常复杂，并相对在辽较为普及。

（三）宋与少数民族茶马互市，使茶文化传向周边地区

茶马互市在宋朝军事、政治和经济上有着重要作用。西北、西南（西藏、青海）地区不宜植茶，他们只能通过朝贡、贸易向中原地区取得"岁赐"茶叶和买茶，而这些地区又盛产良马，在科技和交通落后的古代，是征战和运载的绝好工具，一直是中原王朝求购的对象。因此，作为中原农业区和周边游牧区的大宗商品的茶、马，两相需求，其流通交换便应运而生，而且很快成为汉族同少数民族之间经济交流的主要形式之一，并维持达千年之久。宋代有着"蜀茶总入诸蕃市，胡马常从万里来"的词句，宋代与周边少数民族进行茶马互市，贸易的马队穿行于东北、西北、西南地区，以茶马交换为主要内容，连接着内地与周边地的经济文化交流。宋辽、宋金边境的榷场贸易及西北、西南地区的茶马贸易，在贸易中以茶、马为主要交换商品，另外在贸易中还有中原的生活日用品、生产工具等，贸易量巨大，使周边地区人们的生活用品得到保障。茶马互市，使宋代茶文化迅速传向周边各地，宋代已经是"夷人不可一日无茶以生""且暮不可暂缺"[①]，上到贵族、下到庶民对于宋茶的依赖由此可见一斑。

茶马贸易推动了汉族农业区和周边各民族之间的经济交流和发展，丰富了边疆各族人民的物质生活。茶马互市带动了其他生产、生活必需品的商品流通，加快了少数民族的发展，特别是生产工具和技术、科学文化的传入和渗透，对加速边疆地区的经济开发、社会进步，加快封建化的进程

---

① 佚名：《宋史全文》卷 26 上，黑龙江人民出版社 2005 年版。

都具有不容忽视的作用。

宋代是"郁郁乎文哉"的时代，文人地位的崇高，无疑给茶文化开创了一个别开生面、丰富多彩的新天地，茶品制作精细，茶与艺术的融合与茶肆的增加，使宋代的茶文化达到了一个全新的阶段。茶文化随着宋朝廷的对外交流，也广泛传播于周边各地，密切了宋王朝与周边国家与地区的经济与文化联系，丰富了当地人民的日常生活。

Study On the Tea Culture and
Spread of Sung Dynasty

Abstract：There are rich and colorful of the tea culture in the Sung dynasty, which contain the refined tribute tea, tea ceremory of fen cha and doucha, and tea culture merge with poetry, calligraphy and painting. Chashi in the urban provides a special place with the tea culture development. Tea culture spread on the surrounding areas With the foreign of sung and cha ma trade, it not only strengthen the relations between sung and neighboring countries, and also enrich everyday life of the minority.

Keywords：Sung dynasty, Tea, Culture, spread

（张云筝　北京信息科技大学人文学院　北京　100192）

《跨文化传播研究》(第二辑)

稿　约

一　主要研究方向：

（一）文学与跨文化研究

（二）宗教与跨文化研究

（三）国际交流与教育研究

（四）文化创意与产业研究

开设栏目：

大家论坛

媒体与跨文化

宗教与跨文化

文化创意与其他

二　撰稿要求

（一）文章应符合《跨文化传播研究》的研究方向，主题明确，数据可靠，图表清晰，逻辑严谨，文字精练，标点符号准确。每篇论文以5000—6000字为宜，最多不超过8000字。

（二）论文应含有：中英文题名、作者、作者工作单位及所在地和邮编、中英文摘要（150—200字）、中英文关键词（3—5个），中图分类号，参考文献。第一作者简介（姓名、出生年、性别、籍贯、职称、学位、主要研究方向）。

（三）属于基金资助项目成果的论文需注明：基金名称、项目编号。

（四）书写规范，符号的使用要符合国家标准，稿中外文字母、符号必须分清大、小写、正、斜体及白、黑体；上、下角标的位置应区别明显；图、表请用计算机绘制，力求少而小、点线规范、清晰、精细，表需采用三线表，图、表应有序号和图题、表题。

（五）参考文献采用顺序编码制，按文中出现的顺序统一编号，并列于文后。文献作者 3 名以内全部列出，4 名以上则列前 3 名，后加"，等"，外文作者采用姓前名后格式，名用缩写，不加缩写点，如：Follen G J。各类文献著录格式如下：

专　　著［序号］　作者．书名［M］．版次（第 1 版免注）．出版地：出版者，出版年

期　　刊　［序号］作者．题名［J］．刊名，出版年，卷（期）：起止页码

学位论文　［序号］作者．题名［D］．保存地：保存单位，年份

报　　告　［序号］作者．题名［R］．保存地：保存单位，年份

标　　准　［序号］　标准编号　标准名称［S］

专　　利　［序号］专利所有者．专利题名：专利国别，专利号［P］．公告日期或公开日期

报纸文章［序号］　作者．题名［N］．报纸名，出版日期（版次）

电子文献［序号］　作者．题名［N］［文献类型标志/载体类型标志］．出版者，出版年（更新或修改日期）［引用日期］．获取和访问路径

（六）参考文献和注释皆置文末。

三　投稿须知

（一）对拟录用的稿件，本刊将与作者联系。稿件自寄出后，三个月内未接到用稿通知者，可自行处理，三个月内请勿一稿多投。稿件录用后，赠样刊两本。

（二）来稿文责自负。编辑部有权对稿件进行适当规范化技术性处理。

（三）论文需要同时投寄电子稿、打印稿，务请标明详细通讯地址、

E-mail、邮政编码和联系电话。

来稿请寄：北京市海淀区清河小营东路 12 号北京信息科技大学跨文化研究所。

邮编：100192

四　时间安排

来稿随到随审。

五　主办单位、联系人及联系方式

主办单位：北京信息科技大学跨文化研究所

梁冬梅：ldm@ bistu. edu. cn　13263231256

韩剑英：han_ jianying@ yahoo. com. cn　13811852729　（论文接收）

北京信息科技大学跨文化研究所

2010 年 12 月 10 日